Esta publicación ha sido posible gracias a la colaboración de Cajamar

Monasterio de Santa María la Real
34800 - Aguilar de Campoo (Palencia)
Tel.: 979 125 000 • Fax: 979 125 680

ISBN: 978-84-89483-40-8

Depósito Legal: SA-99-2012

Preimpresión: Fotomecánica Camus, S.L.

Impresión: Artes Gráficas Campher, S.L.

2ª edición: Febrero 2012

El Románico: Eclosión de mil años de Arte Cristiano

Prontuario con
descripciones claras,
esquemáticas, muy ilustradas

Texto: Fernando Labad Sasiaín
Doctor en Ciencias Económicas (UCM)

Prólogo y dibujos: José María Pérez, "Peridis"

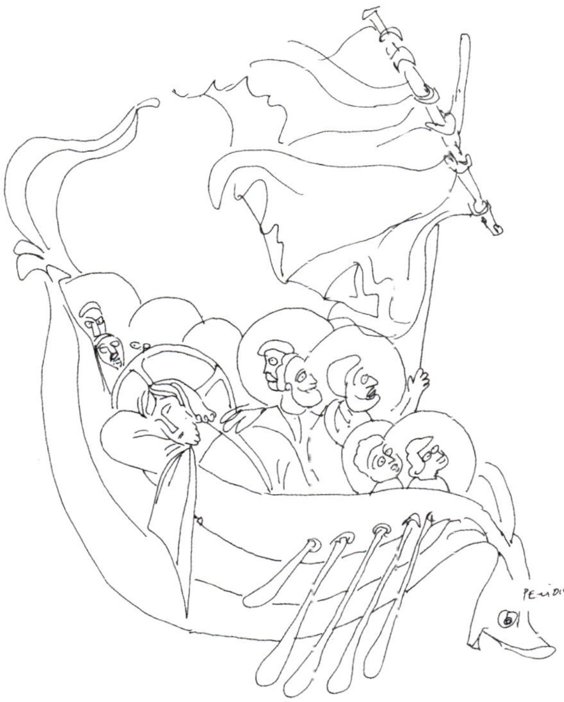

ÍNDICE GENERAL

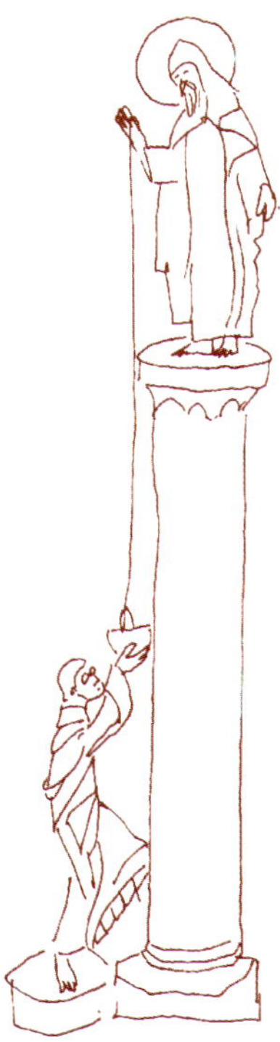

ÍNDICE DE CONTENIDOS

III. ENTORNOS DEL ROMÁNICO 49

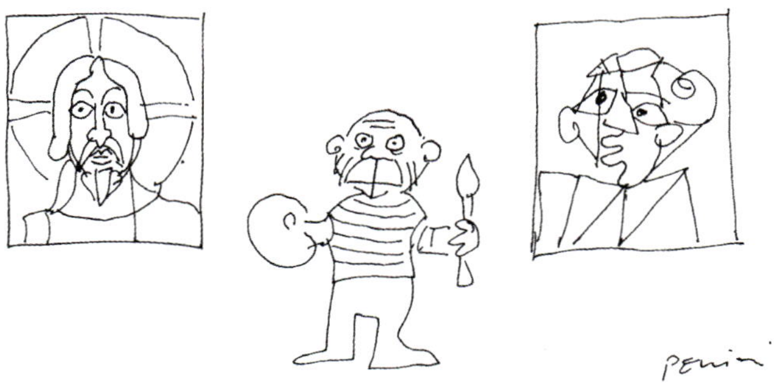

A Charo Domínguez:
por su impulso para acometer la obra,
por su ayuda para realizarla.

Fernando Labad

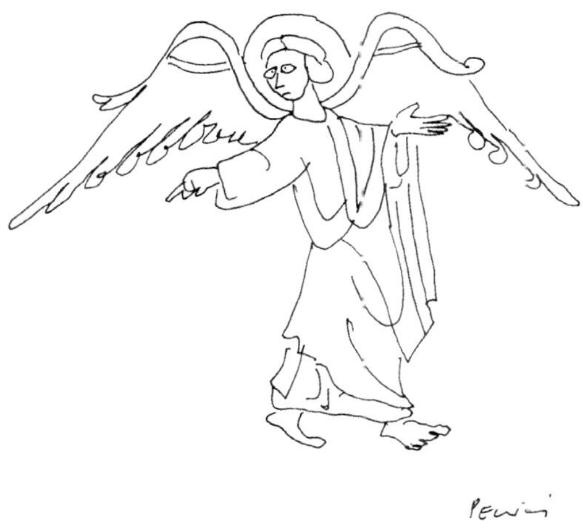

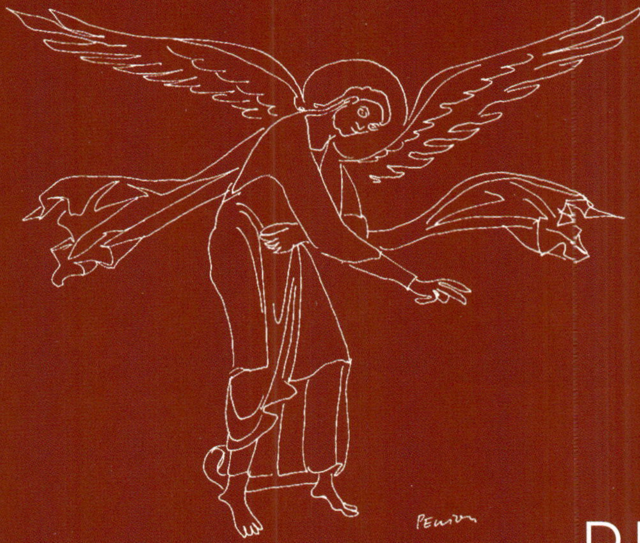

PRÓLOGO

A lo largo de mi vida, en los numerosos viajes y excursiones que he realizado buscando vestigios románicos –y durante mis andanzas por el Norte de la península, con motivo del rodaje de la serie televisiva "Las Claves del Románico"–, he tenido la fortuna de hacerlo acompañado no sólo de eruditos y estudiosos, sino también de muchos y singulares personajes amantes del arte románico, a cuyo conocimiento y disfrute dedican la mayor parte de su tiempo libre.

Cuando iniciábamos la recuperación del Monasterio de Santa María la Real de Aguilar de Campoo, trabé conocimiento –y entablé una amistad que todavía dura desde entonces– con Jesús Tellería Armendáriz, el que fuera ingeniero de las obras del embalse de Aguilar de Campoo. Mientras lo construía, prendió en él la afición al románico, de tantas iglesias como tenía por el entorno a su disposición para fotografiar. Allí nació su vocación de fotógrafo y visitante asiduo del románico; vocación que le ha llevado a poseer una colección de decenas de miles de diapositivas que mantiene cuidadosamente clasificadas y ordenadas en su casa de Santander.

Aquel mismo año, un día que visitaba las obras del refectorio y de la cilla, me encontré con la sorpresa de contemplar a todo un pelotón de ciclistas que hacían final de etapa en el mismísimo claustro del Monasterio de Aguilar. Mientras tomaban fotografías, me contaron que eran socios de las Rutas Cicloturistas del Románico (con sede en Pontevedra), que tenían múltiples actividades y publicaciones, y que recorrían España en bicicleta visitando monumentos. Han pasado treinta años y todavía siguen, incansables, pedaleando y publicando.

Poco después encontré a Julio Gavín, personaje extraordinario recientemente fallecido. Asturiano de Sabiñánigo, había fundado y presidía la Asociación de Amigos del Serrablo, y en los años setenta del pasado siglo veinte ya estaba recuperando iglesias, realizando el Museo Etnográfico del Serrablo y el Museo del

Dibujo de Larrés, todo ello con sus propias manos y con la ayuda de voluntarios. Durante los mejores años de su vida dedicó una energía inagotable, un entusiasmo sin límites –y todo su tiempo libre y el de su familia y amigos– a recuperar el patrimonio de su tierra de adopción, y a dibujarlo y a divulgarlo.

Recientemente he tenido la suerte de conocer y entrevistar al doctor García Omedes, durante el rodaje del Castillo de Loarre. Acaba de publicar 150 fotografías sobre "El Somontano Medieval de Barbastro", de la serie España Medieval. Tiene un portal de Internet referido al románico, y, al igual que Gavín y Tellería, dedica todo su tiempo libre a disfrutar, fotografiar y divulgar dicho arte.

Fernando Labad es otro de estos personajes singulares. Tuve la suerte de conocerlo durante su etapa de vicepresidente ejecutivo de la Fundación Telefónica. ¡Quién me iba a decir que tras su disfraz de especialista en financiación, organización y control de grandes empresas se escondía un experto coleccionista de crucifijos y un estudioso enamorado del arte románico, un incansable viajero internacional que hacía miles de kilómetros llevando a familiares y amigos en volandas para visitar iglesias sirias, eremitorios de Capadocia, catedrales francesas, ruinas británicas y enormes templos germánicos, observando detalles, analizando influencias, admirando escuelas, descifrando símbolos, descubriendo caminos, clasificando talleres, ordenando corrientes e identificando proveedores!

Este libro es el fruto de su observación y de su trabajo de puesta en orden, y ofrece a lectores y entusiastas del románico otro punto de vista: el del clasificador sistemático que ha estudiado el proceso mediante el cual el aniconismo propio del primer cristianismo se convierte en la variopinta iconografía simbólica del románico; el del viajero ilustrado que ha viajado mucho y ha analizado, comparado y aproximado lo que ha visto en lugares distintos y distantes; el del observador perspicaz que se da cuenta de cómo los repertorios e influencias viajan imparables en el tiempo y en el espacio.

Un día me enseñó sus esquemas sobre el románico, y entrevimos la posibilidad de convertirlos en un libro-guía. Suyo es el mérito de este trabajo que hoy prologo; mías, algunas de las ilustraciones. Las he realizado, gratis et amore, *con todo el cariño del mundo. Porque entiendo que esta publicación es un homenaje a todas esas personas extraordinarias –como el propio Fernando Labad, o Jesús Tellería, o los cicloturistas de Pontevedra, o Julio Gabín, o el doctor García Omedes...– que, aun sin ser profesionales de la historia del arte, recorren, admiran, disfrutan y estudian las muestras del románico, adquieren las publicaciones, son la garantía de su conservación y tienen el indudable derecho a ofrecernos su punto de vista.*

Un punto de vista, por otra parte, sumamente enriquecedor, porque surge de la mirada de un usuario cualificado.

José María Pérez, "Peridis"

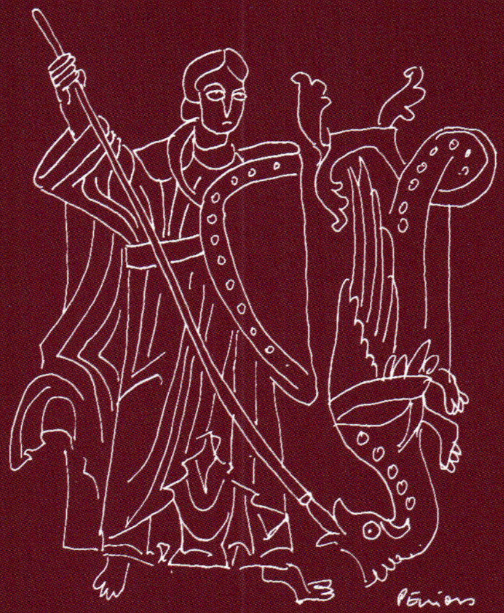

PRESENTACIÓN

El objetivo de cuantos hemos trabajado en esta obra ha sido contribuir con algo nuevo al conocimiento y a la difusión del Románico, el arte de la unidad espiritual de Europa.

Nuestro propósito no ha sido hacer un trabajo de investigación sobre aspectos particulares del Románico, y por tanto no vamos a aportar ninguna tesis original o sorprendente. Sólo tratamos –y ello no es poco– de presentar una rigurosa, y al mismo tiempo atractiva, panorámica general sobre este arte, prestando también atención a los movimientos artísticos, sociales y políticos que se desarrollaron siglos antes de su aparición, y que determinaron sus más importantes características; en especial, ofrecemos una detallada descripción cronológica de las principales circunstancias que acompañan al nacimiento y primera difusión del arte cristiano. Aportamos datos, más que juicios de valor. Y aquellos son descritos de manera que faciliten –hemos intentado que no determinen– el camino hacia estos. Así, nuestro trabajo puede ser útil de modos diversos: como diccionario, como introducción, como resumen... para penetrar en el Románico.

La obra está dirigida a no especialistas. Utiliza un mínimo de tecnicismos y de aparato bibliográfico; su lenguaje es fácil, divulgativo, y no requiere especiales conocimientos de Arte ni de Historia. Hemos dado poco por sabido, pero también hemos aspirado a no decir demasiado poco, a no repetir lugares comunes propios de cualquier folleto al uso. Nos hemos esforzado en reunir un cúmulo de información, pero siempre tratando de evitar que los datos abrumen; y haciendo fácil que el lector no interesado en algún tema lo pueda dejar a un lado en su lectura.

Las opiniones o juicios de valor que se expresan recogen lo generalmente sostenido por prestigiados especialistas. Los temas que aborda este trabajo tienen, en general, un indudable trasfondo religioso; y es sabida la imposibilidad práctica de tratar temas religiosos sin manifestar las propias creencias personales. Pero hemos hecho un esfuerzo de objetivación. Y hemos huido de excentricidades.

En definitiva, hemos pretendido que el lector disfrute adentrándose en el Románico, y con ese propósito está estructurada la obra:

- Consta de seis Secciones:
  - Introducción
  - Nacimiento y difusión del arte cristiano
  - Entornos del Románico
  - Estilos precursores del Románico
  - Características del Románico
  - Evaluación del Románico.

- Cada Sección contiene varios Capítulos que –para facilitar su localización– han sido numerados correlativamente, con independencia de la Sección a que pertenezcan; en total son 69 Capítulos, que incluso pueden ser consultados separadamente a modo de diccionario de temas, sin necesaria conexión con otros Capítulos. El título de cada Capítulo identifica con claridad el asunto de que trata.

- La obra está redactada con estilo esquemático: lenguaje conciso, telegráfico en lo posible. Se utilizan si es preciso cuadros sinópticos para mayor rapidez de visión, pero sin que estos se conviertan en laberintos de llaves, recuadros, líneas y flechas; y con adecuada tipografía en títulos, subtítulos y apartados, para mostrar rápidamente la arquitectura de cada tema. La versión convencional alternativa –narrando literariamente cuanto esta obra contiene– habría requerido un número de páginas desmesurado para nuestros propósitos. No obstante, cuando se ha considerado conveniente no se ha evitado que una misma información aparezca en lugares distintos.

- La terminología utilizada para designar instituciones, acontecimientos, personajes, etc., es la generalmente empleada al respecto; y hemos recurrido a señalar con mayúsculas instituciones o conceptos sobre los que convenía llamar la atención.

- Para exponer algunos temas con mayor riqueza de expresión y mediante "argumentos de autoridad", hemos recurrido a reproducir textualmente –con las correspondientes referencias– párrafos antológicos en los que prestigiosos especialistas han expresado sus magistrales ideas al respecto. Pero no presentamos un repertorio bibliográfico sobre lo que se describe; la amplitud de los asuntos nos habría conducido a listas desmesuradas, que el interesado puede consultar fácilmente en tratados generales o específicos.

- Hemos puesto cuidado especial –en cuanto a número y calidad– para que las ilustraciones fotográficas que acompañan al texto permitan visualizar y hacer más atractivo lo que se dice. Nuestro agradecimiento a cuantas personas en la Fundación Santa María la Real-Centro de Estudios del Románico han colaborado, en este y otros asuntos; en especial, a César del Valle, a Pedro Luis Huerta y a Jesús Herrán. Y también a Ricardo Riancho por la preimpresión de esta segunda edición.

- Y para concluir con las singularidades de nuestro trabajo, queremos subrayar que se ha visto enriquecido con dos felices aportaciones: el Prólogo y 18 dibujos. Las dos han sido realizadas expresa y desinteresadamente para esta obra por nuestro amigo José María Pérez ("Peridis"). Se lo agradecemos muy cordialmente.

El antes citado estilo esquemático tiene sus ventajas, pero es necesariamente simplificador, sacrifica detalles y matices. Por ello, deseamos que la lectura de las páginas que siguen anime a profundizar en los temas que plantean. Y si entre el cúmulo de información que presentamos es detectada alguna errata o imprecisión, agradeceríamos que sea comunicada al editor.

No queremos retrasar más el comienzo del viaje –a través del Románico y de sus orígenes– que el lector está a punto de iniciar. Esperamos que el recorrido ayude a concitar nuevos entusiasmos hacia este arte que, tras su redescubrimiento a mediados del siglo XIX, no ha dejado de ganar adeptos. Con su sentido del equilibrio, de la estabilidad, de la serenidad, el Románico puede ayudar a sobrellevar y superar las turbulencias que hoy vive el mundo.

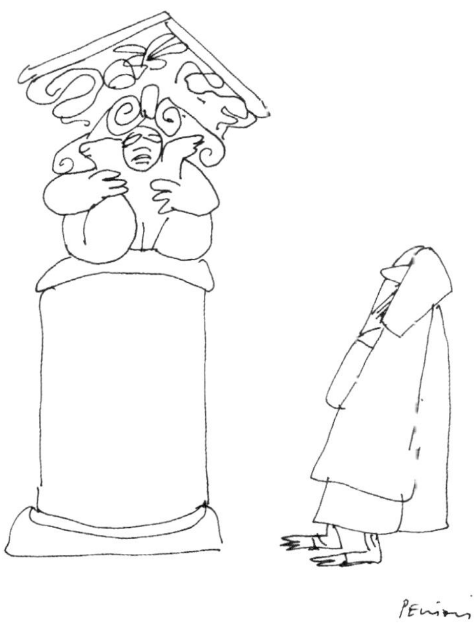

I

INTRODUCCIÓN

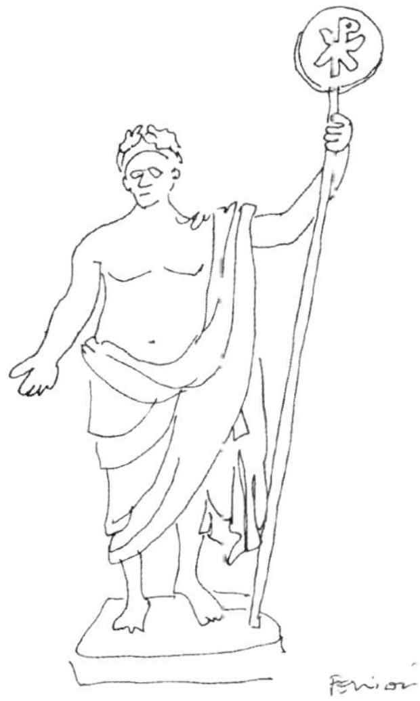

En esta Sección, tras consideraciones acerca de la conveniencia del estudio del Románico (Capítulo 1), se enmarcan en sus respectivos contextos:

- La Civilización Occidental, que queda situada (Capítulo 2) en el conjunto de civilizaciones definidas por A. J. Toynbee.
- El Cristianismo, como religión personalista (Capítulo 3).
- La expansión inicial del Cristianismo, que subraya las raíces de este en el Oriente Próximo (Capítulo 4).
- Las fuentes filosóficas y estéticas clásicas –grecorromanas– en que se apoya el arte cristiano en sus primeros tiempos (Capítulo 5).

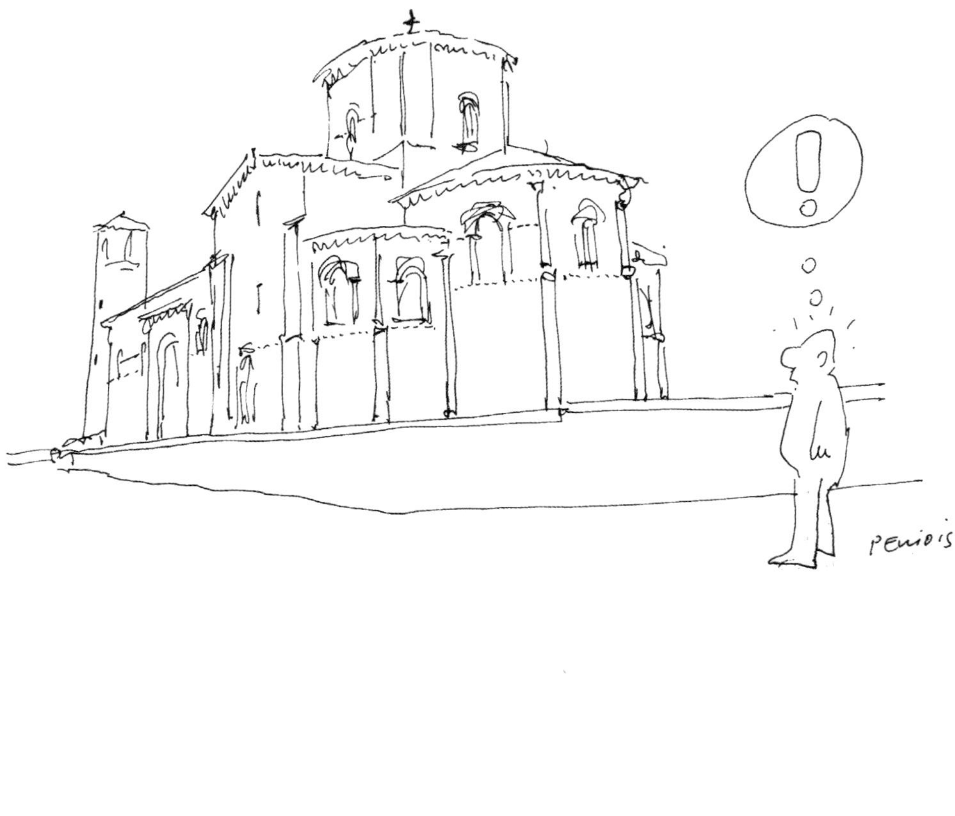
PERIDIS

1. POR QUÉ ESTUDIAR EL ARTE ROMÁNICO

- El estudio de la Historia trata de entender el pasado, pero no pretende proporcionar modelos a imitar. La Historia es instructiva, no normativa.

- No obstante, como el pasado puede ayudar a entender el presente, el conocimiento de aquel puede facilitar estados de opinión y herramientas para encontrar soluciones aplicables a los problemas de hoy. Soluciones así apoyadas en lo que el pasado puede aportar, pero no sometidas a él.

- El estudio de cualquier acontecimiento histórico no necesariamente implica identificarse con los valores que lo motivaron. Así, el Románico, el arte y la cultura románicos, tan íntimamente ligados al Cristianismo, pueden ser admirados por quienes no sean creyentes cristianos, e incluso por quienes carezcan de creencias religiosas. Pero el arte románico y la cultura románica, por su decisiva influencia en la formación de la llamada Civilización Occidental, no puede dejar de interesar a quienes deseen profundizar en los cimientos estéticos y culturales del mundo en que hoy vive una gran parte de la Humanidad.

- El estudio del Románico –y de la sociedad en que nació y creció– permite captar valores que enriquecen al ser humano, y puede ayudar a evitar los excesos propios de la época en que este arte se desenvolvió.

- Lo mismo cabe decir, no ya del arte románico, sino –*mutatis mutandis*– del arte cristiano en general y de cualquier modalidad de arte del pasado. Porque "la vía para alcanzar una comprensión más directa y más viva del pensamiento antiguo no se encuentra en su expresión conceptual, sino en su pintura y en su plástica" (H. FRANKFORT, 1948; citado por M. GARCÍA PELAYO, 1963).

- A mayor abundamiento, el arte románico puede reportar, como es bien sabido, nobles disfrutes personales a quien de él se ocupe.

2. LA OCCIDENTAL ENTRE LAS 21 CIVILIZACIONES DE A. J. TOYNBEE

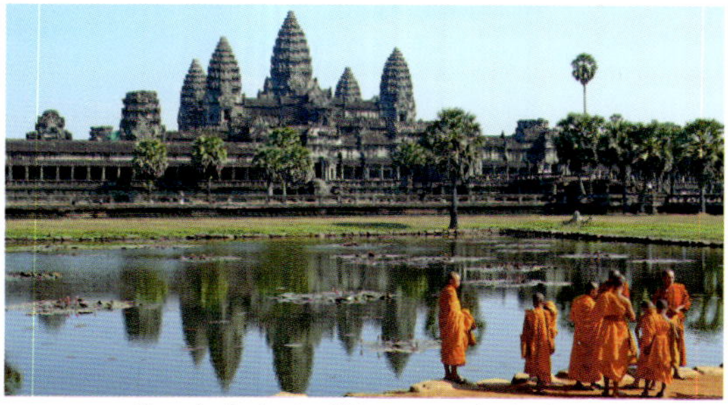

Templo de Angkor Wat con monjes budistas en primer plano (Camboya)

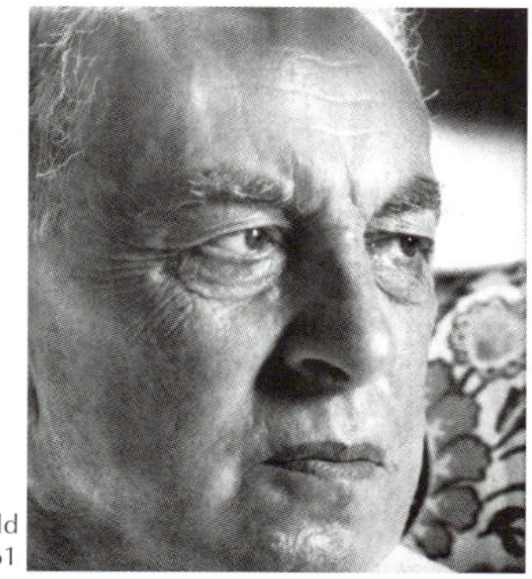

Retrato de Arnold J. Toynbee en 1961

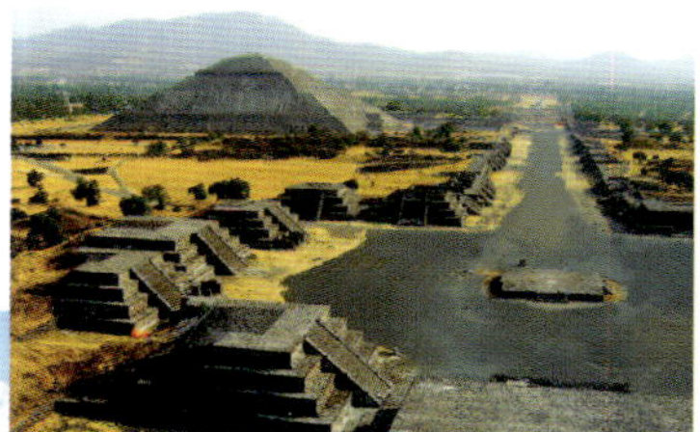

Calzada de los Muertos y Pirámide del Sol de Teotihuacán (México)

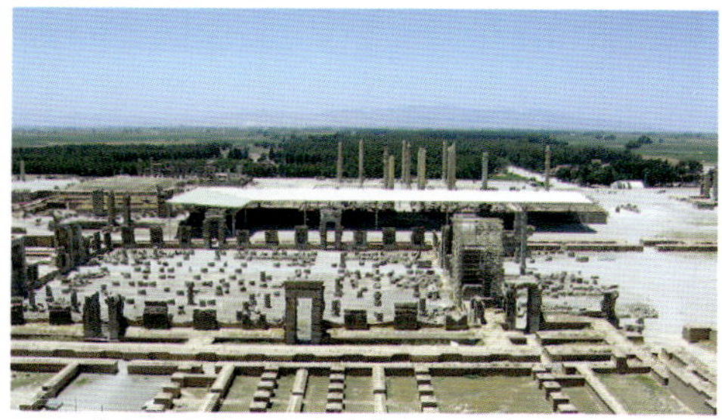

Ruinas de la antigua ciudad de Persépolis (Irán)

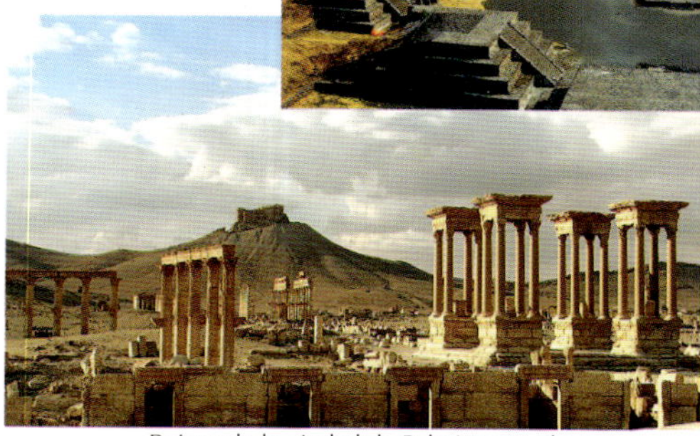

Ruinas de la ciudad de Palmira con el castillo árabe al fondo (Siria)

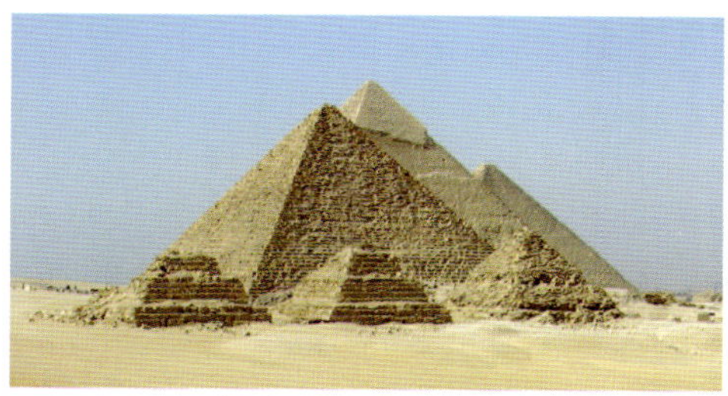

Pirámides de Micerino, Kefrén y Keops, en la meseta de Giza (Egipto).

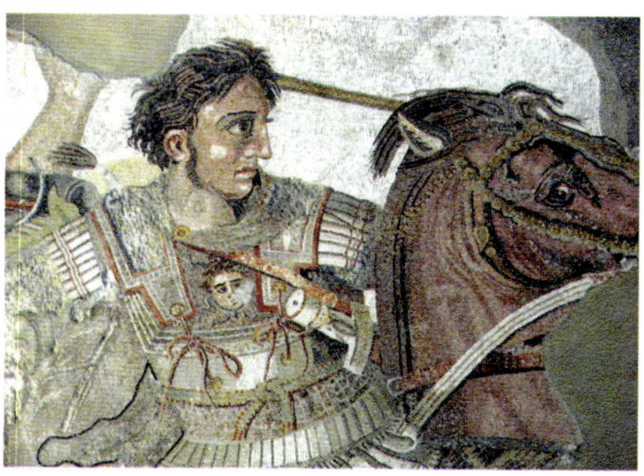

Alejandro Magno en el mosaico de la "Batalla de Issus". Casa del Fauno de Pompeya (Museo Arqueológico de Nápoles)

Puerta de los Leones de Micenas (Grecia)

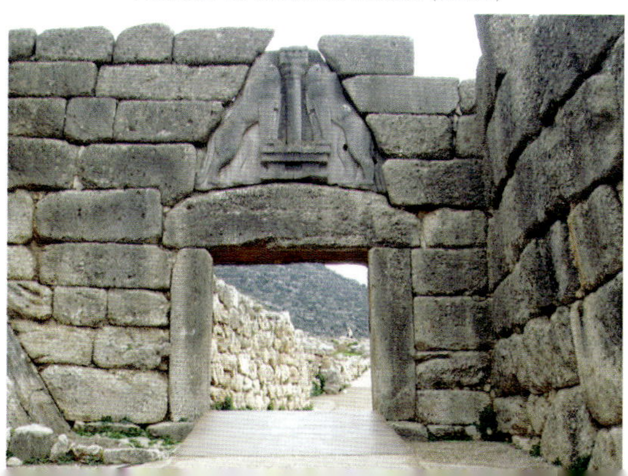

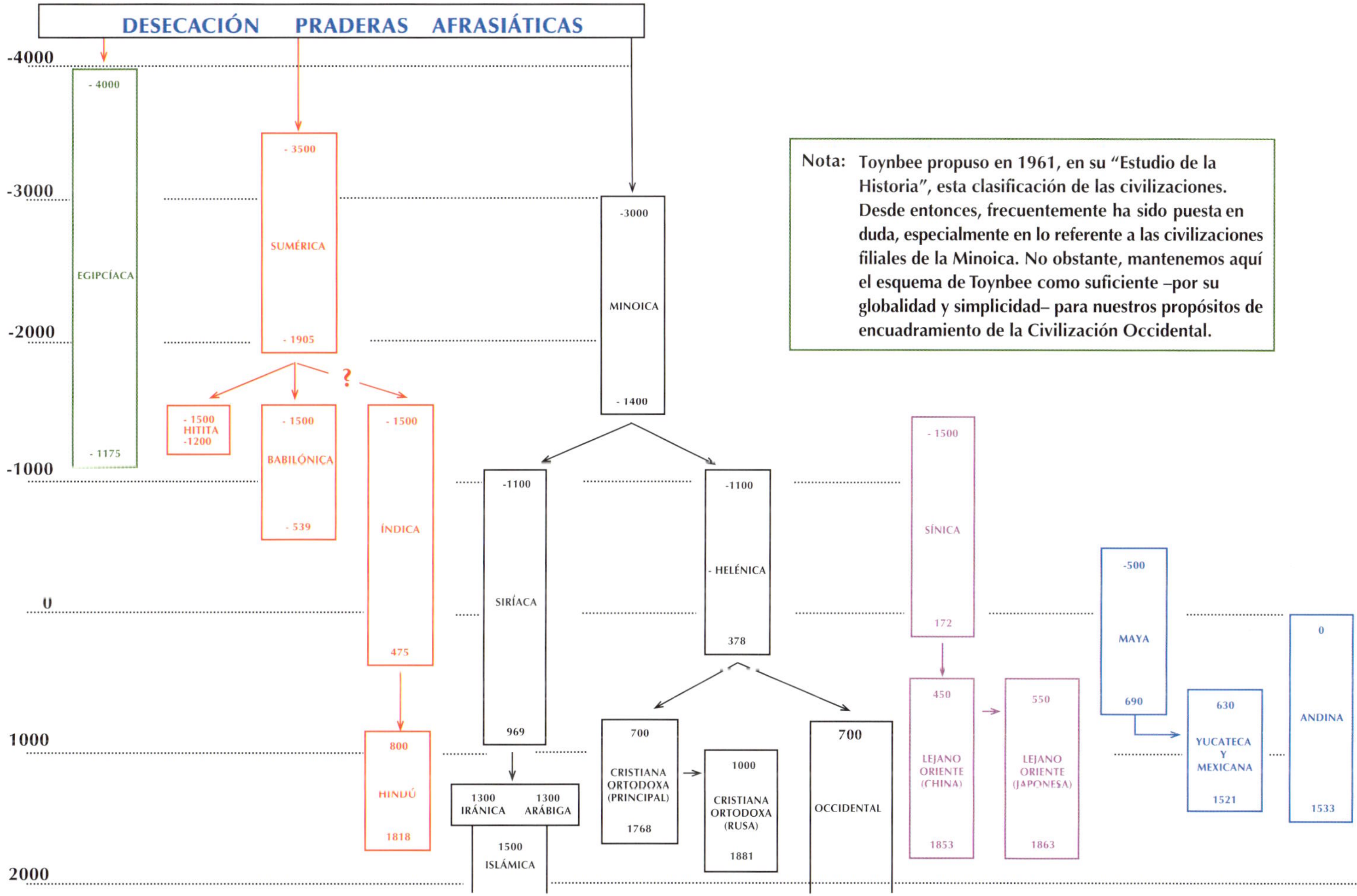

Nota: Toynbee propuso en 1961, en su "Estudio de la Historia", esta clasificación de las civilizaciones. Desde entonces, frecuentemente ha sido puesta en duda, especialmente en lo referente a las civilizaciones filiales de la Minoica. No obstante, mantenemos aquí el esquema de Toynbee como suficiente –por su globalidad y simplicidad– para nuestros propósitos de encuadramiento de la Civilización Occidental.

3. EL CRISTIANISMO Y LAS GRANDES RELIGIONES

No se trata aquí solo de abordar el intrincado tema del origen o de la clasificación de las religiones. Solo de poner en relación algunas características propias del Cristianismo, con las respectivas de dos grupos de religiones (las monoteístas y las panteístas)

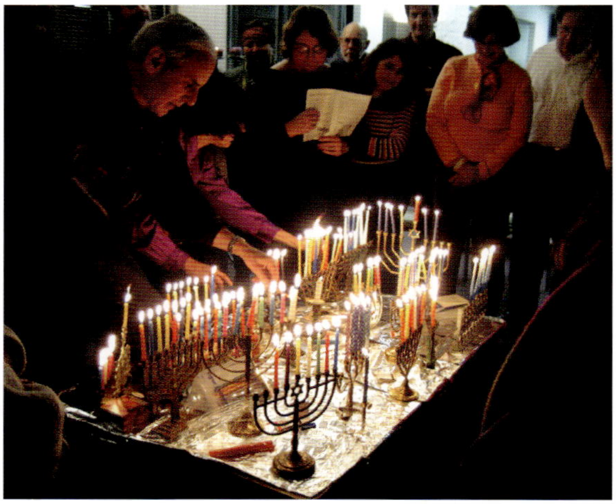

Celebración en una sinagoga judía

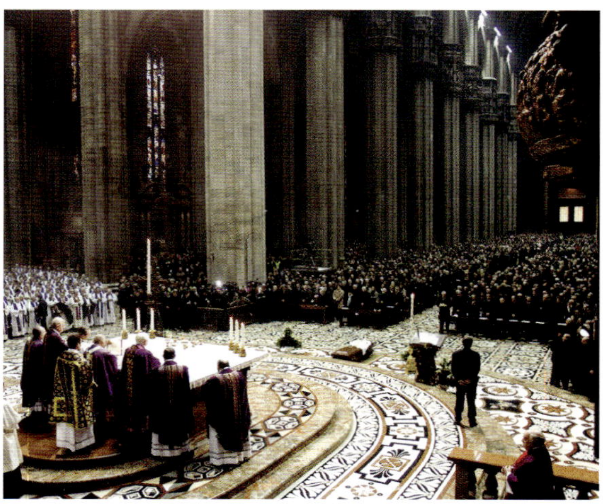

Celebración en una iglesia cristiana

RELIGIONES PERSONALISTAS (o DEL LIBRO)

Religiones principales

Judaísmo
CRISTIANISMO
Islam

Principios básicos

- Son monoteístas.
- Parten de que la primera experiencia humana es la vinculación interpersonal, no con la Naturaleza.
- Pretenden establecer una relación del ser humano con un Dios personal.
- Modelo referencial para la relación entre Dios y el ser humano: la relación familiar entre padre e hijo.
- Visión lineal de la Historia (hacia la "consumación de los tiempos").
- Origen: la revelación de Dios al ser humano. Abrahám, padre común de las tres religiones del Libro.
- Quieren modificar la realidad social, son religiones activas.

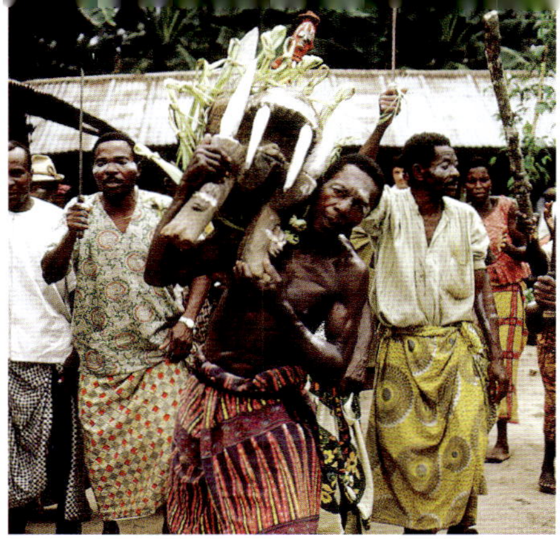

Ritual animista en Nigeria

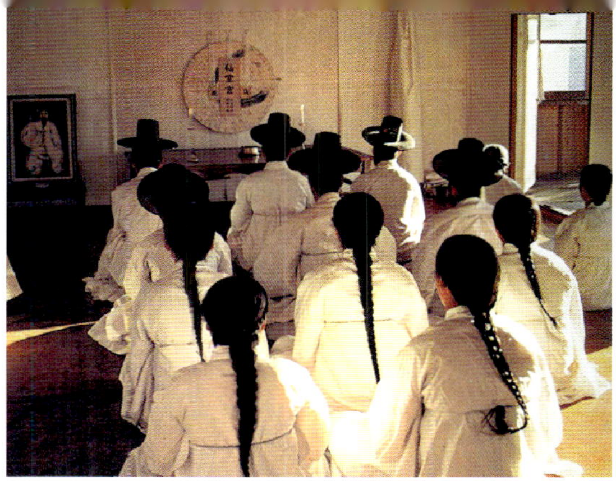

Ceremonia confucionista en Corea

RELIGIONES PANTEÍSTAS (o NATURALISTAS o CÓSMICAS)

Religiones principales

Religiones que presentan la Naturaleza como manifestación de la Divinidad, de lo sagrado.

Principios básicos

- Concepción numinosa –espiritualista– de la Naturaleza, y naturalista de la Divinidad y del ser humano.
- Son panteístas. Identifican lo sagrado con la Naturaleza. El creador y lo creado constituyen una misma entidad.
- Búsqueda de la plena realización del ser humano, aun sin mediar mandato divino; a veces con cosmovisión cíclica (reencarnación, eterno retorno…).
- Propugnan la indiferencia frente al mundo, la interioridad, la calma espiritual (Budismo, Hinduísmo); la sabia ordenación de la vida (Confucionismo, Taoísmo).
- Fondo cultural animista, no personalista.
- Magia y adivinación como actividades para-religiosas.
- Posible origen: la contemplación de fenómenos atmosféricos y celestes.

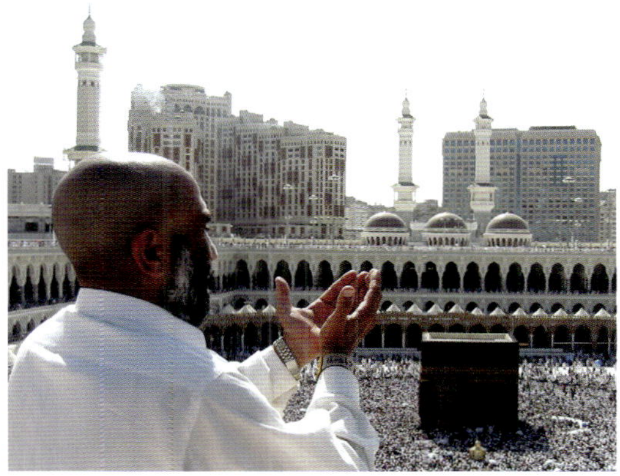

Oración ante la Kaaba. La Meca (Arabia Saudí).
Fotografía de Ali Mansuri

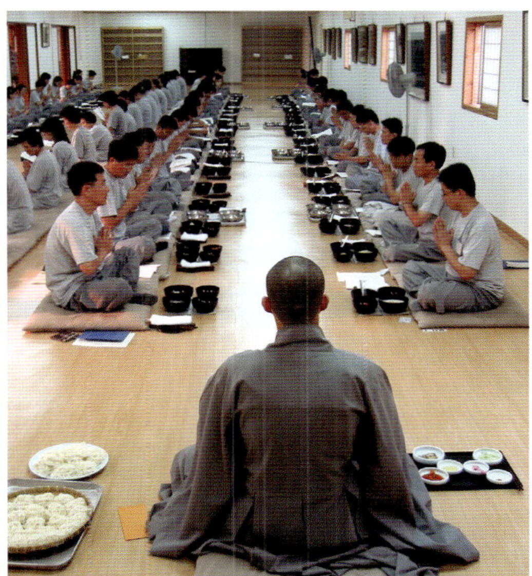

Ceremonia budista

4. EVANGELIZACIÓN DEL MUNDO POR LOS APÓSTOLES DE JESUCRISTO

Para comprender el Románico es preciso comprender el Cristianismo, a cuya propagación inicial se entregan los apóstoles del fundador Jesucristo.

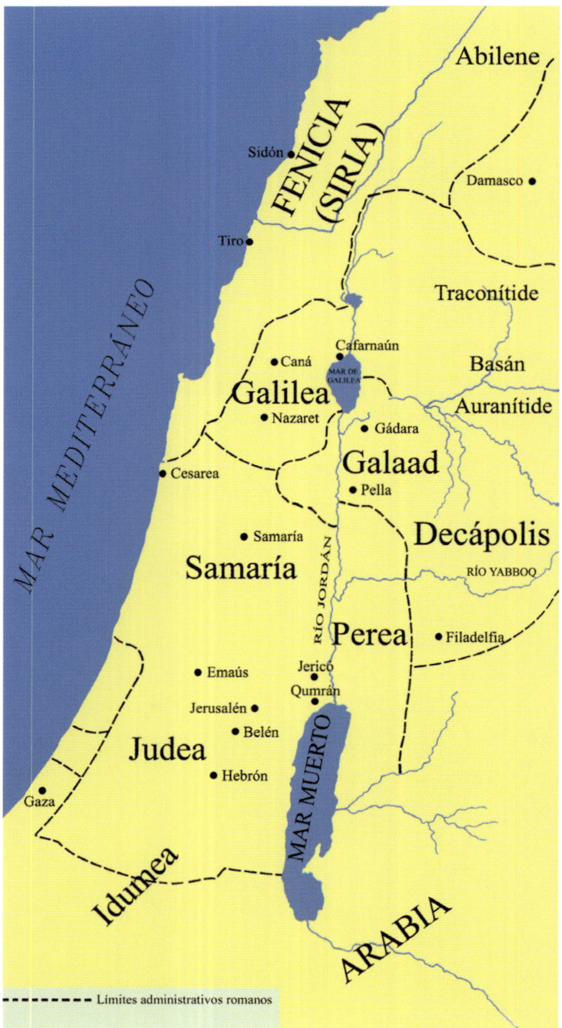

Mapa de Palestina en tiempos de Jesucristo.

APÓSTOLES ELEGIDOS POR JESUCRISTO

- PEDRO (nombrado cabeza de la Iglesia por Jesucristo; antes: pescador).
- ANDRÉS (hermano mayor de Pedro; primer llamado al apostolado por Jesucristo; antes: pescador).
- JUAN (evangelista; considerado "el discípulo amado de Jesucristo").
- SANTIAGO EL MAYOR (hermano mayor de Juan; primer apóstol mártir; el de Compostela).
- SANTIAGO EL MENOR ("pariente del Señor"; primer obispo de Jerusalén).
- MATEO (evangelista; antes: recaudador de impuestos).
- TOMÁS (el "incrédulo").
- FELIPE (amigo de Andrés).
- BARTOLOMÉ (amigo de Felipe).
- SIMÓN (antes: zelote, nacionalista judío).
- JUDAS TADEO (primo de Jesucristo; pariente de Santiago el Menor).
- JUDAS ISCARIOTE (el "traidor").

APÓSTOLES PROPAGADORES DEL CRISTIANISMO:	Principales zonas donde evangelizaron:
PEDRO (apóstol)	Jerusalén, Roma
PABLO (convertido al Cristianismo en el camino a Damasco)	Oriente Próximo, Roma
MARCOS (evangelista; discípulo de Pedro)	Egipto, Chipre
MATEO (apóstol; evangelista)	Siria, Persia, Etiopía
LUCAS (evangelista; compañero de Pablo; griego, de origen sirio; médico)	Siria, Grecia
JUAN (apóstol; evangelista)	Siria, Asia Menor
SANTIAGO EL MAYOR (apóstol)	Jerusalén; según la tradición: Hispania
ANDRÉS (apóstol)	Grecia, Asia Menor, sur de Rusia
BARTOLOMÉ (apóstol)	India, Persia, Armenia
FELIPE (apóstol)	Frigia
JUDAS TADEO (apóstol)	Mesopotamia, Persia, Armenia
SANTIAGO EL MENOR (apóstol)	Palestina
SIMÓN (apóstol)	Egipto, Persia
TOMÁS (apóstol)	India
MATÍAS (sucesor de Judas Iscariote)	Palestina
BERNABÉ (compañero de Pablo)	Antioquía, Chipre

(Cf. Alois DEMPF, *La expresión artística de las culturas*, 1962, p. 243)

5. IDEAS FILOSÓFICAS GRIEGAS Y ROMANAS IMPREGNAN LA ESTÉTICA PALEOCRISTIANA

"El Cristianismo, en su parte ideológica fundamental –la inmortalidad del alma, la conducta humana, [la vida como tránsito hacia lo permanente,…]– está cargado de filosofía platónica y de filosofía griega en conjunto" (J. CARO BAROJA)

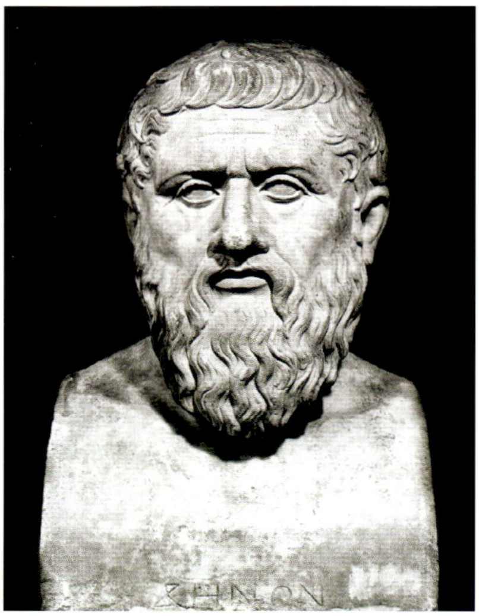

Platón. Museos Vaticanos de Roma

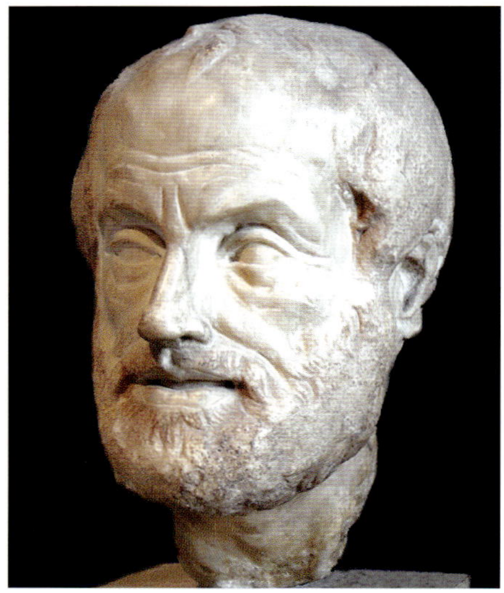

Aristóteles. Museo del Louvre (París)

Sócrates. Coliseo de Roma

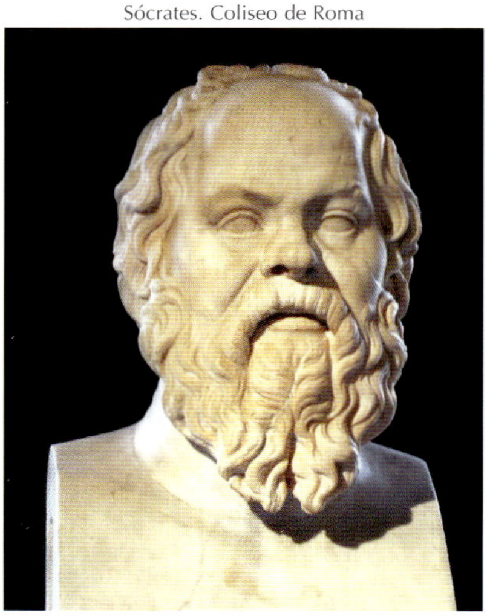

Cicerón. Museo Ashmolean de Oxford

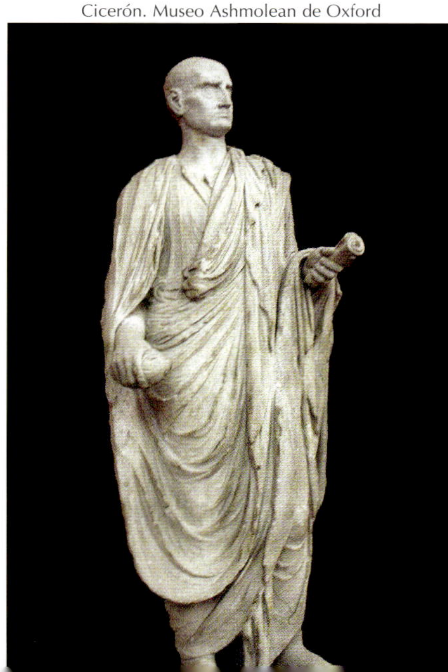

Consecuentemente, el Cristianismo toma de filósofos griegos y romanos los conceptos fundamentales en que basa su estética:

- De **PLATÓN:** la belleza espiritual; el idealismo
- De **ESTOICOS:** la belleza ascética y ética
- De **PLOTINO:** la belleza de la luz y del mundo
- De **PITÁGORAS:** la belleza como proporción
- De **ARISTÓTELES:** la concepción del ser (bueno, bello y verdadero); el realismo
- De **CICERÓN:** la concepción de la retórica
- De **HORACIO:** la concepción de la poesía
- De **VITRUVIO:** la concepción de la arquitectura

PERO EL CRISTIANISMO REMITE TODOS ESTOS VALORES A DIOS; Y TODAS LAS ACTIVIDADES HUMANAS, A FINES SOBRENATURALES

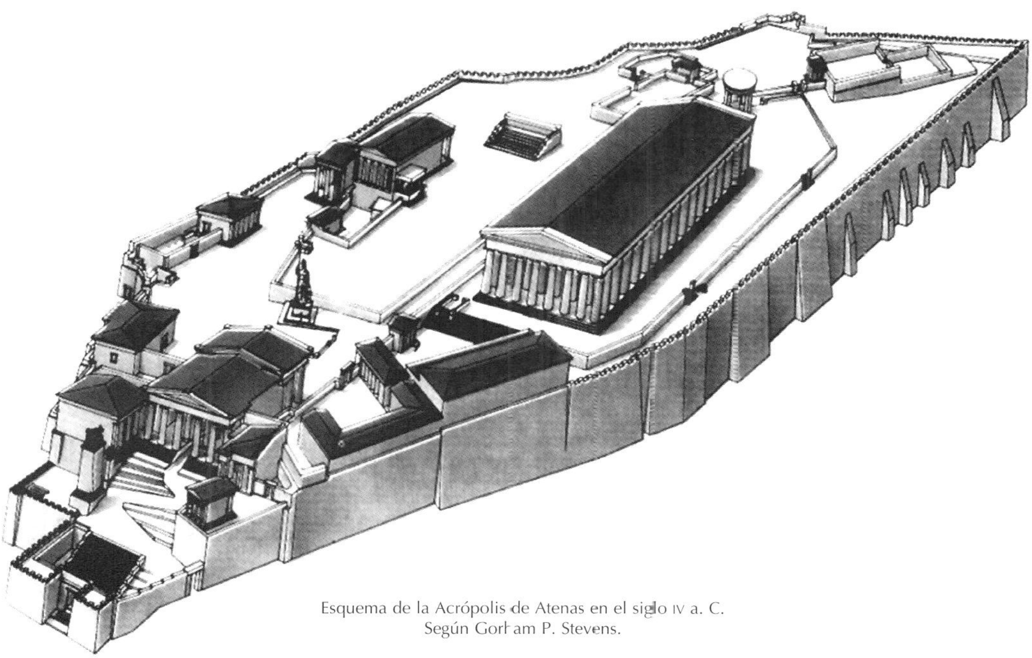

Esquema de la Acrópolis de Atenas en el siglo IV a. C.
Según Gorham P. Stevens.

II

NACIMIENTO Y DIFUSIÓN DEL ARTE CRISTIANO

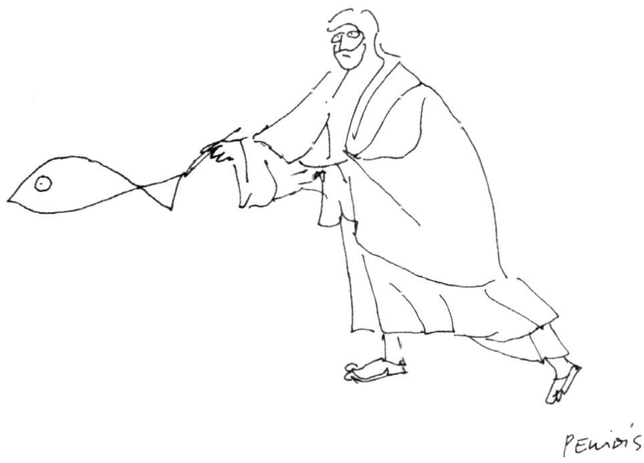

Esta Sección II, presenta pormenorizadamente el nacimiento y difusión del arte cristiano durante los primeros siete siglos de nuestra era (Capítulos 6 a 10). Concluye con una caracterización del arte paleocristiano en general (Capítulo 11), y de su bifurcación en Oriental y Occidental (Capítulo 12).

Desde este punto, se entrará más tarde (Sección IV) en el análisis de los principales estilos artísticos así derivados, y de su contribución al nacimiento y desarrollo del Románico; si bien, antes (Sección III), se expondrán los entornos –instituciones, circunstancias– que acompañan e influyen en ese nacimiento y desarrollo.

6. EL CRISTIANISMO, INICIALMENTE ANICÓNICO. SIGLOS I y II

- Las tres religiones "del Libro" (de la Biblia) –Judaísmo, Cristianismo, Islam– experimentan, en sus respectivos inicios, fuertes tendencias hacia el aniconismo (hacia el rechazo de las imágenes de seres humanos y animales).
- Especial rechazo a la representación de la imagen de Dios. Porque Dios es inimaginable, inabarcable, irrepresentable, impenetrable, intelectualmente inasible, y debe ser mantenido lejos de lo natural y visible. El esplendor divino ciega. El intento de representar a Dios en imágenes puede conducir a la idolatría. Lo dice el Antiguo Testamento (Éxodo 20, 4-6, Deuteronomio).
- El Cristianismo es fundamentalmente anicónico durante sus primeros 200 años.
- Al parecer, en el siglo II los cristianos ya utilizan con generalidad símbolos para identificarse; son estos el pez, el delfín, el áncora, la paloma, quizá el crismón...; símbolos, en general, relacionados con la simbología grecorromana.
- Cuando en el siglo III comience el arte cristiano, no será fácil para el Cristianismo fundamentar la estética y las formas concretas que deben configurarlo. El asunto resultará complicado porque la Iglesia intenta no dar pie a confusiones teológicas que por entonces, y en siglos subsiguientes, están en el origen de sucesivas herejías, a veces contradictorias entre sí. Las representaciones artísticas cristianas deben ser fieles a las proclamaciones de la Iglesia. Así, las definiciones referentes a las dos naturalezas y a la única persona de Jesucristo. Los planteamientos estéticos e iconográficos al respecto deben atender a objetivos aparentemente contradictorios, tales como:

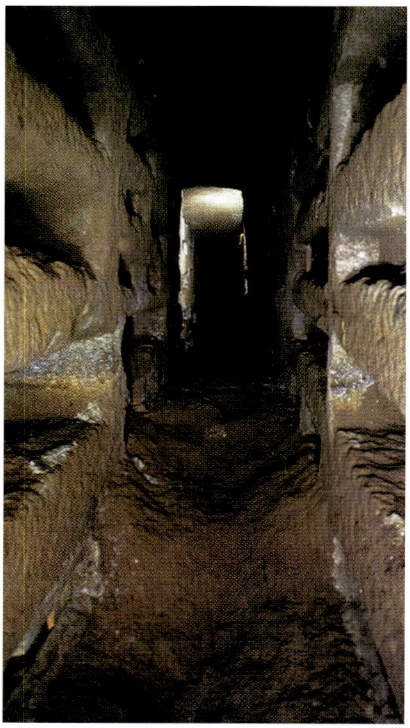

Catacumbas de Santa Inés (Roma)

- Representar a Jesucristo como Dios verdadero:
  - En contra del Arrianismo (de Arrio, 256-336, presbítero en Alejandría) que no admite la naturaleza divina de Cristo; Arrianismo que es condenado por el Concilio de Nicea de 325 (que proclama la Trinidad divina), pero que encontrará muchos seguidores (también entre los pueblos germánicos: visigodos, ostrogodos...).
  - En contra del Nestorianismo (de Nestorio, siglo V, patriarca de Constantinopla) que –oponiéndose al Arrianismo– ve en Jesucristo dos personas separadas: la divina como Hijo de Dios y la humana como hijo de María; Nestorianismo que es condenado por el Concilio de Éfeso de 431.
- Representar a Jesucristo como verdadero hombre, en contra del Monofisismo (de Eutiques, siglo V, monje alejandrino) que –oponiéndose al Nestorianismo– no admite la naturaleza humana de Cristo; Monofisismo que se opone a lo declarado por el Concilio de Calcedonia de 451, y es condenado por el Concilio de Constantinopla II de 553.
- Integrar la Trinidad divina en un arte cristiano perteneciente a una religión esencialmente monoteísta.
- Superar la resistencia a presentar a Jesucristo sufriendo –aparentemente derrotado– el afrentoso suplicio romano de la crucifixión.
- Desde finales del siglo II, el Imperio Romano se enfrenta a graves dificultades. Tras la muerte del emperador Marco Aurelio (impera: 161-180) un clima de inseguridad y angustia se extiende por el Imperio (invasiones desde el exterior, rebeliones internas, epidemias; desmoronamiento de las instituciones, de la economía, de las religiones tradicionales,...). "Despúes de la muerte de Marco, la historia pasó de un imperio de oro a un imperio de hierro mohoso.", escribe el historiador romano Dión Casio (155-235). A este período crítico pondrá fin Constantino I el Grande.

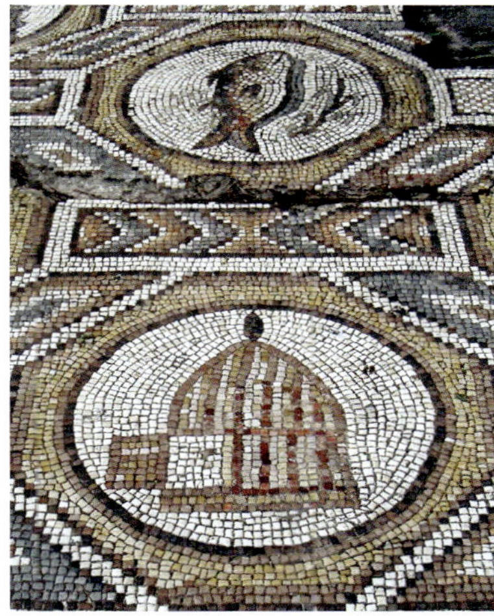

Mosaico tardorromano con la representación de un pez. Museo Nacional de Damasco (Siria)

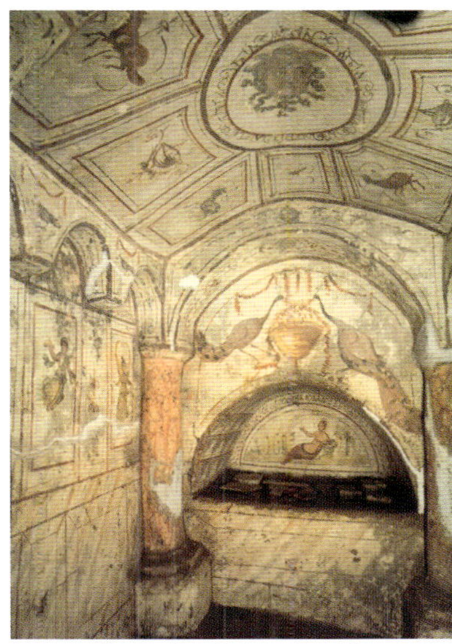

Catacumbas de Santa Domitila.
(¿Siglos II-III?). Roma

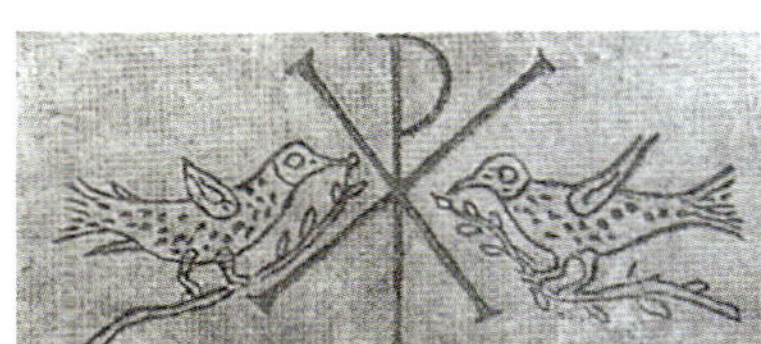

Crismón con palomas (siglo III).
Catacumbas de Priscila (Roma)

7. COMIENZOS DEL ARTE CRISTIANO HACIA EL AÑO 200

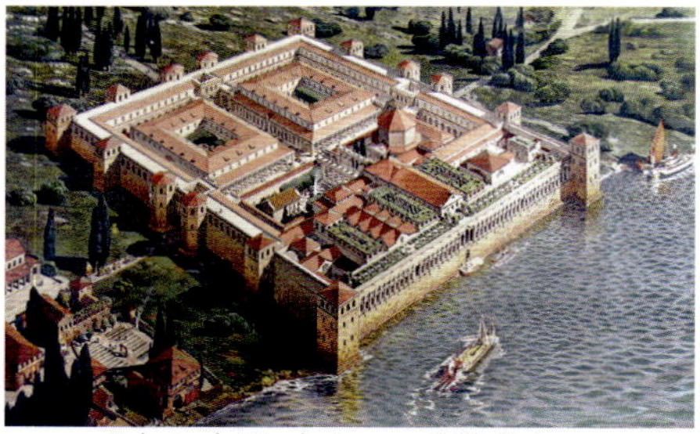

Palacio de Diocleciano en Split. Siglo III.
Según E. Hébrard

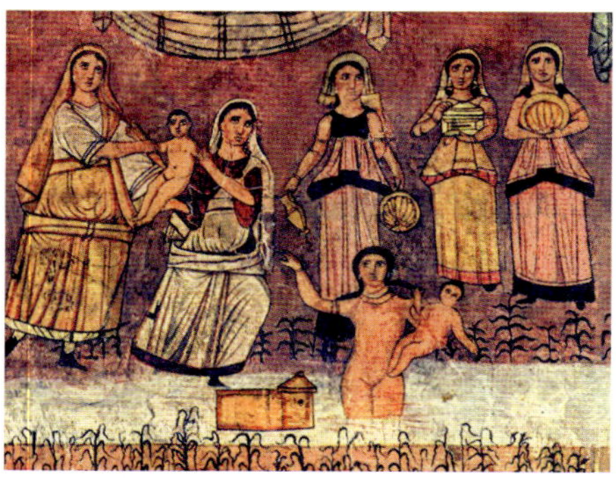

Moisés salvado de las aguas. Fresco de la sinagoga de Dura Europos (siglo III).
Museo Nacional de Damasco (Siria)

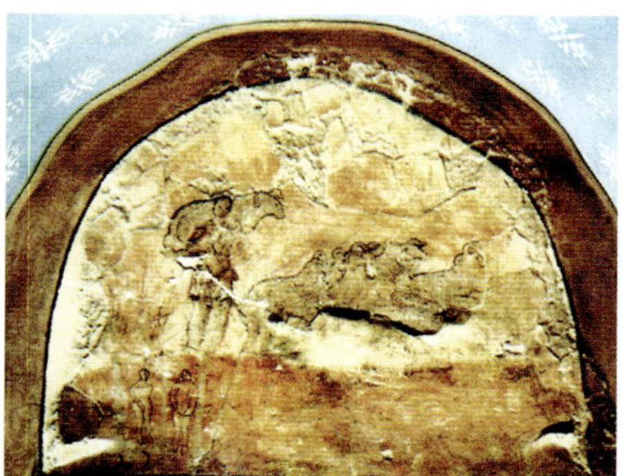

Fresco de la casa-iglesia cristiana de Dura Europos (siglo III).
El Buen Pastor. Museo Nacional de Damasco (Siria)

- Tras las esporádicas (en tiempos y en regiones) persecuciones del Imperio Romano contra los cristianos en los siglos I y II, en el III se agravan y generalizan (especialmente con los emperadores Septimio Severo, Decio, Valeriano y Diocleciano).
- No obstante es hacia el año 200 cuando el Cristianismo empieza a expresarse artísticamente. Comienza a utilizar imágenes para el culto. Comienza el arte de contenido cristiano.
- También el Judaísmo empieza por ese tiempo a utilizar imágenes. Habrá contactos frecuentes e influencias entre Judaísmo y Cristianismo en arquitectura, culto y liturgia en los siglos III, IV y V.
- La utilización de imágenes trata de facilitar la transmisión del mensaje religioso. "La pintura puede ser para los iletrados lo mismo que la escritura para los que saben leer" (papa san Gregorio I el Grande; gobierna: 590-604).
- Está datada en torno al año 230 la más antigua conocida casa-iglesia cristiana; en Dura Europos (entonces ciudad romana junto al Éufrates); con numerosas pinturas murales de escenas del Nuevo Testamento. Es el mensaje específico que presenta allí el Cristianismo, para competir con el también pujante Judaísmo en esa ciudad. La sinagoga de Dura Europos, contemporánea y también la más antigua, tiene pinturas murales que presentan escenas del Antiguo Testamento. Están en estudio restos arqueológicos aparecidos recientemente (por ejemplo: en Jordania [Rihab; ¿del siglo I?]) que podrían ser de casas-iglesias cristianas anteriores a la de Dura Europos.

- El arte cristiano inicial es prolongación del tradicional grecorromano, en imágenes y en ideas filosóficas, y está inmerso en influencias helenísticas orientalizantes (el griego es la lengua de la naciente liturgia cristiana). Si bien el Cristianismo espiritualiza y "teologiza" el concepto de belleza, en detrimento de la belleza sensible; porque la única belleza verdadera está en Dios.
- Las imágenes se utilizan más en pintura que en escultura; y en contextos funerarios: pinturas murales en catacumbas (cementerios subterráneos cristianos, principalmente desde el primer tercio del siglo III; cementerios en los que, como lugares sagrados, estaba restringida a entrada de la policía romana; siendo las principales catacumbas las de Roma, localidad a la que los cristianos llegan poco después de la muerte de Jesucristo) y relieves en sarcófagos. Las imágenes se inspiran en la esperanza en la salvación eterna. Características de estas:
  - Temas del Nuevo y del Antiguo Testamento, y también temas mitológicos.
  - Las pinturas son toscas, de grandes brochazos, al modo impresionista; influenciadas a veces por coloristas retratos comtemporáneos de El Fayum (Egipto).
  - La imagen del Buen Pastor (que, en la tradición grecorromana, porta el cordero para el sacrificio) parece ser la primera escultura exenta que, a finales del siglo III, utiliza el Cristianismo; las demás esculturas son alto o bajorrelieves.
  - Al parecer, empieza a extenderse en esta época la utilización del crismón, compuesto por las letras griegas X y P, primeras del nombre "Cristo" en griego.
- Desde finales del siglo III, en el Cristianismo oficial empieza a ganar terreno el uso del latín al del griego.

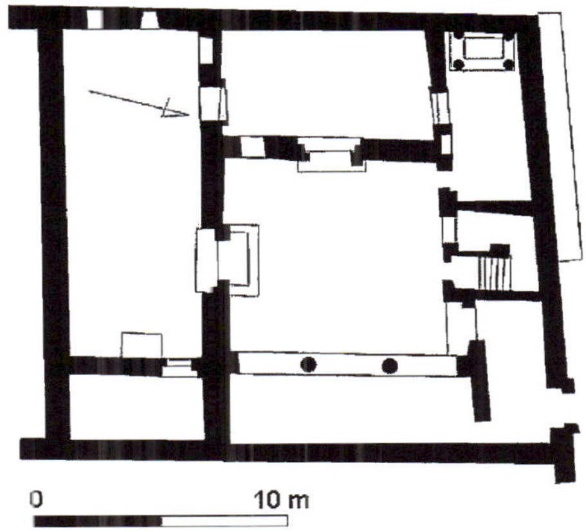

Planta de la casa-iglesia cristiana de Dura Europos. Según Udimu

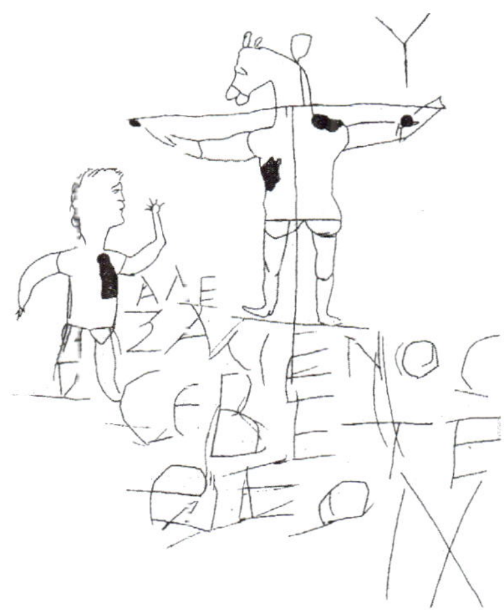
Grafito ofensivo contra el Cristianismo (siglo III). Hallado en la Domus Gelotiana, en el monte Palatino (Roma).

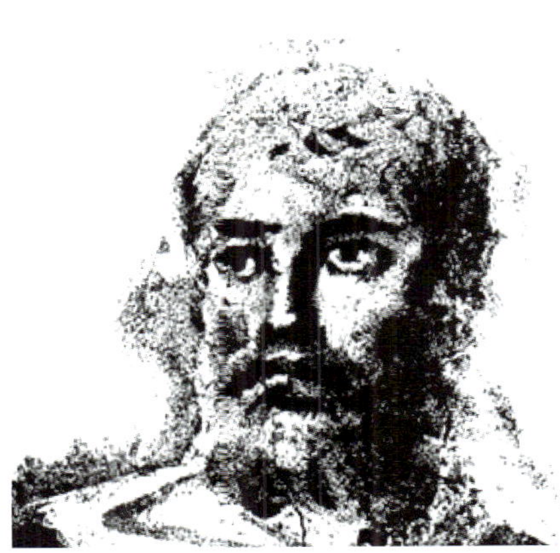
Primer dibujo de San Pablo (siglo III). Hipogeo de Aurelii (Roma)

8. EL EMPERADOR ROMANO CONSTANTINO IMPULSA EL ARTE CRISTIANO EN EL SIGLO IV

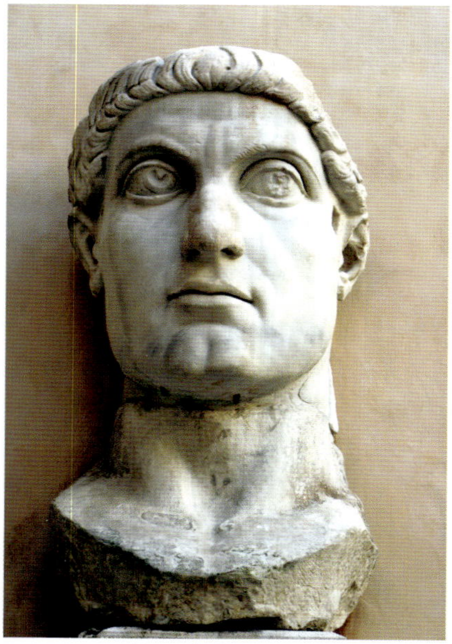

Busto de Constantino.
Museo del Capitolio (Roma)

- Constantino I el Grande (impera: 324-337) contribuye al fomento del arte cristiano, mediante "dos de las decisiones más importantes en la historia universal":
  - En 313 –recién nombrado augusto de la zona occidental del Imperio; y junto con Licinio, augusto de la zona oriental– promulga el Edicto de Milán que declara la "Paz de la Iglesia". La práctica de la religión cristiana es despenalizada. Pronto es protegida; y Teodosio I el Grande (impera: 379-395, hispano) establece en 380 el Cristianismo como religión oficial del Imperio.
  - En 330 traslada la capital del Imperio a Constantinopla (antigua Bizancio, colonia Griega desde el VII a.C.) para tratar de hacer frente mejor a las invasiones bárbaras y a las luchas intestinas.
- Perviven, desde el nacimiento del Cristianismo, dos tendencias, con influencias en su estética:
  - La Iglesia oriental (Antioquía, Alejandría...) se apoya en viejas tradiciones filosóficas precristianas y propone el ideal de la "divinización" del ser humano. Tendencia influida por el Helenismo ("los griegos, los más orientales de los occidentales").
  - En la realista Roma y en la ascética África, los Padres de la Iglesia latinos se inclinan más por el planteamiento de la "salvación" del ser humano.
- En Siria –región con gran prosperidad económica, y la primera región intensamente cristianizada– surgen cruciales contribuciones al naciente arte cristiano –oriental y occidental– y después al islámico:
  - Al arte cristiano occidental llevará imágenes de aspecto severo, ascético, contrapuestas a

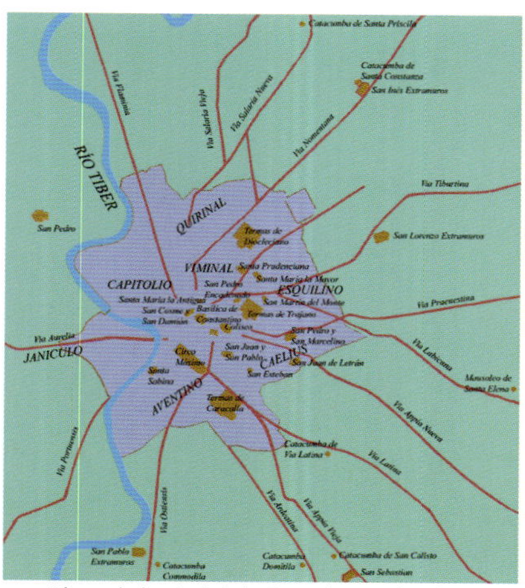

Plano de la ciudad de Roma hacia el siglo V

las naturalistas y juveniles propias de Roma y Grecia.

- Contribuirá a que el arte bizantino adquiera fuerte estilo propio, librándole de ser una versión decadente de lo romano. Aporta en el siglo IV la iglesia de planta centralizada, derivada del mausoleo circular clásico romano.
- Hará sustanciales aportaciones al arte islámico (el arte califal omeya nacerá en la zona).

- El arte cristiano occidental sigue pautas del naturalismo clásico grecorromano, aunque aplica rasgos más rígidos. Prolifera en sarcófagos la imagen triunfal, glorificada, de Cristo. Se generaliza el signo del crismón y el de la cruz en estandartes.
- Egipto (desarrollo del Cristianismo monofisita copto: siglos IV a VII) también contribuye al naciente arte cristiano.
- No obstante, incluso en el Cristianismo occidental se mantiene una tendencia al aniconismo. El Concilio regional de Iliberis (en Elvira, cerca de la actual Granada; primer concilio de la Iglesia hispana) en 314 recuerda la prohibición de utilizar imágenes. Pero el empleo de estas será creciente.
- En 325, el Concilio Ecuménico de Nicea (primer Concilio Ecuménico cristiano; impulsado por Constantino), en el Credo católico, proclama contra Arrio la Trinidad divina. El arte cristiano debe, por tanto, representar nítidamente la divinidad en las imágenes de Cristo. Aunque también –en la fórmula helenística, no siríaca– Cristo aparece como joven, sin características sobrehumanas.
- Fracasa el intento de Juliano el Apóstata (impera: 361-363) de restaurar el Paganismo.
- En 376 comienzan las grandes oleadas de pueblos bárbaros sobre el Imperio Romano. No enriquecen el arte cristiano.
- Desde finales del siglo IV, la eucaristía debe ser celebrada sobre un altar que incluya reliquias, lo cual acentúa la búsqueda de estas. Más tarde esa búsqueda, y la presentación de las reliquias para ser visitadas por los peregrinos, tendrá importante influencia en el arte cristiano.

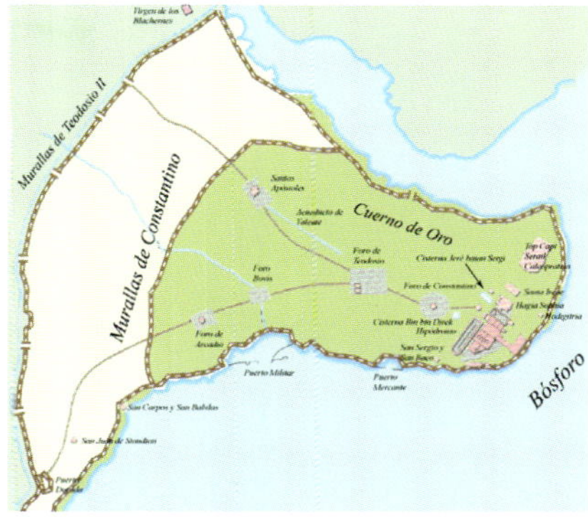

Plano de la ciudad de Constantinopla hacia el siglo VI

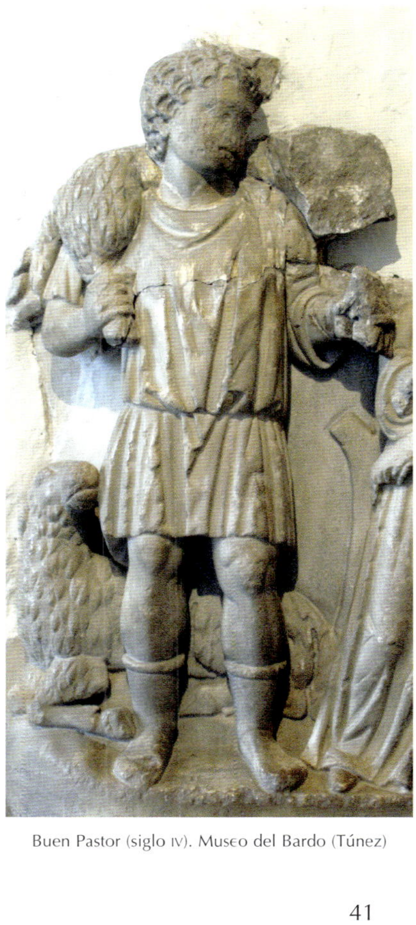
Buen Pastor (siglo IV). Museo del Bardo (Túnez)

9. DIFUSIÓN DEL ARTE CRISTIANO EN LOS SIGLOS V y VI

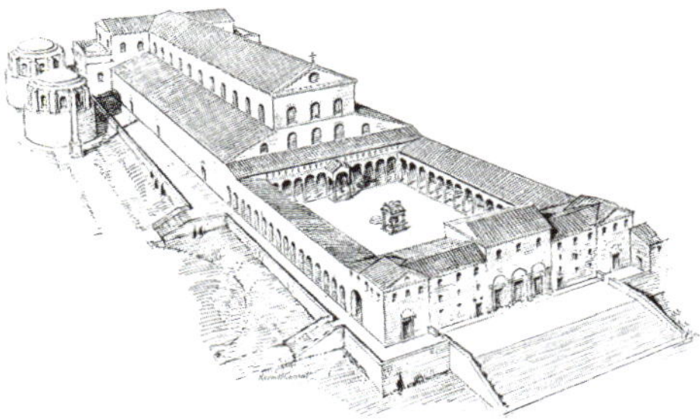

Primitiva iglesia de San Pedro, en Roma, iniciada por Constantino. Según K. J. Conant

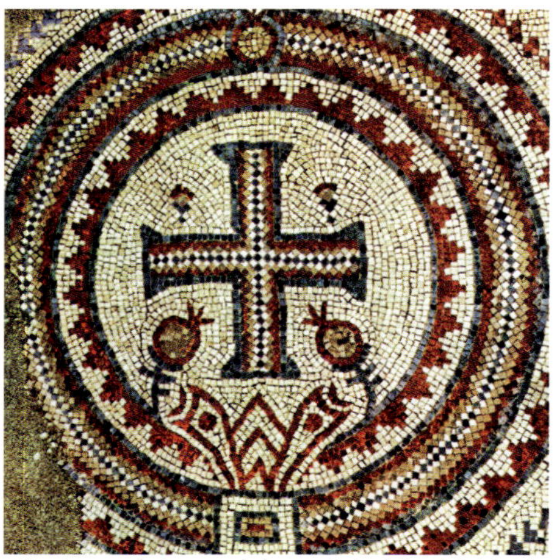

Mosaico con la imagen de la cruz (principios del siglo V). Antigua iglesia cristiana de Shavei Zion (Israel)

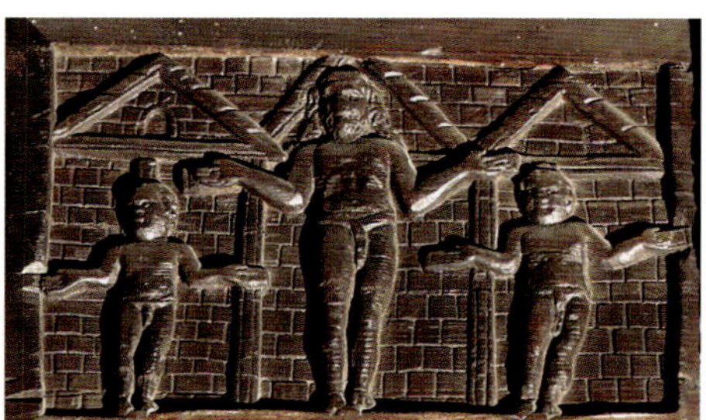

Bajorrelieve en madera con la Crucifixión de Jesucristo (siglo V). Basílica de Santa Sabina (Roma)

- La teorización sobre la estética cristiana se desarrolla entre los bizantinos, mientras Occidente vive "tiempos revueltos" (Roma es saqueada por los godos ya en 410; en 476 cae el Imperio Romano Occidental).
- Desde el siglo V se desarrolla ampliamente el arte cristiano oriental (estilo siríaco, bizantino). Propugna el "silencio teológico" de las imágenes: que estas actúen místicamente –mediante fenómenos no extraños en el mundo oriental– en el espíritu de quienes las contemplan. Aporta una imagen severa de Jesucristo (muy serio, en ocasiones terrible, con barba y largos cabellos) contrapuesta a la imagen naturalista (apolínea, joven y sin barba) propia del estilo grecorromano. Ambos estilos coexistirán hasta que en el siglo XI se imponga la austeridad, la rigidez y la frontalidad de lo bizantino, que impregnarán el Románico.
- En el siglo V aparece en el arte cristiano la imagen de la Trinidad divina y la de Cristo crucificado.
- Se difunde plenamente la utilización de imágenes en el arte cristiano de Occidente y de Oriente. No sólo en lugares de culto, sino también en objetos de uso diario (lámparas, monedas, sortijas, etc.).
- Primera edad de oro del gran arte cristiano –en Oriente Próximo y en Occidente– impulsado por la potencia creadora de lo que constituirá el arte bizantino. Los Padres de la Iglesia definen el humanismo cristiano y lo prestigian.
- En los siglos V y VI proliferan los templos cristianos (algunos ya con ventanas de vídrios coloreados):

- En Oriente Próximo se erigen los primeros grandes templos del Cristianismo. El más importante: Hagia Sophia, en Constantinopla, erigido por el emperador romano oriental Justiniano I (483-565; emperador desde 527). Terminado en 537, el templo es de planta cuadrada, con enorme cúpula central, y edificado en el mismo lugar de templos cristianos anteriores construidos desde Constantino el Grande; hoy es museo. La iglesia de San Juan, construida hacia el año 450, en Éfeso, parece ser la primera de planta de cruz latina. Se extienden las iglesias de planta centralizada (al modo de la cabecera de la desaparecida iglesia del Santo Sepulcro, en Jerusalén, iniciada en tiempos de Constantino I y puesta en servicio hacia el 350).
- En Occidente, los templos son generalmente de planta basilical (inspirados en la basílica romana: edificio para asambleas civiles, no religiosas); hasta de tres naves. En el siglo VI se erige el considerado como primer gran templo de planta de cruz latina en Occidente: el abacial benedictino de Montecassino (Italia); si bien es –al parecer– del V una iglesia de planta cruciforme en Salona (que fue capital de Dalmacia; en la actual Croacia). En el Occidente conquistado por Justiniano I –principalmente en Rávena, conquistada en 540– brilla lo esencial del arte bizantino.

- Intrincadas disquisiciones y discusiones teológicas y cristológicas van conduciendo hacia las disputas iconoclastas.

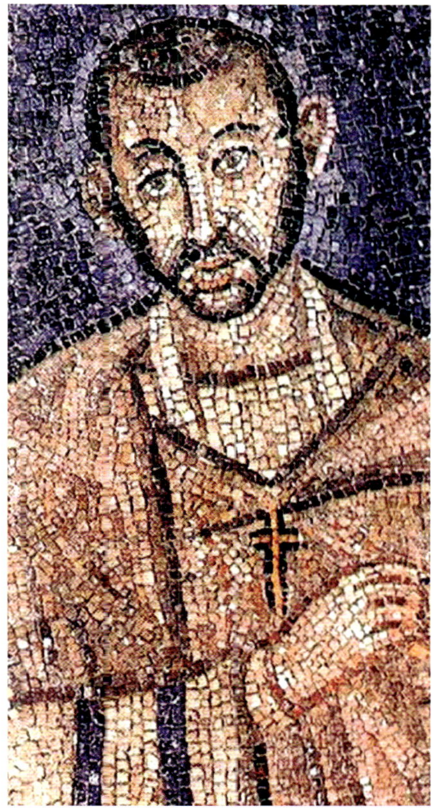

Mosaico de San Ambrosio (siglo V).
Iglesia de San Ambrosio (Milán)

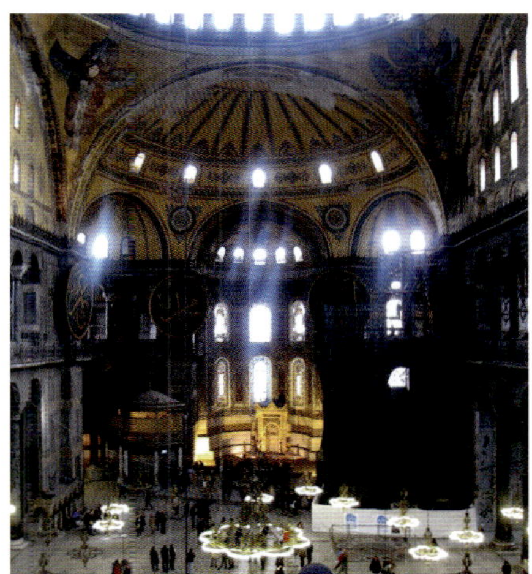

Interior de Hagia Sophia (siglo VI). Estambul.

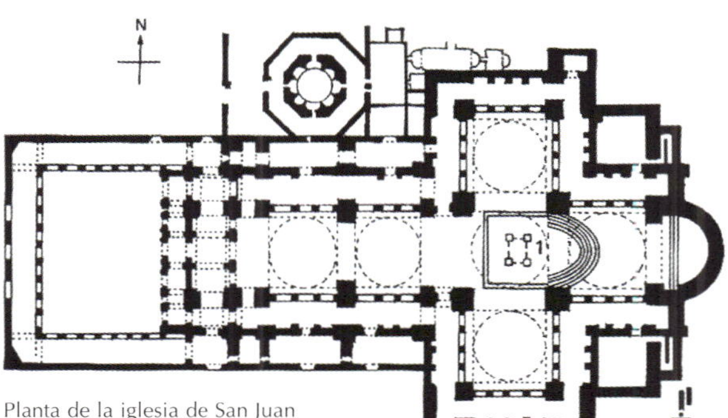

Planta de la iglesia de San Juan de Éfeso (siglo VI). Según Clive Foss.

10. DECLIVE DEL ARTE CRISTIANO EN EL SIGLO VII

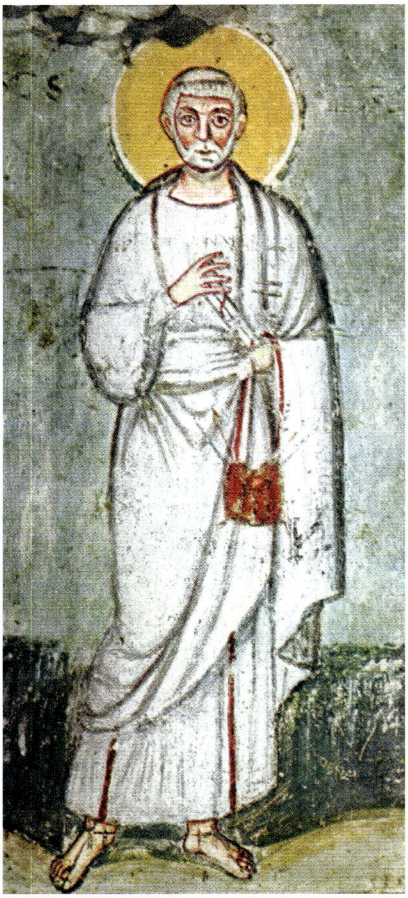

Apóstol San Lucas (siglo VII).
Catacumbas de Commodilla (Roma)

- Desde Teodosio I –y salvo el período 361-363 en que el emperador Juliano el Apóstata profesa el Paganismo– el Cristianismo es la religión del Imperio Romano (del Occidental y del Oriental que será Bizantino). Consecuentemente, el poder civil favorece al arte cristiano, si bien este no dejará de experimentar vicisitudes.
- En el siglo VII surge con fuerza en Oriente Próximo la religión del Islam:
    - El Islam ("sumisión", en árabe; sumisión a Dios, a Alá) es fundado en Arabia por el árabe Mahoma (570-632). Los adeptos al Islam son llamados musulmanes (del árabe "muslim", con el significado de "quien se somete").
    - Con las conquistas musulmanas que consiguen una rápida y gran expansión del Islam por Oriente Próximo, concluye la denominada Antigüedad Tardía (que se considera iniciada en el siglo III con las graves crisis del Imperio Romano). El Islam llegará al continente europeo –a la Península Ibérica– en 711.
- Las disputas inconoclastas se enconan en Oriente Próximo y convulsionarán el arte cristiano oriental en los siglos VIII y IX. Empiezan a afectar también, aunque en menor medida, al arte cristiano occidental.
- Occidente sigue inmerso en los "tiempos revueltos" tras la caída del Imperio Romano Occidental.
- En Roma se producen enfrentamientos y cismas con motivo de las sucesiones al trono pontificio.

- Todo ello produce un declive general, en el siglo VII, del arte cristiano en Oriente Próximo y en Occidente.
- El arte cristiano volverá a brillar, en Occidente, desde el siglo VIII, con el arte carolingio. En Oriente Próximo, desde el siglo IX, con el arte bizantino liberado de la ideología iconoclasta.

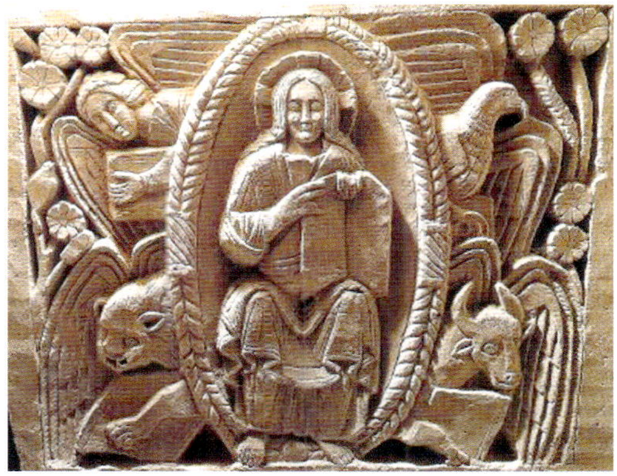

Pantocrátor de la tumba del Obispo Agilberto (fines del siglo VII). Abadía de Jouarre (Francia)

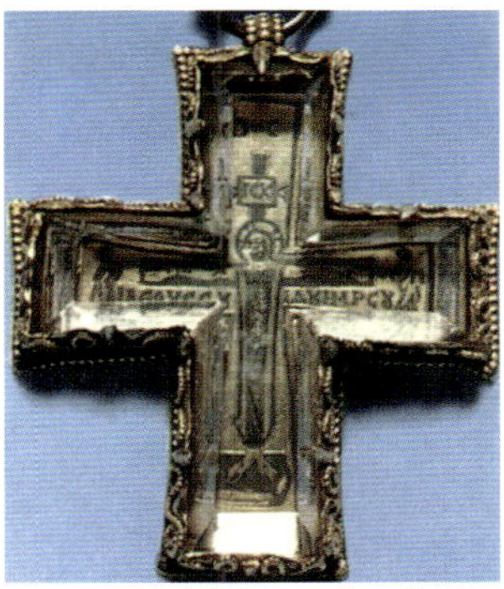

Cruz pectoral de la reina longobarda Teodolinda (principios del siglo VII). Museo del Duomo (Monza)

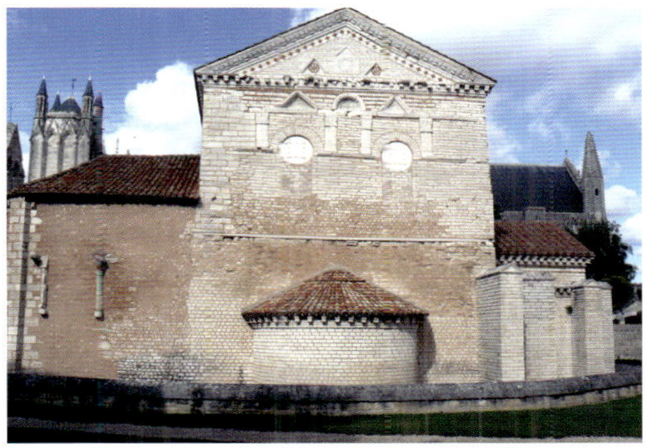

Baptisterio de San Juan de Poitiers (Francia) (siglos IV a VII)

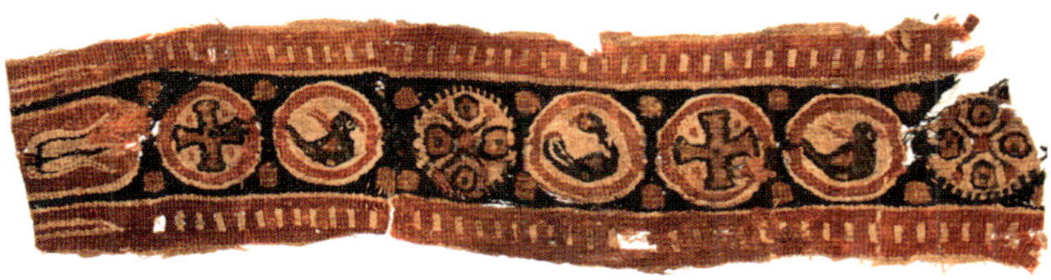

Tejido copto (egipcio) con símbolos cristianos (cruces griegas, palomas, pavo real) (siglos VI-VIII). 6 x 23 cm. Colección privada. Madrid

11. ARTE PALEOCRISTIANO

A modo de resumen:

- Período paleocristiano: en sentido estricto, los primeros cinco siglos del arte cristiano. En sentido amplio, hasta el siglo VIII (fin del Reino Visigodo en la Península Ibérica, inicio del arte carolingio,…).
- El Cristianismo, fundamentalmente anicónico en sus primeros 200 años, adopta para sus imágenes iniciales una estética grecorromana.
- Primeros vestigios de artes plásticas en iglesias: en casa-iglesia cristiana de Dura-Europos (junto al Eúfrates; siglo III), escenas del Nuevo Testamento; en catacumbas de Roma, motivos funerarios.
- Desarrollo del arte cristiano: desde el Edicto de la "Paz de la Iglesia", de Constantino I, en 313.

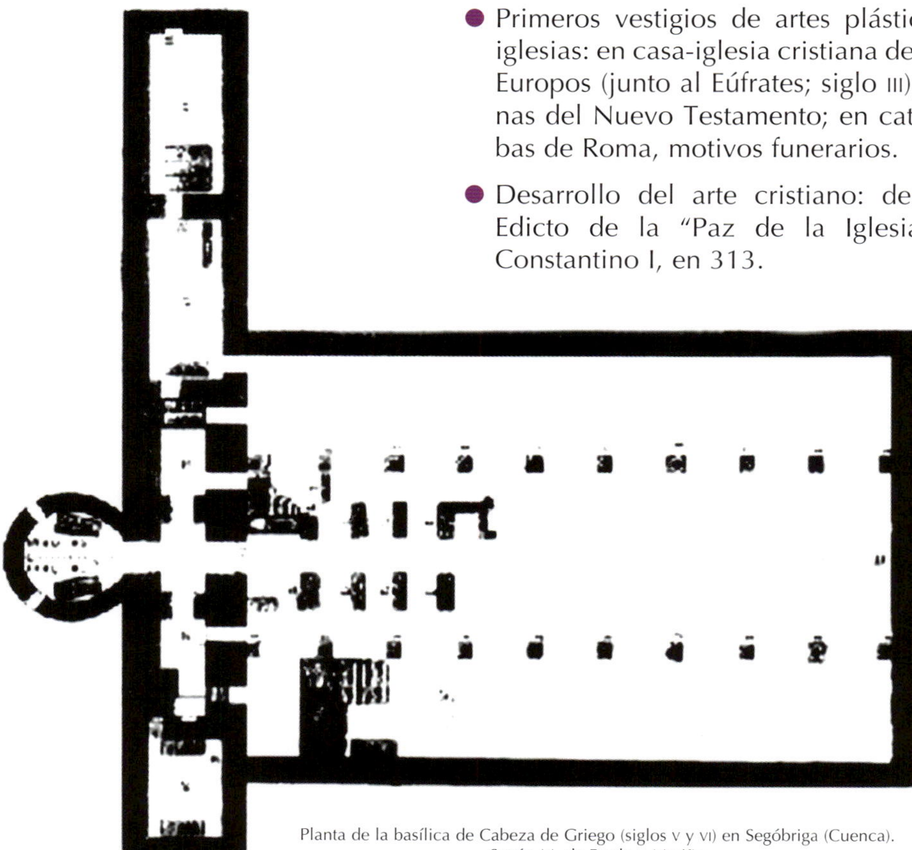

Planta de la basílica de Cabeza de Griego (siglos V y VI) en Segóbriga (Cuenca). Según M. de Prado y Mariño

ARTE PALEOCRISTIANO EN LA PENÍNSULA IBÉRICA

CARACTERÍSTICAS

PALEOCRISTIANO EMERGENTE (HASTA SIGLO VI)

- Ausencia de restos de arte cristiano anteriores a la "Paz de la Iglesia" de Constantino I.
- Los primeros restos de arte cristiano (del siglo IV) son de motivos funerarios.
- Influencia africana (de Cartago) en los siglos V y VI.

PALEOCRISTIANO TARDÍO (SIGLOS VII-VIII, CON REINO VISIGODO CATÓLICO)

- En los templos se consolida la planta basilical, con piscina bautismal.
- Aparición de basílicas con ábsides en ambos extremos del eje mayor.
- Aparición del transepto, que da lugar a la planta de cruz latina.
- Desaparición del mosaico y aparición del estilo ornamental sobre piedra.

REFERENCIAS CRONOLÓGICAS

¿?	El Cristianismo llega a la Península Ibérica mediante las tropas romanas conquistadoras; al parecer, más procedente del norte de África que de Roma.
185	Documentada la existencia de comunidades cristianas en Hispania.
IV	Primeros vestigios de arte cristiano en Hispania.
461	Salen de Hispania las últimas tropas romanas ocupantes.
476	Caída del Imperio Romano Occidental.
507	Asentamiento de visigodos en la Península Ibérica, tras ser vencidos por los francos en la Galia.
576	Toledo, capital de Hispania visigoda.
587	Conversión del rey visigodo Recaredo del Arrianismo al Catolicismo, y posterior fusión de la población goda con la hispanorromana.

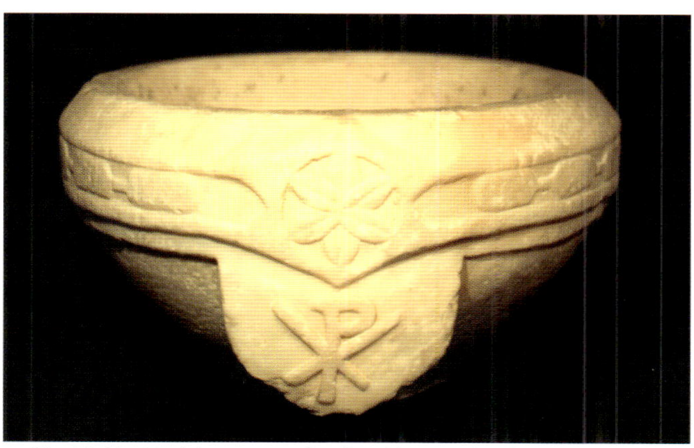

Pila visigótica hispánica para agua bendita (siglo VIII). Mármol. Diámetro: 35 cm. (Al parecer, procedente de pieza romana utilizada en la zona de Mérida, España)

12. ESTILOS DERIVADOS DEL ARTE PALEOCRISTIANO

ARTE PALEOCRISTIANO
(siglos II a VIII)

ARTE CAROLINGIO	ARTE BIZANTINO
Occidental. Latino. Realista, expresionista, concreto. En Iglesia Católica Romana.	Oriental. Siríaco. Místico, noble. En Iglesias Cristianas Ortodoxas
Siglos VIII a XI	Siglos IV a XVI

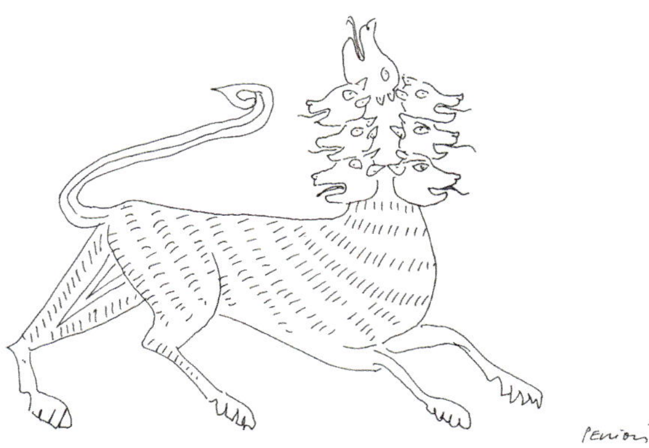

III

ENTORNOS DEL ROMÁNICO

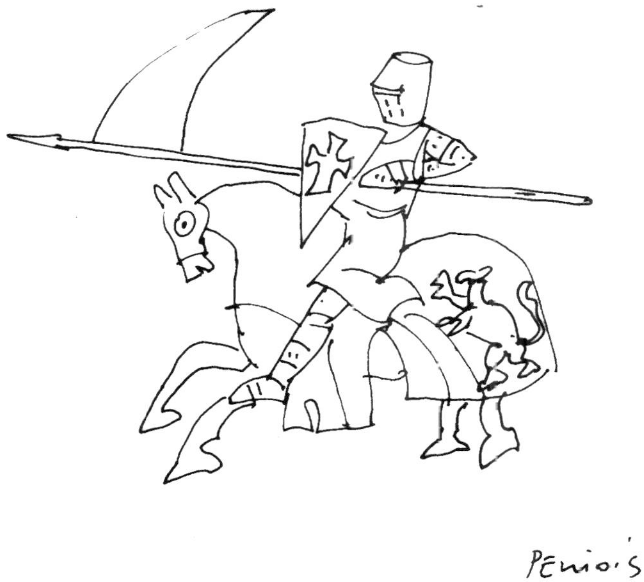

Esta Sección III relata diversas circunstancias e instituciones que van a influir de modo importante en el nacimiento y desarrollo del Románico:

- El monacato cristiano: su inicio y evolución (Capítulos 13 y 14); porque el Románico es un arte de origen monástico.
- Las difíciles relaciones entre Europa y Oriente Próximo, como telón de fondo para mejor valorar la división del Imperio Romano en Occidental y Oriental (Capítulos 15 y 16).
- Los antecedentes de la caída del Imperio Romano Occidental (Capítulo 17); y las invasiones de los pueblos bárbaros, que provocan finalmente esa caída (Capítulos 18 a 21) y conducirán al comienzo de la Edad Media en Europa (Capítulo 22).
- El trascendental papel del Imperio Bizantino (cuyos hitos principales aparecen en el Capítulo 24) en el desarrollo dogmático del Cristianismo (Capítulo 23).
- La rápida expansión del Islam tras la muerte de Mahoma (Capítulo 25).
- Las disputas iconoclastas en el cristianismo oriental (Capítulo 26) y las consiguientes tensiones estéticas entre este y el occidental (Capítulo 27).
- Las características de la sociedad europea (Capítulos 28, 29 y 30) cuando se produce la eclosión de la Civilización Occidental (Capítulo 31).
- Las peregrinaciones a Santiago de Compostela (Capítulo 32).
- Las Cruzadas cristianas hacia Oriente Próximo (Capítulos 33 y 34).
- El nacimiento de la Universidad europea (Capítulo 35).

13. ORÍGENES ORIENTALES DEL MONACATO CRISTIANO

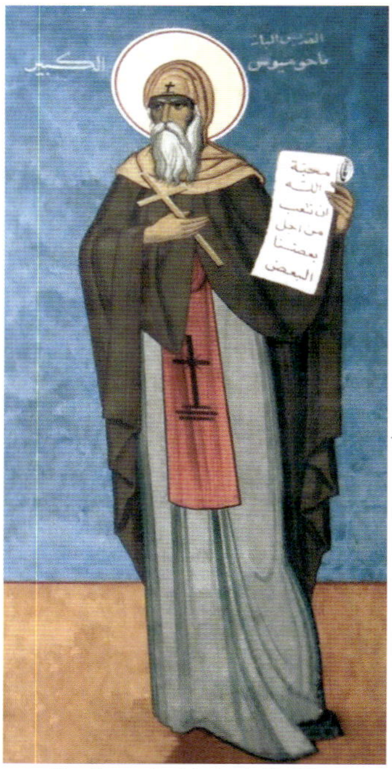

San Pacomio. Iglesia de St. Elian en Homs (Rumanía)

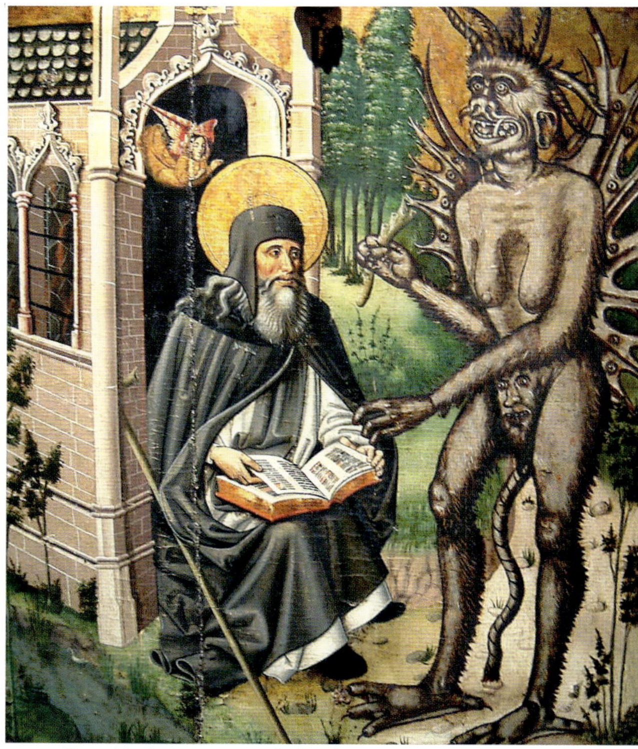

Tentación de San Antonio Abad (siglo XVI). Catedral de Astorga (León)

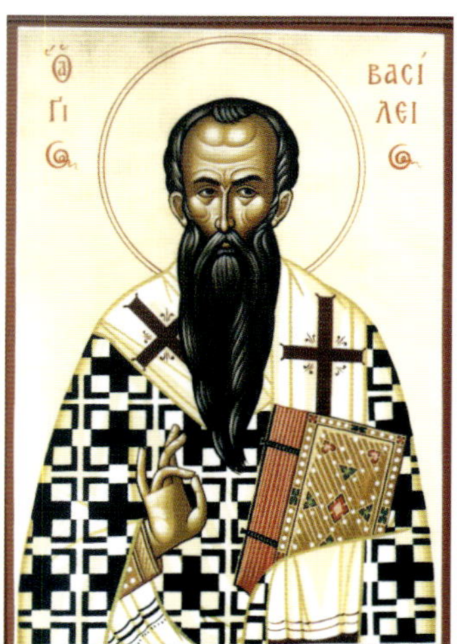

Icono de San Basilio

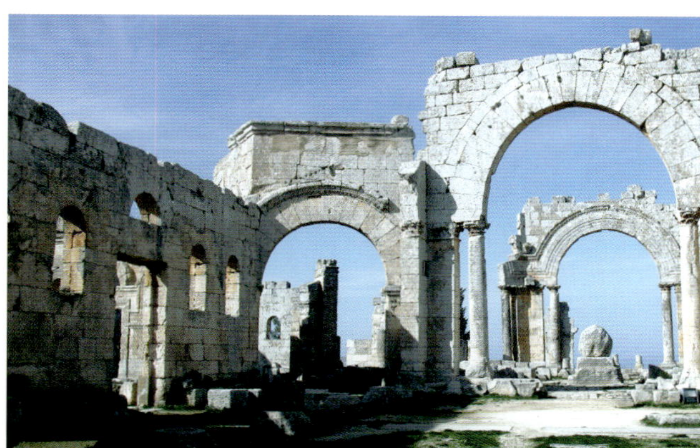

Basílica de San Simeón Estilita (siglo V). Qala'at Samaan (Siria)

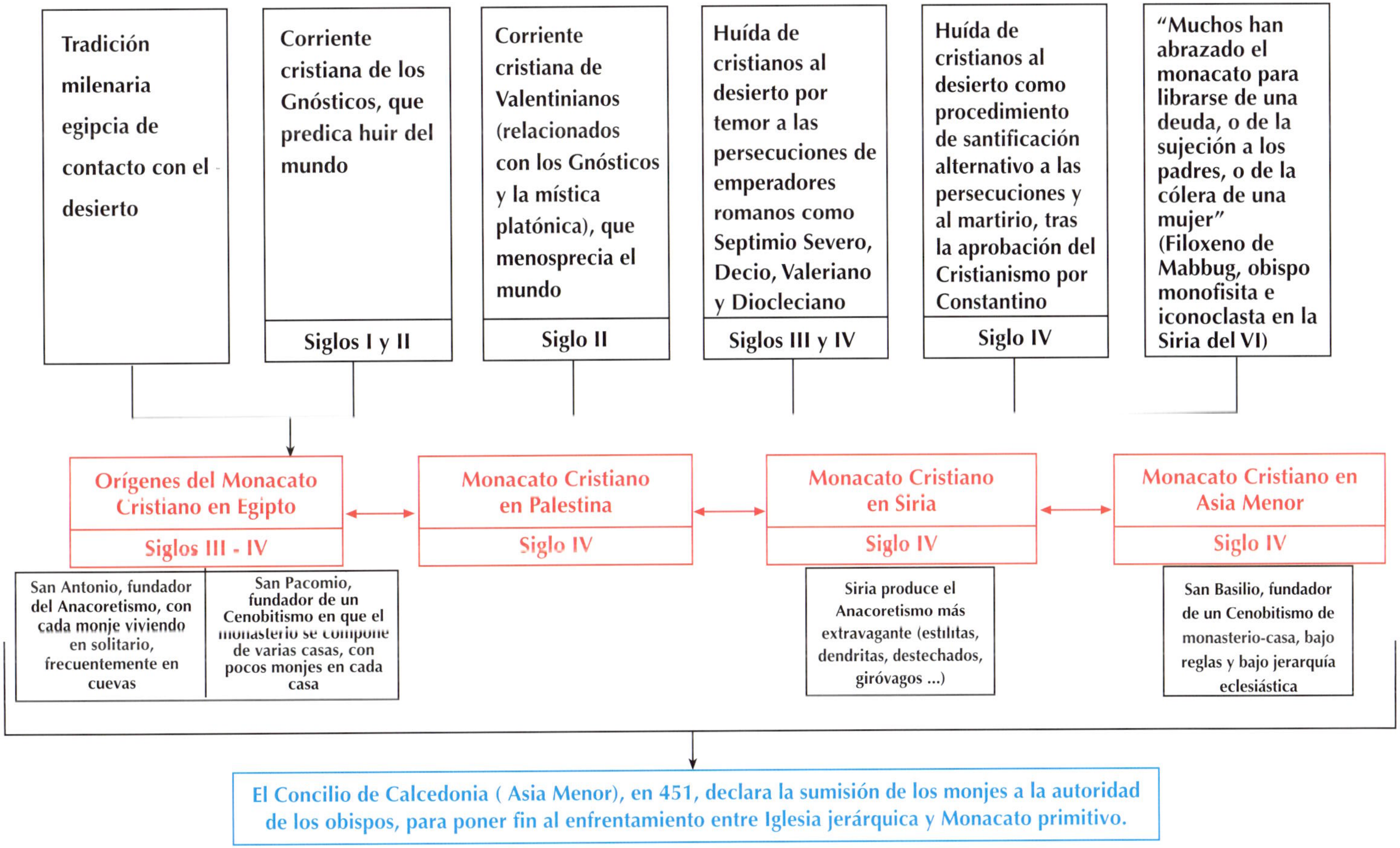
Tradición milenaria egipcia de contacto con el desierto
Corriente cristiana de los Gnósticos, que predica huir del mundo
Siglos I y II
Corriente cristiana de Valentinianos (relacionados con los Gnósticos y la mística platónica), que menosprecia el mundo
Siglo II
Huída de cristianos al desierto por temor a las persecuciones de emperadores romanos como Septimio Severo, Decio, Valeriano y Diocleciano
Siglos III y IV
Huída de cristianos al desierto como procedimiento de santificación alternativo a las persecuciones y al martirio, tras la aprobación del Cristianismo por Constantino
Siglo IV
"Muchos han abrazado el monacato para librarse de una deuda, o de la sujeción a los padres, o de la cólera de una mujer" (Filoxeno de Mabbug, obispo monofisita e iconoclasta en la Siria del VI)
Orígenes del Monacato Cristiano en Egipto
Siglos III - IV
San Antonio, fundador del Anacoretismo, con cada monje viviendo en solitario, frecuentemente en cuevas
San Pacomio, fundador de un Cenobitismo en que el monasterio se compone de varias casas, con pocos monjes en cada casa
Monacato Cristiano en Palestina
Siglo IV
Monacato Cristiano en Siria
Siglo IV
Siria produce el Anacoretismo más extravagante (estilitas, dendritas, destechados, giróvagos ...)
Monacato Cristiano en Asia Menor
Siglo IV
San Basilio, fundador de un Cenobitismo de monasterio-casa, bajo reglas y bajo jerarquía eclesiástica
El Concilio de Calcedonia (Asia Menor), en 451, declara la sumisión de los monjes a la autoridad de los obispos, para poner fin al enfrentamiento entre Iglesia jerárquica y Monacato primitivo.

14. EL MONACATO CRISTIANO OCCIDENTAL ENTRE LOS SIGLOS IV Y XII

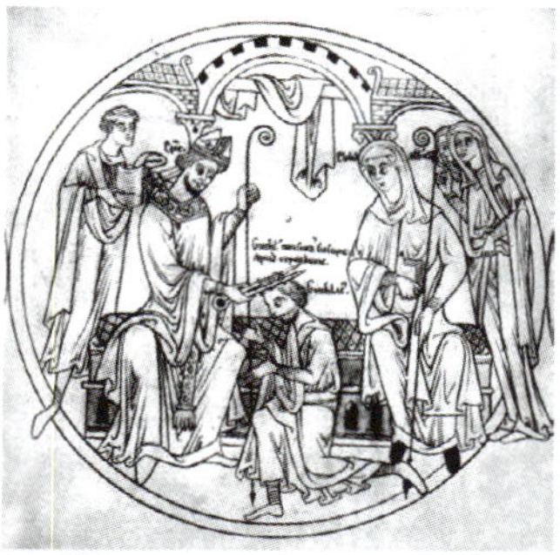

Un Obispo tonsura a un monje (siglo XII).
British Library (Londres)

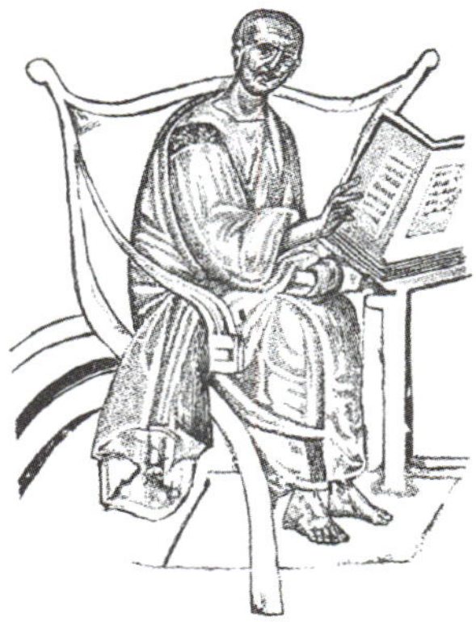

La representación más antigua que se conoce de san Agustín.
Data del 600, aproximadamente.
Biblioteca Lateranense (Vaticano)

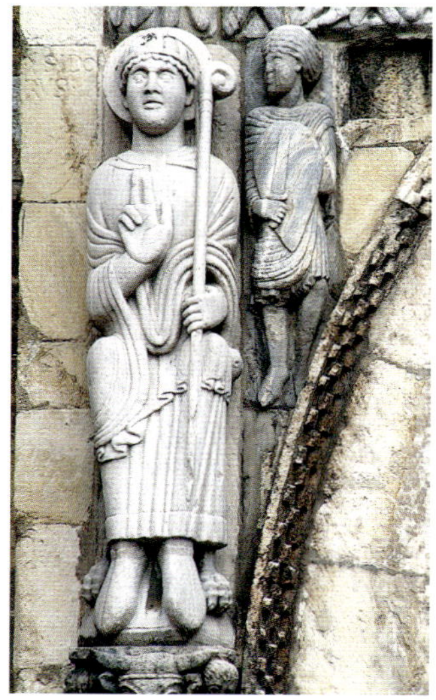

San Isidoro (primera mitad del siglo XII). Colegiata de San Isidoro de León

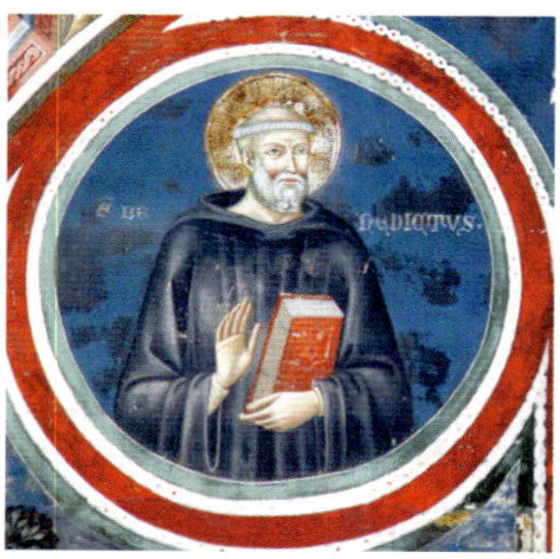

San Benito de Nursia, por Fra Angélico (mediados del siglo XV).
Monasterio de Subiaco (Umbría)

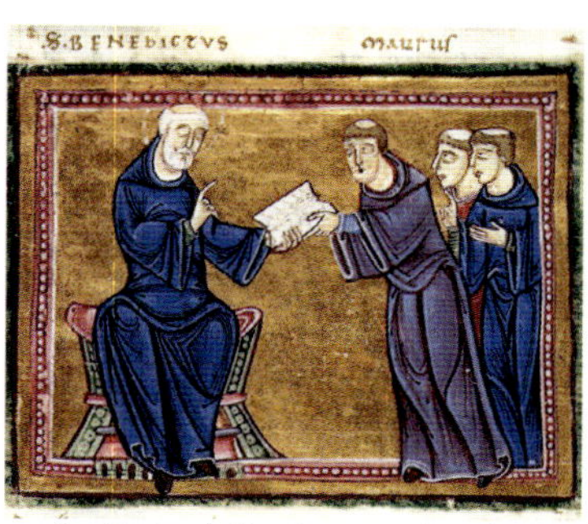

San Benito de Nursia entrega la regla a San Mauro (primera mitad del siglo XII). British Library (Londres)

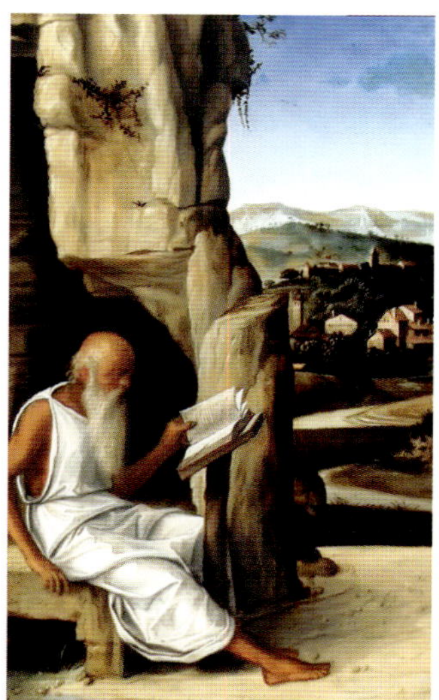

San Jerónimo (principios del siglo XVI).
Escuela de Giovanni Bellini.
Museo Ashmolean de Oxford (Inglaterra)

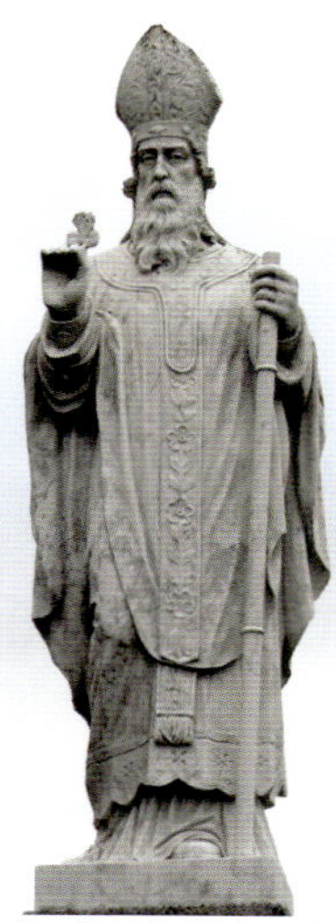

San Patricio (siglo XIX).
Colina de Tara,
condado de Meath (Irlanda)

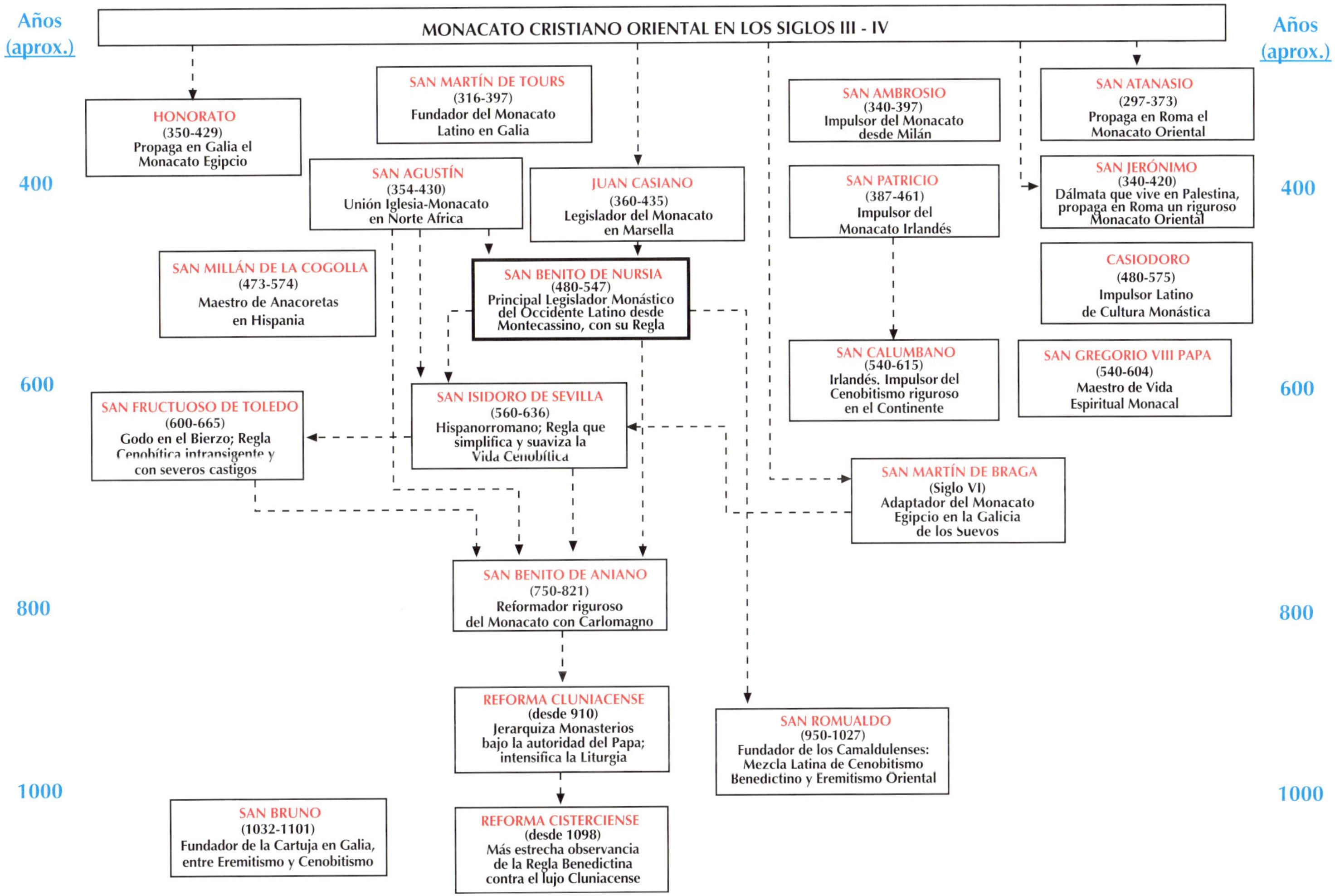

MONACATO CRISTIANO ORIENTAL EN LOS SIGLOS III - IV
Años (aprox.)
400
600
800
1000
HONORATO (350-429) Propaga en Galia el Monacato Egipcio
SAN MARTÍN DE TOURS (316-397) Fundador del Monacato Latino en Galia
SAN AGUSTÍN (354-430) Unión Iglesia-Monacato en Norte África
JUAN CASIANO (360-435) Legislador del Monacato en Marsella
SAN MILLÁN DE LA COGOLLA (473-574) Maestro de Anacoretas en Hispania
SAN BENITO DE NURSIA (480-547) Principal Legislador Monástico del Occidente Latino desde Montecassino, con su Regla
SAN FRUCTUOSO DE TOLEDO (600-665) Godo en el Bierzo; Regla Cenobítica intransigente y con severos castigos
SAN ISIDORO DE SEVILLA (560-636) Hispanorromano; Regla que simplifica y suaviza la Vida Cenobítica
SAN AMBROSIO (340-397) Impulsor del Monacato desde Milán
SAN PATRICIO (387-461) Impulsor del Monacato Irlandés
SAN CALUMBANO (540-615) Irlandés. Impulsor del Cenobitismo riguroso en el Continente
SAN ATANASIO (297-373) Propaga en Roma el Monacato Oriental
SAN JERÓNIMO (340-420) Dálmata que vive en Palestina, propaga en Roma un riguroso Monacato Oriental
CASIODORO (480-575) Impulsor Latino de Cultura Monástica
SAN GREGORIO VIII PAPA (540-604) Maestro de Vida Espiritual Monacal
SAN MARTÍN DE BRAGA (Siglo VI) Adaptador del Monacato Egipcio en la Galicia de los Suevos
SAN BENITO DE ANIANO (750-821) Reformador riguroso del Monacato con Carlomagno
REFORMA CLUNIACENSE (desde 910) Jerarquiza Monasterios bajo la autoridad del Papa; intensifica la Liturgia
SAN ROMUALDO (950-1027) Fundador de los Camaldulenses: Mezcla Latina de Cenobitismo Benedictino y Eremitismo Oriental
SAN BRUNO (1032-1101) Fundador de la Cartuja en Galia, entre Eremitismo y Cenobitismo
REFORMA CISTERCIENSE (desde 1098) Más estrecha observancia de la Regla Benedictina contra el lujo Cluniacense

15. DIFÍCILES RELACIONES ENTRE EUROPA Y ORIENTE PRÓXIMO (SIGLOS I - XVI)

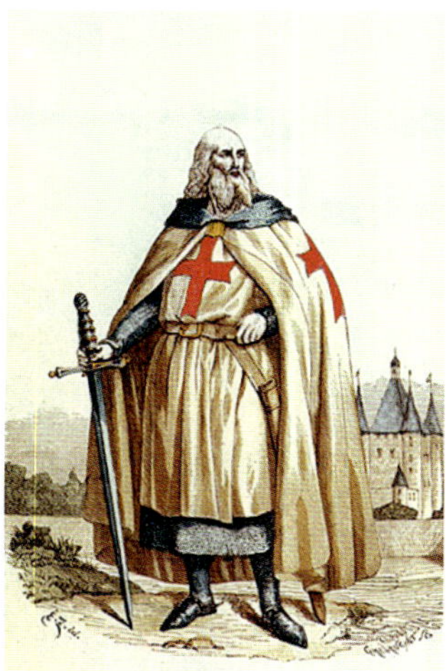

Jacques de Molay, último gran maestre del Temple. Quemado vivo en París, en 1314, por orden de Felipe IV el Hermoso.
Biblioteca Nacional de Francia

año 6 El Imperio Romano se anexiona oficialmente Palestina.

70 El Imperio Romano reprime a Jerusalén y destruye el Templo de Herodes y demás edificios religiosos judíos.

330 El emperador romano Constantino I (impera: 324-337) traslada a Constantinopla (antes Bizancio) la capital del Imperio.

484 Primer Cisma entre la Iglesia de Roma y la oriental: el Patriarca de Constantinopla (Acacio) quiere conciliarse con el Monofisismo y es anatematizado por el Papa de Roma. El cisma durará hasta el 518. Pero surgirán nuevos cismas y reconciliaciones.

614 Persia conquista Jerusalén al Imperio Romano de Oriente.

630 Heraclio (emperador romano de Oriente) vence a Persia y conquista Jerusalén.

638 Árabes musulmanes conquistan Jerusalén (muerte de Mahoma: 632) y construyen una primera mezquita (la primera iglesia cristiana en Jerusalén data, al parecer, del siglo IV).

674 Primer intento de asalto de musulmanes (omeyas) a Constantinopla.

1054 Gran Cisma Oriente-Occidente –incubado desde los cismas anteriores y las disputas iconoclastas del siglo VIII– entre la Iglesia Católica (Roma) y la Iglesia Ortodoxa (Constantinopla) por razones teológicas (cuestión del "Filioque": para la Iglesia Católica el Espíritu Santo procede del Padre "y del Hijo"), litúrgicas, disciplinarias, etc. Cisma aún vigente.

1071 Turcos selyúcidas (originarios de territorios al norte del mar de Aral; primera dinastía importante turco-musulmana; convertidos al Islam en el siglo X) se instalan en Anatolia desplazando a los bizantinos. Antes, instalados en Afganistán, Persia, Siria, Bagdad... Se enfrentarán a mongoles, cruzados cristianos e Imperio Bizantino.

1095 Inicio de la Primera Cruzada cristiana, desde Francia hacia Oriente Próximo. La octava y última: en el 1270.

1204 Cruzados francos saquean Constantinopla (cristiana bizantina) y fundan en Oriente Próximo el Imperio Latino en sustitución del Bizantino (aristócratas bizantinos fundan otros reinos nuevos independientes). Ocupación latina de Constantinopla: hasta el 1261.

1244 Sarracenos ("hombres del desierto", en arameo; árabes que surgen en el siglo VII extendiendo el Islam) toman Jerusalén.

1261 Constantinopla es conquistada por la Dinastía helenística de los Paleólogo (aristócratas supervivientes del Imperio Bizantino), que durará hasta el 1453. Constantinopla vuelve a ser capital del Imperio Bizantino.

1291 Acre (último bastión franco en Tierra Santa) es tomado por los musulmanes. La Cristiandad (los Cruzados) renuncia a ocupar el Oriente Próximo musulmán. La Orden del Temple se retira a Chipre.

1362 Turcos otomanos (musulmanes, originarios de Asia Central, que desde finales del XIII suceden en el dominio de Anatolia a los turcos musulmanes selyúcidas ya desgastados por las Cruzadas y por los mongoles que ocupan Bagdad) comienzan a atacar y reducir sistemáticamente el Imperio Bizantino (lo destruirán en dos siglos y amenazarán a Europa).

1453 Constantinopla es conquistada por los turcos otomanos (el sultán otomano se instala en la ciudad, a la que llaman Estambul). Fin del Imperio Bizantino, para entonces ya muy mermado en su territorio.

1529 Los turcos otomanos llegan por el Danubio hasta las inmediaciones de Viena y son rechazados.

1571 Los turcos otomanos son derrotados en la batalla de Lepanto (Peloponeso, Grecia) por la Liga Santa (España, Venecia y Papado).

1683 Fracasa el asedio turco otomano a Viena. Pero el Imperio Otomano perdurará hasta la II Guerra Mundial.

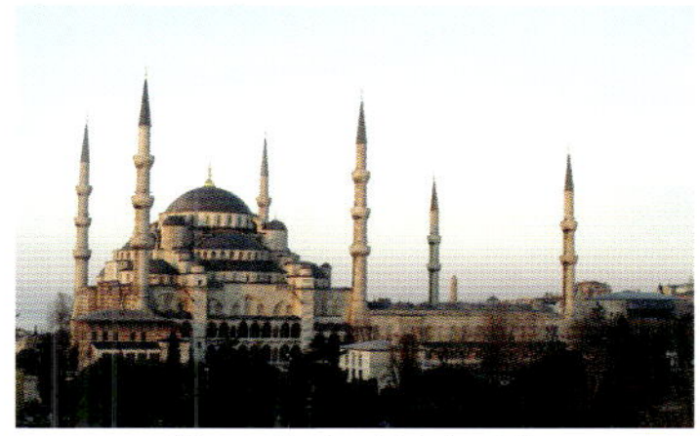

Mezquita Azul (siglo XVI).
Estambul (Turquía)

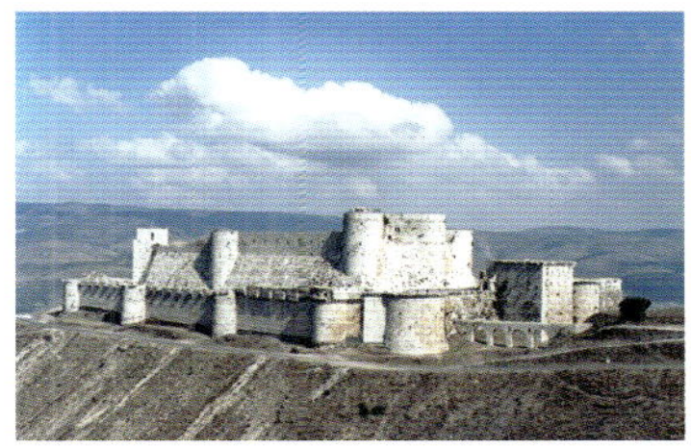

Krak de los Caballeros
(siglos XII y XIII). Siria.

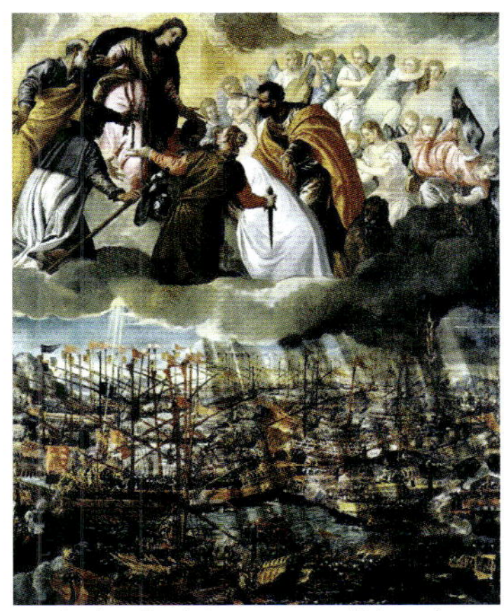

La batalla de Lepanto por el Veronés
(último cuarto del siglo XVI).
Galería de la Academia de Venecia

16. DIVISIÓN DEL IMPERIO ROMANO EN OCCIDENTAL Y ORIENTAL

285 Diocleciano (impera: 284-305) instaura la Tetrarquía para mejor administrar el Imperio: un "augusto" (él) y un "césar" para Oriente, y otro "augusto" y otro "césar" para Occidente; Nicomedia (noroeste de Asia menor) será la nueva capital imperial.

330 Constantino I (impera: 324-337) traslada la capital del Imperio Romano a Constantinopla (antes llamada Bizancio; y por ello a veces se afirma que así comienza el Imperio Bizantino) por motivos económicos, militares y religiosos; para preservar el Imperio. Apoya al Cristianismo y se inmiscuye en él, aunque –al parecer– sólo decide ser bautizado cristiano en su lecho de muerte.

395 Muere Teodosio I (emperador desde 379) en Milán, capital del Imperio. Había declarado en 380 al Cristianismo religión oficial del Imperio. A su muerte, y respondiendo a las presiones territoriales godas en oriente y en occidente del Imperio Romano, divide éste (que mantenía una cierta homogeneización cultural debida a la helenización extendida por Alejandro Magno en el siglo IV a.C.) en:

- Imperio Occidental: para su hijo Honorio (impera: 395-423). Capital de este Imperio: Milán, desde 395; y desde 402, Rávena, hasta la caída de este Imperio.
- Imperio Oriental: para su hijo Arcadio (impera: 395-408). Capital de su Imperio: Constantinopla. El Imperio Romano Oriental –luego denominado Bizancio– exaltará la monarquía de derecho divino y perdurará más de mil años.

476 Fin del Imperio Romano Occidental, por invasiones bárbaras (el caudillo germano Odoacro [434-493; arriano] destituye en Rávena al emperador Rómulo Augústulo), tras enfrentamientos de este Imperio con el Romano Oriental, y por debilitamiento general. El ostrogodo Teodorico el Grande (reina: 474-526; arriano, filorromano) conquista Rávena en 493, da muerte a Odoacro y funda el reino ostrogodo de Italia, con capital en Rávena. Esta pasará a manos bizantinas en 540.

527 Justiniano I (impera: 527-565, ilirio, latinoparlante), el más relevante emperador del Imperio Romano Oriental: compila el derecho romano, expande el Imperio (conquista Roma, Rávena, Baleares,...) y construye en Constantinopla el grandioso templo de Hagia Sophia (Divina Sabiduría). En 541 y 542 la peste se extiende por Europa y –al parecer– mata a un tercio de la población.

610 Heraclio (impera: 610-641) hereda un arruinado imperio y toma medidas que parecen destinadas a marcar estrictamente la conclusión del Imperio Romano Oriental y el inicio del Imperio Bizantino:

- Heleniza el Imperio. Se hace llamar "basileus" (denominación griega) en vez de "augustus" (denominación romana).
- Impone el griego como idioma oficial, en vez del latín. El latín (lengua del Imperio Romano Occidental) había sido declarado lengua litúrgica de la Iglesia por el papa san Dámaso (304-384).
- Profundiza diferencias institucionales con respecto a los reinos occidentales: el Emperador de Bizancio es el representante de Dios en la tierra, y el Patriarca es el subordinado que gobierna la Iglesia. En tanto que en la Iglesia Latina (de Roma) es el Papa el representante de Dios, por encima –en la doctrina medieval– de reyes y emperadores. Aunque, paradójicamente, a la caída del Imperio Bizantino será la autoridad del Patriarca la que sobreviva, enfrentada al Papa de Roma.
- Con un Imperio fuertemente multicultural (griegos, eslavos, sirios…) vence a persas y pierde territorios frente a árabes.
- Heraclio, por tanto, "inaugura" el llamado Imperio Bizantino ("Imperio Bizantino" es terminología que data del siglo XVII); aunque lo esencial del arte bizantino se manifestó ya en tiempos de Justiniano I.
- Pero los bizantinos seguirán llamando Romano a su Imperio, orgullosos de ser herederos de las glorias romanas.

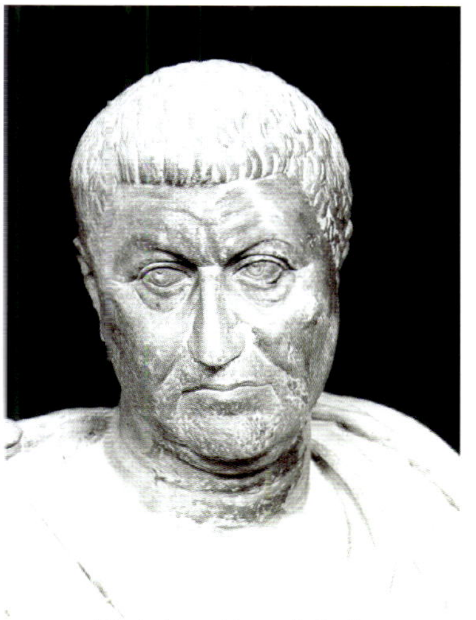

Diocleciano. Museo de Berlín

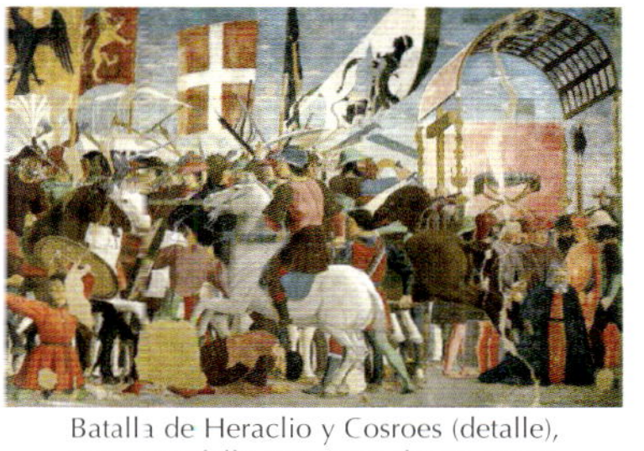

Batalla de Heraclio y Cosroes (detalle), por Piero della Francesca (hacia 1466). Iglesia de San Francisco de Arezzo (Italia)

San Ambrosio y el emperador Teodosio, por Van Dyck (primer tercio del siglo XVII). Galería Nacional de Londres

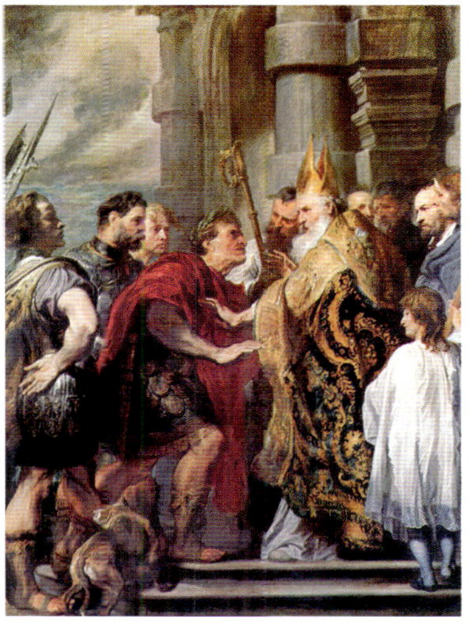

Mosaico con Justiniano I en el centro (siglo VI). Iglesia de San Vital de Rávena (Italia)

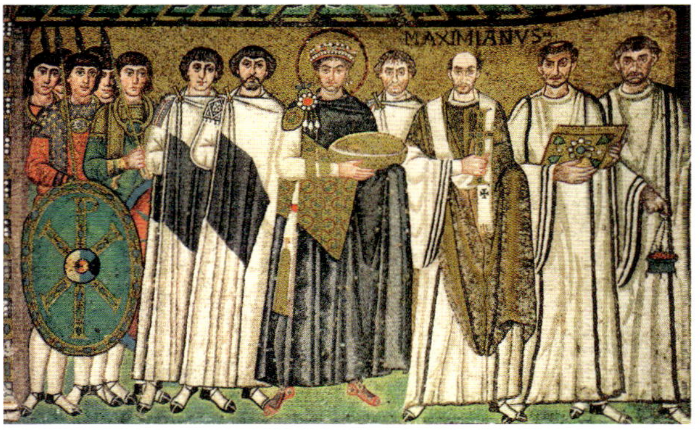

17. ANTECEDENTES DE LA CAÍDA DEL IMPERIO ROMANO OCCIDENTAL

- Desde sus comienzos, la República Romana primero y el Imperio después van venciendo a sus enemigos (mayores, como Cartago; o menores, como los pueblos germanos que desde el siglo II intentan penetrar por las fronteras del norte impulsados por presiones demográficas o por esporádicas hambrunas). Máxima extensión del Imperio: con Trajano (impera: 98-117; hispano); con 150 millones de habitantes, un millón en Roma.
- Pero los lejanos antecedentes de la caída del Imperio Romano Occidental pueden situarse en China, que construye la Muralla China para protegerse de los pueblos nómadas (hunos) que habitan la meseta esteparia situada al oeste, en la zona de Mongolia:
  - Inicia la construcción en el siglo III a.C., tras la unificación de China como imperio.
  - La Dinastía Han (206 a.C.-220 d.C.) refuerza y alarga la muralla.
  - La Dinastía Jin (265-420) fortalece aún más la muralla y busca expansionarse hacia el oeste: penetra en las estepas de Mongolia y empuja a los hunos. La construcción de la muralla continuará durante los siglos siguientes.
- Presionados por los chinos (y por pueblos siberianos que se dirigen al sur acuciados quizá por sequías y hambres) los hunos se ponen en marcha hacia el oeste (otra rama de hunos irá hacia el sur, a India y Persia):
  - Recorren las estepas –habitadas principalmente por escitas– al norte del mar Caspio y del mar Negro.
  - Empujan hacia el oeste a los alanos y estos a los godos (tribus germánicas entonces asentadas al noroeste del mar Negro). Producen la división en los pueblos eslavos (unos de estos se dirigen hacia el norte, otros hacia occidente).
  - Hacia el 370 se sitúan en el curso oriental del río Danubio; penetran en la zona oriental del Imperio Romano; consiguen de este un tributo anual.
  - Su caudillo Atila (405-453; reina desde el 434; apodado "Azote de Dios") amenaza Contantinopla en el 441, pero las formidables murallas le impiden conquistarla; en el 451 se dirige a occidente: cruza el Rin e invade la Galia, pero es vencido al fin por los romanos, aliados con el rey visigodo Teodorico I, en Campos Cataláunicos (cerca de Orleans) en 451. Se dirige a Italia; en el 452 hace huir de

Rávena (capital del Imperio) al emperador; se retira de Italia tras pactar con el papa León Magno ese mismo año, y muere en 453. Muerto Atila, los hunos se fragmentan.

- Presionados por hunos y alanos, también los godos se ponen en marcha hacia el oeste; rechazados en Constantinopla, penetran en el occidente del Imperio y experimentan un proceso de romanización:
  - Los visigodos (godos del oeste), rechazados en la parte oriental del Imperio Romano, penetran en la occidental atravesando el Danubio. Pactan con los romanos. Vencen a estos en 378 en la batalla de Adrianópolis (al noroeste de Constantinopla), que marca el inicio del desmoronamiento de la parte occidental del Imperio. En 410 el rey Alarico I saquea parcialmente Roma (el emperador, Honorio, residía en Rávena) durante varios días y muere poco después.
  - Los ostrogodos (godos del este) conquistan Dacia (al oeste del mar Negro) a los romanos ya en el siglo III, se someten más tarde a los hunos, y recuperan la libertad tras la muerte de Atila.
- De este modo, el acoso al Imperio por los francos y otros pueblos bárbaros del norte de Europa –que había comenzado en el siglo III–, se refuerza en el IV por el de los godos y el de los hunos, y culmina con la deposición del emperador romano Rómulo Augústulo por Odoacro, caudillo germano arriano, en 476. Cae así el Imperio Romano Occidental, víctima de múltiples factores: invasiones desde el exterior, rebeliones internas, mal gobierno, problemas económicos y de salud, malas costumbres…
- Las invasiones bárbaras dividirán Europa, en tanto que –unos siglos después– las conquistas musulmanas unificarán Oriente Próximo.

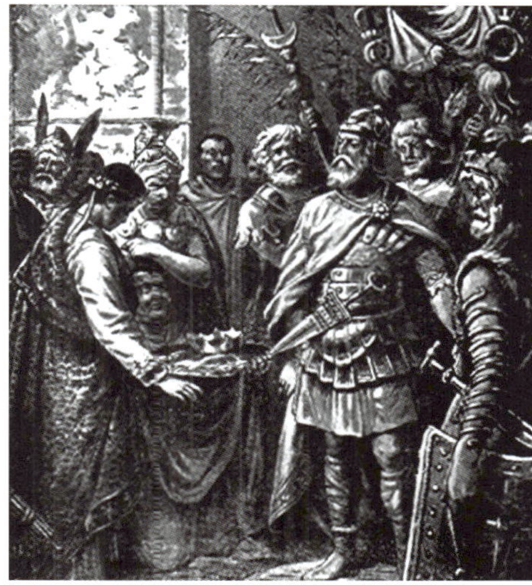

Recreación de la escena en la que Rómulo Augústulo entrega la corona a Odoacro en el 476

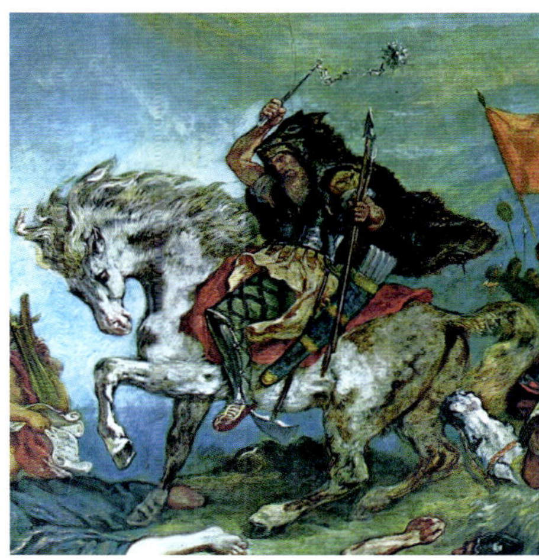

Atila (detalle), por Eugène Delacroix (hacia 1847). Biblioteca del Palacio Bourbon de París

18. PRINCIPALES PUEBLOS BÁRBAROS QUE PROVOCAN LA CAÍDA DEL IMPERIO ROMANO OCCIDENTAL EN EL SIGLO V. 1/4: FRANCOS

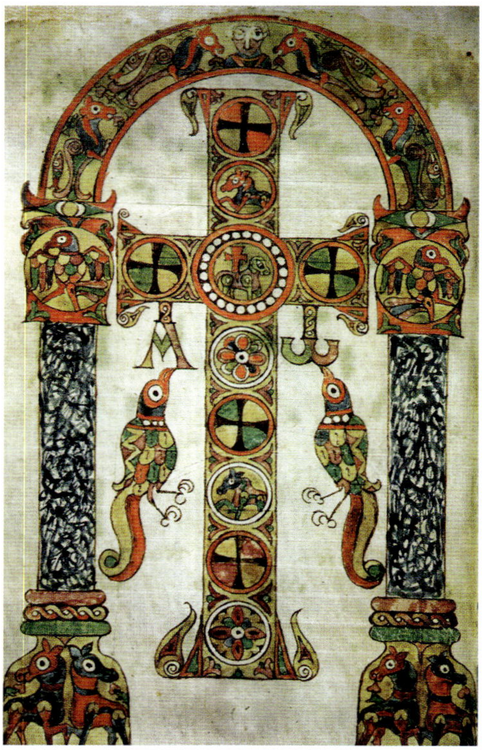

Cruz miniada del Sacramentario Gelasiano de Corbie (siglo VIII). Biblioteca Vaticana

- Pueblo germano, del "germanismo occidental" –y como tal, fundamentalmente ganadero–, que irrumpe en el medio y bajo Rin en el siglo III, y en el V está establecido en la Galia romana, sin abandonar sus territorios de origen. Sus tropas actúan asociadas al Imperio Romano.

- Personaje importante en la Galia del siglo IV: san Martín de Tours (316-397, húngaro, educado en Pavía [Italia], militar romano, obispo de Tours [Francia] desde 370). Será uno de los santos que cuenten con más templos dedicados, principalmente en Francia, Alemania y España.

- El rey franco Clodoveo (reina: 481-511; con él se inicia en la práctica la Dinastía Merovingia [481-751]; nieto del mítico jefe franco Meroveo) se convierte del paganismo al Cristianismo católico hacia el año 500 y es considerado entonces por los cristianos occidentales como un "nuevo Constantino", que ampara también a la población galorromana. Sus sucesores restablecen al papa en Roma y ayudan a constituir los Estados Pontificios. Es tenido como fundador de la nación francesa, con capital en París; y del primer reino europeo católico, tras el Imperio Romano.

- En el 732 el jefe militar franco Carlos Martel ("Martillo") detiene en la batalla de Poitiers –una de las batallas más decisivas en la historia de la Humanidad– el avance musulmán hacia el norte de Europa. Se constituye en caudillo de los francos (gobierna: 732-741) y funda la Dinastía Carolingia, que establecerá fuertes alianzas con el papado. Se van así consolidando los fundamentos políticos, económicos y sociales de la Europa medieval.

- Carlomagno (gobierna: 768-814; nieto de Carlos Martel) es coronado Emperador Augusto, por el papa, en Roma, en 800. Une los reinos de Europa occidental, salvo Inglaterra y Península Ibérica. Pretende reproducir en su corte los esplendores de la Roma constantiniana del siglo IV.
- El "Renacimiento Carolingio" influye decisivamente en el arte cristiano occidental a través de dos períodos: el propiamente carolingio (siglos VIII y IX) y el otoniano (siglos X y XI).

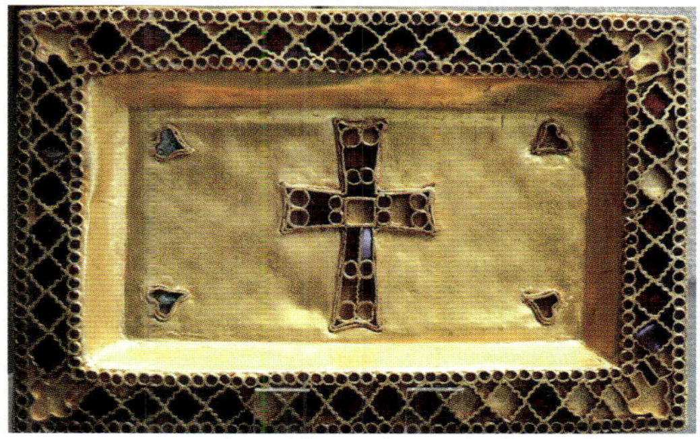

Patena procedente del tesoro burgundio de Gourdon (siglo VI). Biblioteca Nacional de Francia

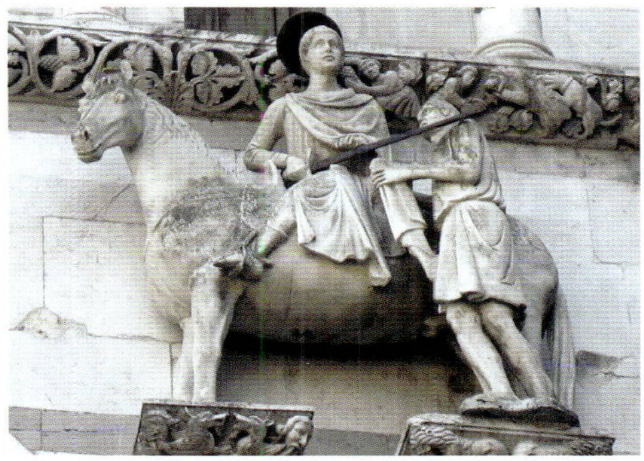

San Martín partiendo su capa (siglo XIII). Catedral de Lucca (Italia)

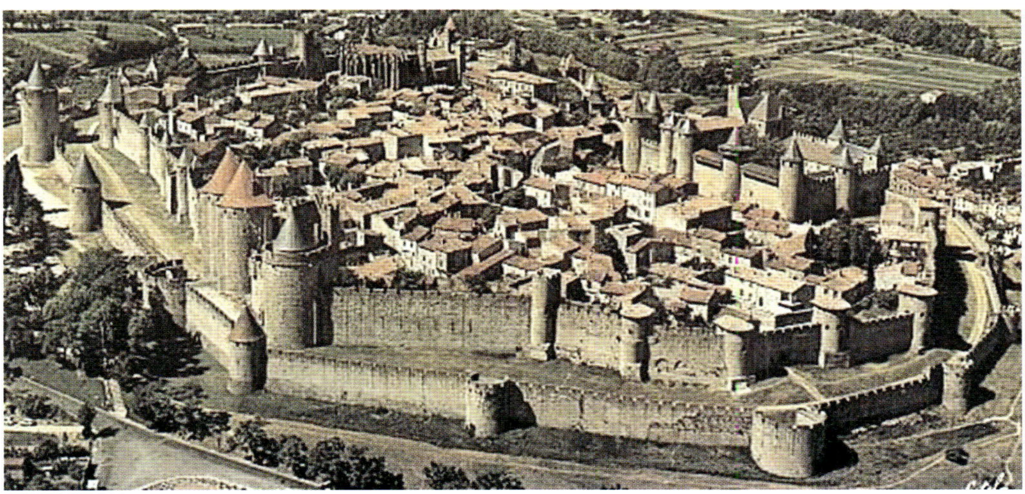

Carcasona (Francia). La ciudad histórica fortificada más grande de Europa. Con importantes componentes románicos, pero también anteriores y posteriores. Al fondo, la catedral románico-gótica

19. PRINCIPALES PUEBLOS BÁRBAROS QUE PROVOCAN LA CAÍDA DEL IMPERIO ROMANO OCCIDENTAL EN EL SIGLO V. 2/4: VISIGODOS

- Godos del oeste. Pueblo germano, del "germanismo oriental", procedente del entorno de la isla de Gotland (oeste del mar Báltico). Ocupa hacia el siglo II la actual Rumanía. Tradicionalmente considerado pueblo más bien sabio y prudente, en comparación con el ostrogodo.
- Se asientan en la frontera del Danubio del Imperio Romano en el siglo IV, huyendo de los hunos. Pactan con los romanos y se romanizan (adoptarán el latín como idioma, pero el Arrianismo –no el Catolicismo– como religión; religión arriana que, más fácil de comprender que la católica, será adoptada también por los ostrogodos y otros pueblos bárbaros).
- En el 378 –unidos a ostrogodos y otros bárbaros– responden al maltrato que reciben de los romanos venciéndoles en la batalla de Adrianópolis (al noroeste de Constantinopla):
    - Es la más grave derrota sufrida por Roma desde su fundación.
    - Muere en la batalla el emperador romano Valente.
    - La derrota marca el comienzo del fin del Imperio Romano Occidental, que seguirá pactando con los visigodos.
- Nuevos pactos con el emperador Teodosio (impera: 379-395; divide el Imperio en Oriental y Occidental); y nuevos enfrentamientos. En el 410, mandados por el rey

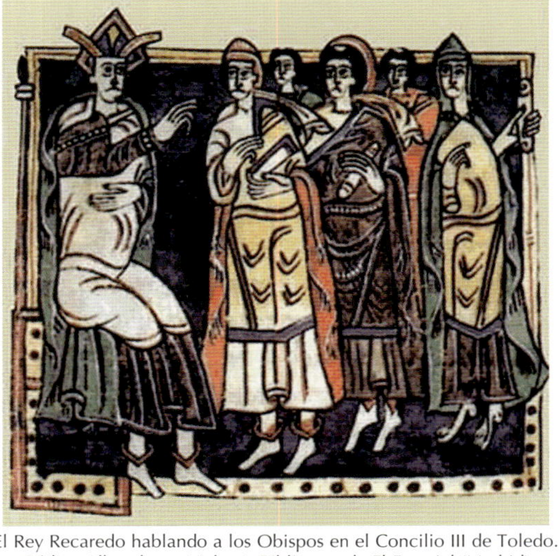

El Rey Recaredo hablando a los Obispos en el Concilio III de Toledo.
Códice Albendense (siglo X). Biblioteca de El Escorial (Madrid)

Alarico I (reina: 395-410), saquean parcialmente Roma durante tres días (primer saqueo que sufre Roma durante el Imperio).

- Primer rey visigodo en Hispania: Ataúlfo (reina: 410-415; primo y cuñado de Alarico I). Reina también sobre otros territorios en torno a Toulouse.
- El rey visigodo Teodorico I (reina: 418-451) constituye en 418 –con permiso de los romanos–, al sur de la Galia, el primer reino germánico importante en Europa: el Reino Visigodo de Toulouse.
- Con Eurico (reina: 466-484; asesina y sucede a su hermano Teodorico II, hijo de Teodorico I) el Reino Visigodo alcaza su máxima extensión, con capital en Toulouse. Acérrimo arriano, Eurico persigue a los católicos.
- El Reino Visigodo de Toulouse es derrotado por los francos en 507, y los visigodos se concentran en Hispania.
- Leovigildo (reina: 572-586) unifica políticamente la Península Ibérica; establece en Toledo, en 576, la capital del Reino Visigodo de Toledo.
- El rey visigodo Recaredo (reina: 586-601; hijo de Leovigildo) en 589, en el Concilio de Toledo III, proclama al Catolicismo como religión oficial del reino visigodo hispano. San Isidoro (560-636, hispanorromano; arzobispo de Sevilla; doctor de la Iglesia) contribuye a esta proclamación y compila los saberes de su tiempo en su enorme obra "Etimologías".
- Los visigodos expulsan del territorio hispano –o asimilan– a vándalos, suevos y alanos, y durante los siglos VI a VIII la historia de los visigodos es prácticamente la historia de España. Si bien aún hoy subsiste la vieja polémica acerca de la hispanidad o no de los visigodos. Su sistema monárquico electivo conduce a luchas sucesorias y a gobiernos despóticos; a lo que un escritor franco contemporáneo de Recaredo califica como "detestable costumbre hispánica de matar a sus reyes". Los visigodos se mezclan con los hispanorromanos; serán desplazados por la invasión musulmana a partir de 711.

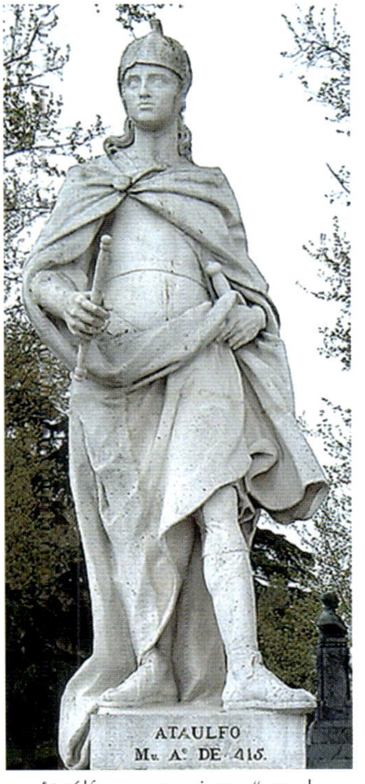

Ataúlfo como primer "rey de Hispania". Autor: F. de Castro, 1755. Plaza de Oriente, Madrid.

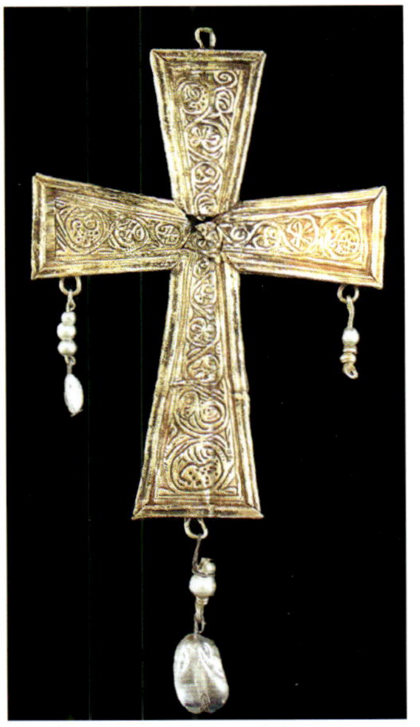
Cruz procedente del tesoro de Torredonjimeno (siglo VII). Museo Arqueológico de Córdoba

20. PRINCIPALES PUEBLOS BÁRBAROS QUE PROVOCAN LA CAÍDA DEL IMPERIO ROMANO OCCIDENTAL EN EL SIGLO V. 3/4: OSTROGODOS

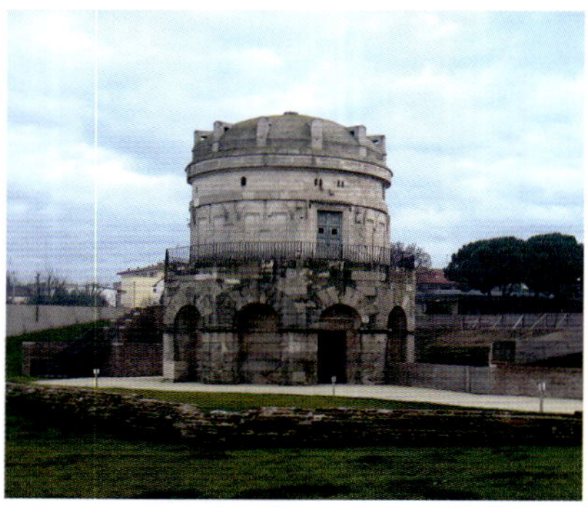

Mausoleo de Teodorico (siglo VI). Rávena (Italia)

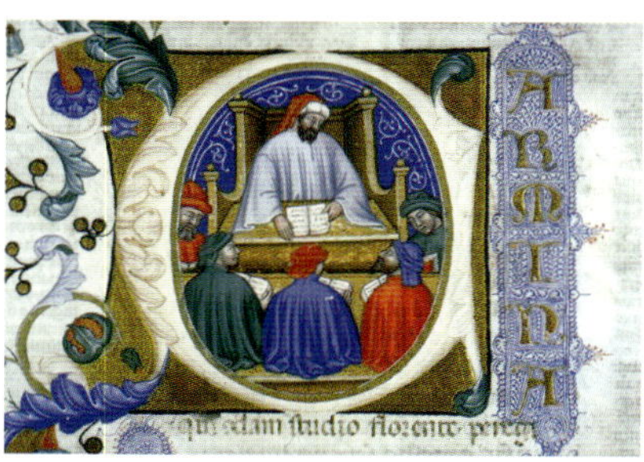

Boecio enseñando a sus alumnos. Manuscrito de La Consolación de la Filosofía (1385). Biblioteca universitaria de Glasgow

- Godos del este. Pueblo germano, del "germanismo oriental", procedente del entorno de la isla de Gotland (oeste del mar Báltico). Se asienta hacia el siglo II al noroeste del mar Negro. Tradicionalmente considerado pueblo más bien brillante y guerrero, en comparación con el visigodo.

- Presionados por los hunos, en 271 conquistan Dacia (al oeste del mar Negro) a los romanos; primera importante retirada de los romanos en su Imperio. Los ostrogodos se someten a los hunos (371) y recobran la independencia (453) tras morir Atila. En su recorrido, pasan por Macedonia y la costa este del mar Adriático.

- Se instalan en el norte de Italia (488) con permiso de los romanos. Rey principal: Teodorico (reina: 474-526), arriano, muy romanizado; instala la capital en Rávena, tras conquistar la ciudad en 493 y dar muerte en ella al caudillo germano Odoacro, arriano; erige en Rávena importantes monumentos cristianos y su mausoleo.

- El filósofo romano Boecio (480-524, católico, traductor de Aristóteles y Platón; hombre de confianza de Teodorico, luego muere decapitado en una de las cárceles de este) constituye –al menos hasta el siglo XIII– una de las principales bases de apoyo del pensamiento escolástico medieval.

- San Benito de Nursia (480-547; nacido en Nursia [Italia]), funda en Montecassino (Italia), en 529, la abadía que constituye la casa matriz de la Orden Benedictina. Publica hacia 540 su

"Regla de los Monasterios", que inspirará a numerosos fundadores y reformadores monásticos. Creador del monacato occidental, es declarado patrón de Europa por la Iglesia Católica.

- Justiniano I, emperador romano oriental, conquista –mediante el general Belisario– el reino ostrogodo de Italia (toma Rávena en 540) tras 20 años de guerras.

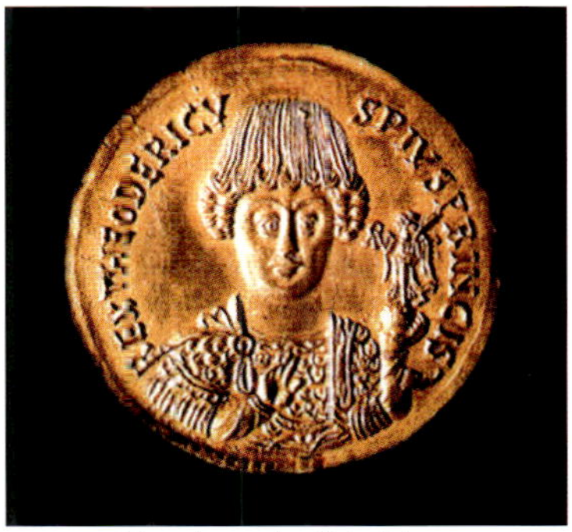

Moneda con la efigie del rey Teodorico (siglo VI)

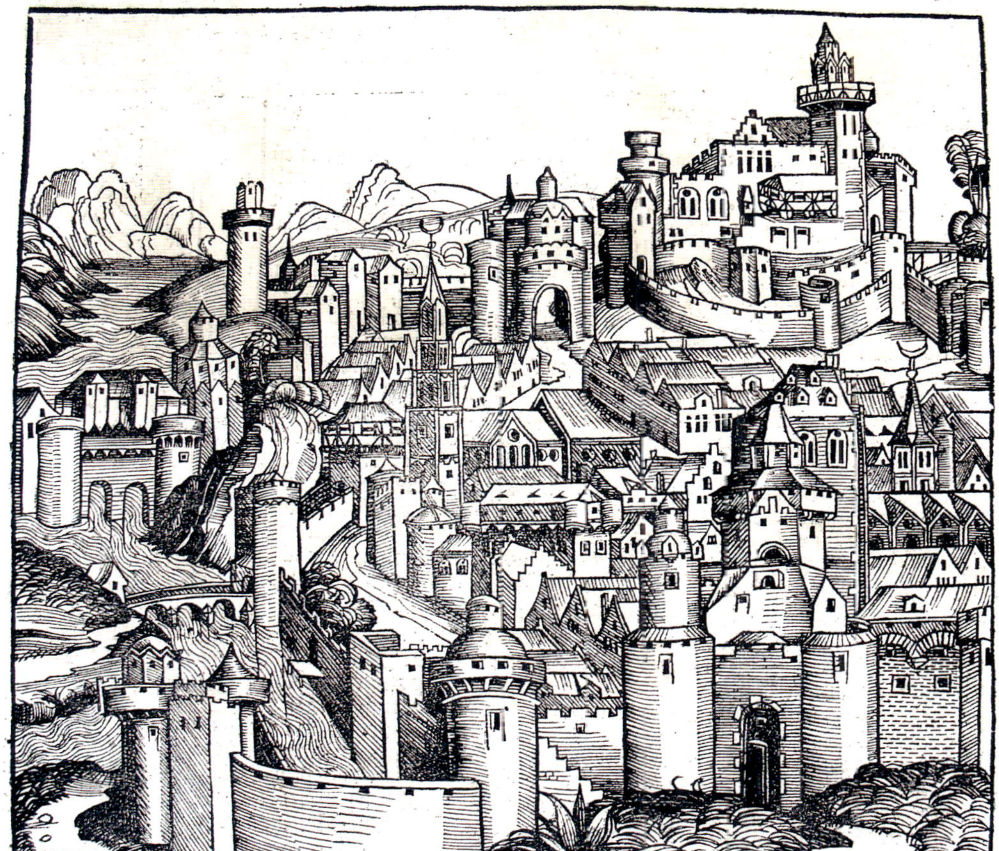

Dibujo de Rávena. Crónicas de Núremberg (1493)

21. PRINCIPALES PUEBLOS BÁRBAROS QUE PROVOCAN LA CAÍDA DEL IMPERIO ROMANO OCCIDENTAL EN EL SIGLO V. 4/4: OTROS PUEBLOS BÁRBAROS

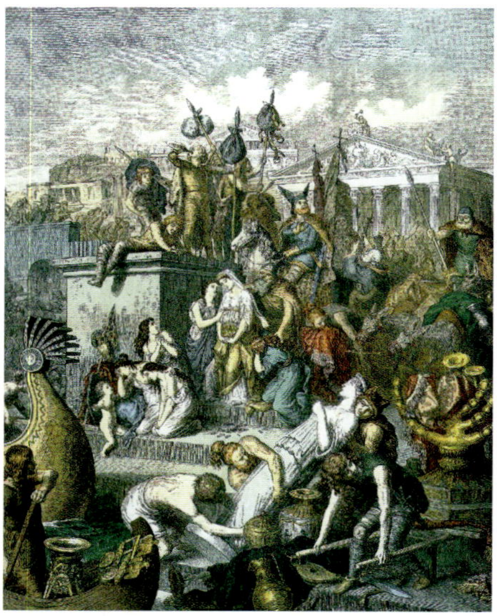

Saqueo de Roma por los vándalos en el 455, por Heinrich Leutemann (hacia 1870)

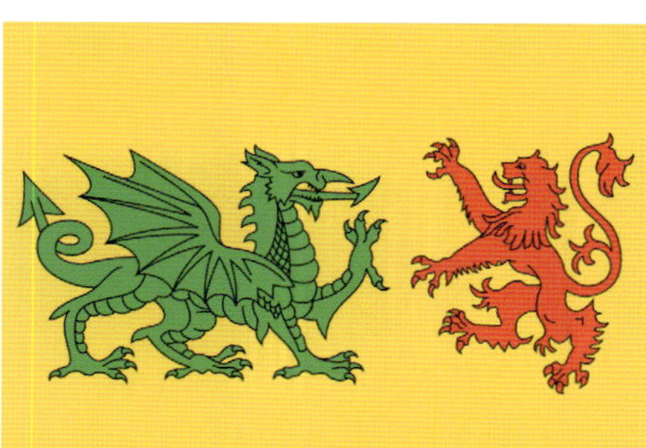

Recreación de la bandera sueva, según un informe presentado por la Catedral de Lugo a la Junta del Reino en 1669

- VÁNDALOS, SUEVOS, ALANOS. Pueblos germanos los vándalos y suevos; de origen iranio-caucásico los alanos, que se mueven hacia occidente presionados por los hunos. Paganos, pero paulatinamente convertidos al Cristianismo (al Arrianismo). Coaligados, los tres pueblos penetran en la Galia a partir del 406. En Hispania, a partir del 409; los suevos ocupan el noroeste de la Península y serán vencidos por los visigodos; los vándalos, la región Bética; los alanos, Portugal. Vándalos y alanos pasan a África hacia el 429; los vándalos –más opuestos a pactar con los romanos– se hacen fuertes en el norte de África (con capital en Cartago), saquean Roma en 455 y serán vencidos por el Imperio Romano Oriental de Justiniano I; los que quedan en Hispania serán asimilados por los visigodos en el siglo VI.
- ANGLOS, SAJONES, JUTOS. Pueblos germanos. Se instalan en Britania en el siglo V. Luchan contra vikingos daneses desde finales del siglo VIII.
- LOMBARDOS (o Longobardos). Germanos orientales; al parecer, originarios de Escandinavia o de la zona del curso inferior del Elba. Penetran en la Panonia romana (al sur del Danubio, en la actual Hungría) en la primera mitad del siglo VI; son arrianos. Tras la muerte del emperador Justiniano I en 565, se extienden por Italia (Milán, Pavía, Venecia, ...). Se asientan en

la llanura del Po, con capital en Pavía desde 572. Del Arrianismo se convierten definitivamente al Catolicismo hacia finales del siglo VII. Atacan Roma, residencia del papa, y este pide ayuda a los francos. Carlomagno vence a los lombardos hacia 774.

- BURGUNDIOS. Germanos, radicados en Escandinavia. Atacan el Imperio Romano ya en el siglo III. Ocupan Borgoña (Francia). Son desmembrados por los francos hacia el año 500 .

FRANCOS, BURGUNDIOS Y LOMBARDOS
se asientan, respectivamente, en las zonas donde se iniciará el Románico:
VALLE DEL RIN (Alemania), BORGOÑA (Francia) y LOMBARDÍA (Italia)

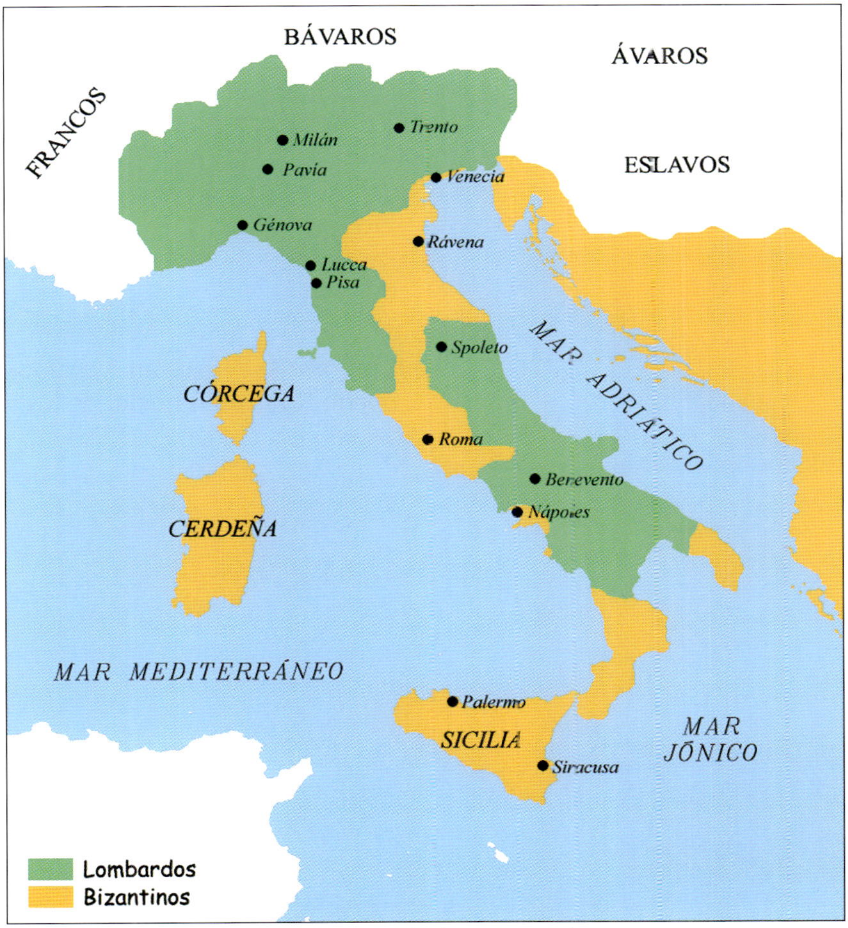

División de Italia entre Lombardos y Bizantinos (hacia 650)

22. ANTIGÜEDAD TARDÍA, ALTA EDAD MEDIA Y BAJA EDAD MEDIA EN EUROPA

La expresión "Edad Media" aparece en el siglo XV, en humanistas italianos, para designar el periodo –de regresión bárbara, según ellos– entre la Antigüedad y el Renacimiento. Actualmente, en cambio, se subraya la importancia de la llamada Antigüedad Tardía, y de la Edad Media como transición hacia la Edad Moderna. Y algunos tratadistas, en vez de Alta y de Baja Edad Media, hablan de Alta Edad Media (hasta comienzos del siglo XIV) y de Plena Edad Media (hasta comienzos del siglo XVI). Aquí seguimos una clasificación ampliamente aceptada.

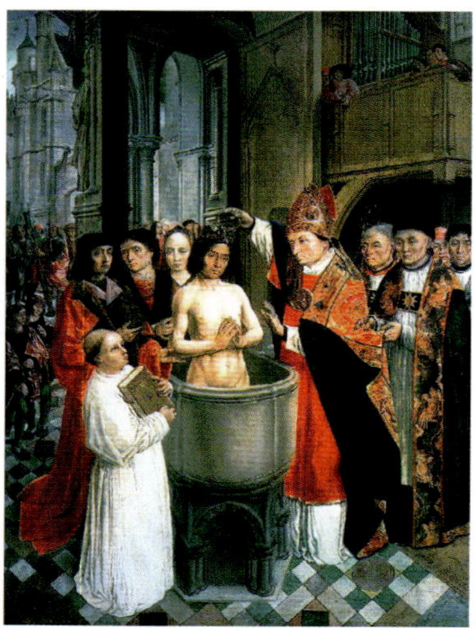

Bautismo de Clodoveo, por el Maestro de San Giles (1500). Galería Nacional de Washington

ANTIGÜEDAD TARDÍA – Siglos III a V

- Siglo III: Graves crisis (política, económica, militar, de sucesión, por bárbaros,...) en el Imperio Romano.
- 293: Diocleciano, emperador romano, reorganiza administrativamente el Imperio (Tetrarquía).
- 313: Constantino I tolera el Cristianismo; Teodosio lo declara religión oficial en 380.
- 330: Constantino I traslada la capital del Imperio a Constantinopla.
- 395: Teodosio I divide el Imperio Romano en Oriental y Occidental.
- 410: Saqueo limitado de Roma por el rey visigodo Alarico.

ALTA EDAD MEDIA – Siglos V a XII

- 476: Odoacro, caudillo germano, depone a Rómulo Augústulo (último emperador romano occidental).
- 496: Clodoveo, rey franco, se convierte del paganismo al Catolicismo (es "fundador de la nación francesa")
- 587: Recaredo, rey visigodo de Hispania, se convierte del Arrianismo al Catolicismo.
- 632: Muerte de Mahoma, seguida de rápida y gran expansión del Islam.

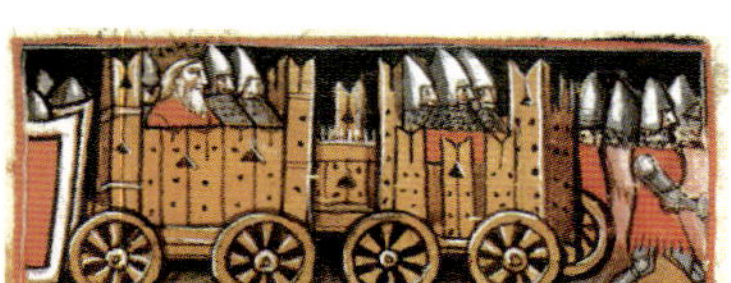

Carlomagno, con sus soldados, en un carro militar. De un manuscrito del siglo VIII. En Biblioteca Nazionale Marciana (Venecia)

- Transición en Europa hacia la sociedad feudal.
- 711: Llegada del Islam al continente europeo (invade la Península Ibérica).
- 800: Carlomagno, rey franco, es coronado "Emperador Augusto Romano", por el papa, en Roma (reúne los reinos de Europa Occidental, salvo Inglaterra y Península Ibérica). "Renacimiento carolingio".
- 814: Muere Carlomagno y su Imperio se desintegra.
- Siglo IX: Segunda oleada de pueblos bárbaros (vikingos, normandos –pueblo vikingo–, magiares, ...) sobre Europa.
- 1000: Comienzos del Románico.
- 1054: Gran cisma entre Iglesia Ortodoxa (Constantinopla) e Iglesia Católica (Roma).
- 1095: Comienzo de la Primera Cruzada hacia Oriente Próximo; en 1270, la octava y última.
- Desarrollo demográfico, económico, social y cultural en los siglos XI-XII-XIII; aunque con hambrunas periódicas.

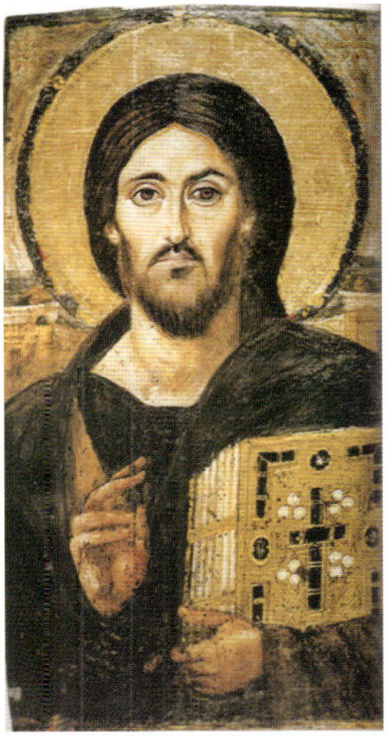

Pantocrátor. Siglo VI. En monasterio Santa Catalina, Sinaí, Egipto. Es el más famoso icono bizantino. (Ver página 166).

BAJA EDAD MEDIA – Siglos XIII a XV

- Comienzos del Gótico.
- 1347-1350: La Peste Negra acaba con más de un tercio de la población europea.
- Bandas de penitentes y flagelantes recorren Europa. Trastornos económicos.
- 1453: Turcos otomanos conquistan Constantinopla. Fin del Imperio Bizantino.
- 1456: Utilización de la imprenta en Europa.
- 1492: Descubrimiento de América. Fin de la Reconquista en la Península Ibérica.
- Agitaciones e innovaciones políticas y religiosas desembocarán –ya en la Edad Moderna– en el Renacimiento, en la Reforma Protestante (1517) y en el Estado nacional de corte moderno.

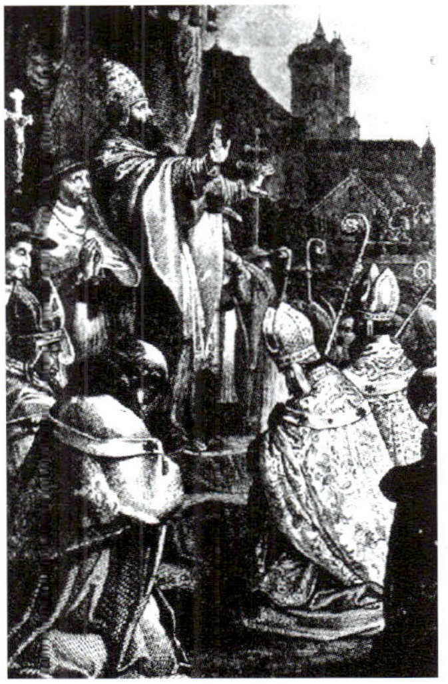

Urbano II predicando la primera Cruzada, por Gustave Doré (segunda mitad del siglo XIX)

23. TRAS LA CAÍDA DEL IMPERIO ROMANO OCCIDENTAL EN EL SIGLO V, EL DESARROLLO DOGMÁTICO DEL CRISTIANISMO SE PRODUCE EN BIZANCIO

- Odoacro, caudillo germano, en 476 depone al emperador romano Rómulo Augústulo. Cae así el Imperio Romano Occidental.
- Sobrevienen "tiempos revueltos" en Europa:
  - Germanización de Europa.
  - Luchas entre poblaciones indígenas y bárbaros.
  - Las estructuras que presentan mayor firmeza frente a los bárbaros son las de la Iglesia. Papa y obispos administran y defienden ciudades, imparten justicia, proporcionan seguridad.
- En 496 el rey franco Clodoveo (pagano) se bautiza en la Iglesia Católica. Los francos constituyen así el primer reino "bárbaro" católico; y vencen en 507 a los visigodos (arrianos), que pasan a Hispania a refugiarse.
- El rey visigodo Recaredo, en Hispania, se convierte del Arrianismo al Catolicismo en 587.
- Durante los "tiempos revueltos" en Europa, Bizancio conserva las costumbres del Imperio Romano Occidental; y en Bizancio se produce durante siglos el desarrollo dogmático del Cristianismo, en medio de turbulencias filosóficas, políticas, sociales, que propician el surgimiento y la expansión de múltiples herejías. La Iglesia en Bizancio:
  - Inmersa en enfoques filosóficos griegos, helenísticos (los griegos son "los más orientales entre los occidentales"), aplica intrincados razonamientos –altamente conceptualizados– para el conocimiento y la definición de dogmas y creencias.
  - Evita, en cambio, enfoques gnósticos basados en modos más directos de conocimiento salvífico, en vivencias místicas de amor a Dios y confianza en Él, en el misterio, en la revelación… (enfoques gnósticos que priman los valores personales de la religión sobre los valores institucionales).
  - Experimenta con frecuencia fuertes rivalidades personales entre los titulares de los cuatro patriarcados de la Iglesia oriental: Antioquía, Alejandría, Constantinopla y Jerusalén. El quinto patriarcado de la Iglesia: Roma; si bien ya san Siricio (obispo de Roma: 384-399) es el primero en utilizar el nombre de "papa" ("padre", en griego) y en actuar como máxima autoridad de la Iglesia (no "exhorta", sino que "manda").
- En el siglo VI, el Bizancio de Justiniano I se extiende hacia el oeste; quiere reconquistar los territorios arrebatados antes por los bárbaros a los romanos; conquista Roma, Rávena, Baleares,… pero no consigue sus propósitos.

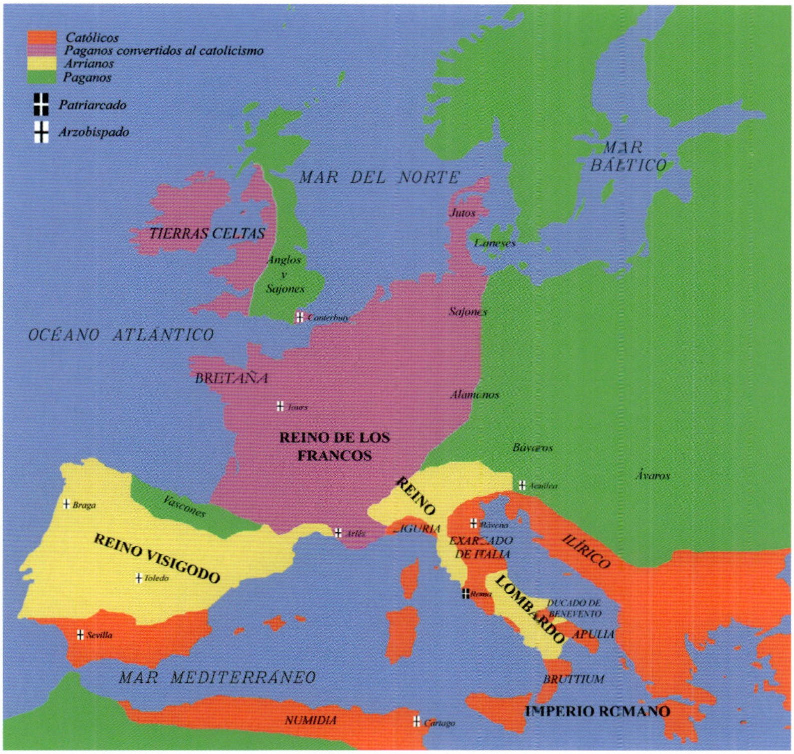

Mapa de católicos, arrianos y paganos en el siglo V en Occidente

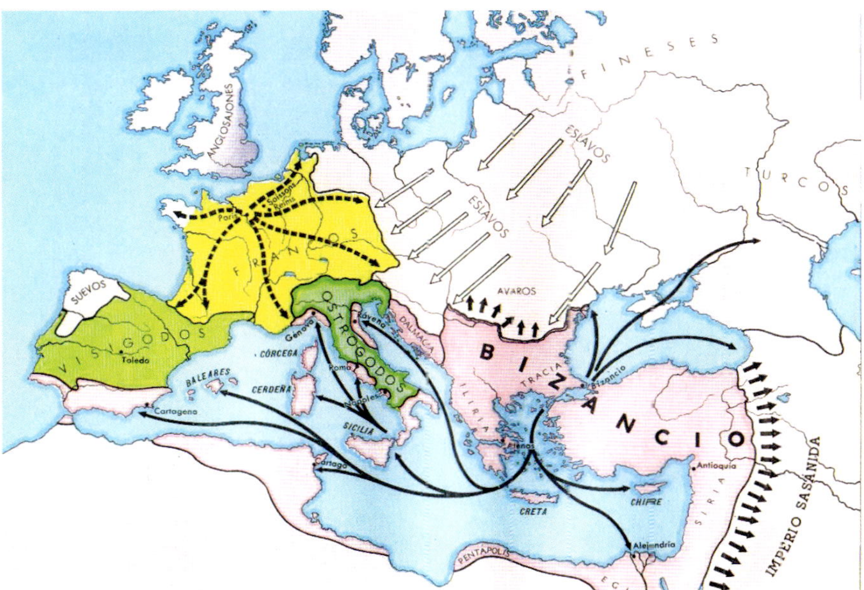

El imperio Bizantino en la época de Justiniano I

24. HITOS EN EL IMPERIO BIZANTINO

330 El emperador romano Constantino I funda Constantinopla. En sentido lato, comienza Bizancio, lo que será Imperio Bizantino.

395 Arcadio, emperador (hasta 408) del Imperio Romano Oriental, que lo recibe de quien lo estableció: su padre el emperador romano Teodosio; capital: Constantinopla.

476 Cae el Imperio Romano Occidental.

527 Justiniano I (impera: 527–565), será el más relevante emperador del Imperio Romano Oriental: compila el derecho romano, expande el imperio y construye en Constantinopla el templo de Hagia Sophia (Santa Sabiduría).

610 Heraclio (impera: 610–641) hereda un arruinado imperio y decide ser Emperador de Bizancio en vez de Emperador Romano Oriental; heleniza el Imperio.

632 Muere Mahoma, y 100 años después el Islam se habrá extendido por Oriente y por Occidente, de manera que constituirá una gran amenaza para el Imperio Bizantino.

717 León III (impera: 717-741) impide que Constantinopla caiga en manos de los árabes; emprende las violentas luchas iconoclastas; se enfrenta al papa de Roma. La peste de 747 diezma la población de Constantinopla.

867 El Imperio Bizantino florece con la Dinastía Macedonia, que durará hasta el 1056.

1054 Gran Cisma Oriente-Occidente entre la Iglesia Católica de Roma (bajo el papa de Roma) y la Iglesia Ortodoxa (bajo el patriarca de Constantinopla); separación gestada desde hacía siglos por diferencias en dogmas (cuestión del "Filioque"), disposiciones eclesiásticas, ritos, costumbres, etc. En Constantinopla se excomulgan recíprocamente el patriarca y el enviado del papa. El Cisma continúa vigente.

1071 Turcos selyúcidas (procedentes en el siglo X de las estepas al este del mar Caspio; y convertidos al Islam) vencen a los bizantinos (en la batalla de Manzikert, al este de Anatolia, que anuncia el posterior declive bizantino), y conquistarán la mitad del Imperio Bizantino. La crisis del Imperio es enderezada por la Dinastía Comneno (que reinará desde finales del XI a finales del XII), pero el Imperio debe replegarse hacia Europa, abandonando casi la totalidad de Anatolia.

1095 Inicio de la Primera Cruzada, desde Francia hacia Oriente Próximo. La octava y última, en 1270.

1204 Cruzados francos y venecianos saquean Constantinopla (cristiana bizantina) y fundan el Imperio Latino en Oriente Próximo; aristócratas bizantinos fundan estados menores independientes (el más importante, el Imperio de Nicea). Bizancio ya no recuperará su antiguo esplendor.

1240 Mongoles (pueblos originarios de la estepa mesetaria al noroeste de China, chamanistas, y a los que había agrupado Gengis Kan [1167-1227; reina desde 1206; cuyo nombre en mongol significa algo así como "Soberano Universal"]) invaden y desorganizan el Imperio Bizantino. Antes de ser derrotados en 1260, en Palestina, por el sultán de Egipto, constituían uno de los imperios más extensos de la historia, abarcando: por el este, a Corea y Java; por el oeste, a Polonia y Hungría; por el norte, al Ártico; por el Sur, a Turquía y Persia. El mongol Kublai Kan (reina: 1260-1294; nieto de Gengis Kan) extenderá hacia el este el Imperio Mongol: unificará China al conquistar el sur del país, cuyo norte había conquistado su abuelo. Los mongoles se convertirán al Islam a comienzos del siglo XIV.

1258 La dinastía helenística de los Paleólogo restaura la capital del Imperio Bizantino en Constantinopla (antes estaba en Nicea) hasta el fin del Imperio.

1453 Turcos otomanos (llegados de Asia Central a Anatolia a finales del XIII; e islamizados) conquistan Constantinopla, entonces depauperada y casi convertida en una ciudad-Estado. Cae así el Imperio Bizantino. La Dinastía Otomana había sido fundada por Osmán I (u Otmán I; 1258-1326).

1571 Los turcos otomanos son derrotados por la Liga Santa –España, Venecia, Santa Seda– en la batalla de Lepanto, una de las más decisivas batallas en la historia de la Humanidad. Detiene la expansión turca por Europa.

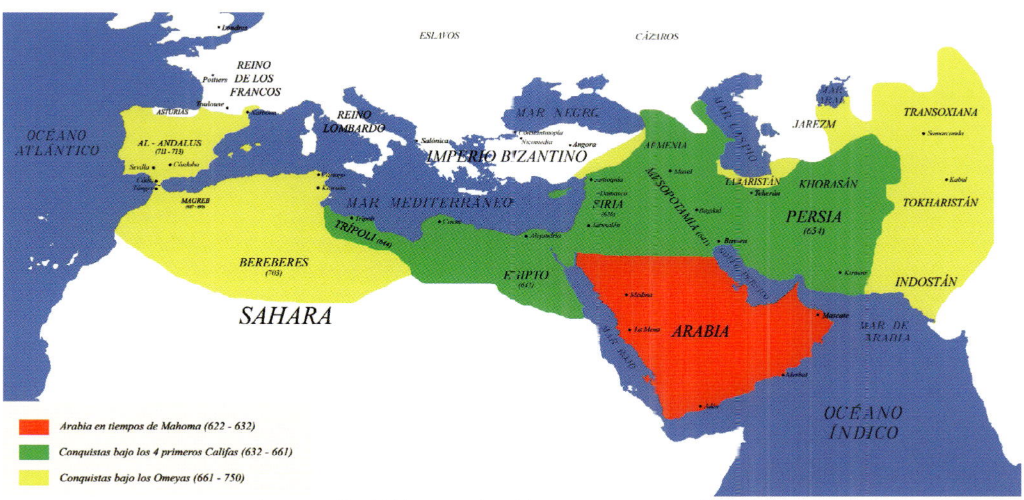

La expansión del Islam entre los siglos VII y VIII amenaza a Bizancio

25. RÁPIDA EXPANSIÓN DEL ISLAM TRAS LA MUERTE DE MAHOMA

- El profeta Mahoma:
  - Nace en La Meca, en 570; muere en Medina, en 632.
  - 610: primeras revelaciones, que recibe del ángel Gabriel.
  - 622: para protegerse migra (la "hégira") de La Meca a Medina.
  - 630: vuelta triunfante a La Meca; en vida del profeta, el Islam se ciñe a Arabia.
- 100 años después de la muerte de Mahoma, el Islam está extendido por Occidente (hasta la Península Ibérica y Mauritania) y por Oriente (hasta India septentrional y mar de Aral). Factores coadyuvantes:
  - Simplicidad del Credo islámico, alejado de las complejidades teológicas del Credo cristiano.
  - Convicciones religiosas y entusiasmo de los conquistadores musulmanes. Motivación religiosa de las conquistas (la expansión del Islam como misión encomendada por Dios). Asimilando lo que juzgan válido de los pueblos conquistados.
  - Cansancio en los conquistados (sobre todo, Imperio Bizantino e Imperio Persa), debilitados por continuas guerras y disputas religiosas.
  - Tolerancia del Islam, en principio, hacia las otras religiones del Libro (Judaísmo y Cristianismo), siguiendo el Corán; pero pronto forzando para la conversión al Islam cuando se juzgaba necesario como escarmiento.
  - Otorgamiento de protección a los conquistados, mediante cobro de tributos.
- Ritmo de conquistas (totales o parciales) en el periodo de gran expansión: en 636, Siria; en 638, Palestina; en 641, Mesopotamia; en 642, Egipto; en 654, Persia; en 670, Túnez; en 674, Afganistán; en 693, Armenia; en 698, Marruecos; en 711, Península Ibérica; en 712, Asia Central (Samarcanda...) y nordeste de India. Su expansión por Europa es detenida en Poitiers (Francia), en 732, por Carlos Martel.
- Bajo la Dinastía Abasí (750-1258) el Islam se abre más a los no-árabes, lo cual facilita las conversiones al Islam en nuevos territorios:
  - La Dinastía Abasí sucede a la Dinastía Omeya (661-750) que en 661 había trasladado la capital desde Medina a Damasco. Concluye el periodo omeya de discriminación de una minoría de gobernantes árabes contra una mayoría no-árabe

- En 762 los abasíes trasladan la capital del califato desde Damasco a Bagdad.
- La fuerza militar es aguerrida, bien organizada, con tácticas de ataques por sorpresa con múltiples pequeñas unidades.
- Se rompe la unidad política y religiosa (surgen califatos rivales del de Bagdad, en El Cairo –Dinastía Fatimí– y en Córdoba –Dinastía Omeya– en el siglo X), pero se mantiene la unidad cultural (mediante la lengua árabe) y la fundamental adhesión al Islam. Se aceptan influencias persas culturales y artísticas. En el siglo X, en el mihrab de la mezquita de Córdoba, el arte islámico alcanza una de sus cumbres; colaboran en el mihrab artistas bizantinos.
- Los turcos selyúcidas (originarios de la zona del mar de Aral, y que constituyen la primera dinastía importante turco-musulmana) pactan en 1055 con la Dinastía Abasí y se implantan en sus territorios. Forman así una alianza entre "hombres de espada" (turcos) y "burócratas y hombres de leyes" (persas y árabes), impulsan la conquista musulmana de Anatolia y el Imperio Bizantino, y extienden el Islam.
- En 1258 mongoles (asiáticos, esteparios, nómadas, chamanistas) aliados a turcos otomanos (asiáticos que se islamizarán) ocupan Bagdag. Fin de la Dinastía Abasí. Comienzo del dominio otomano.

- Prosigue la difusión del Islam en siglos sucesivos, apoyada en predicaciones, presiones e intercambios comerciales:
  - Desde el norte hacia el sur de India, principalmente en los siglos XIII y XIV.
  - En Indonesia, en los siglos XIII a XVI.
  - Simultáneamente, en la zona norte y costa este de África.

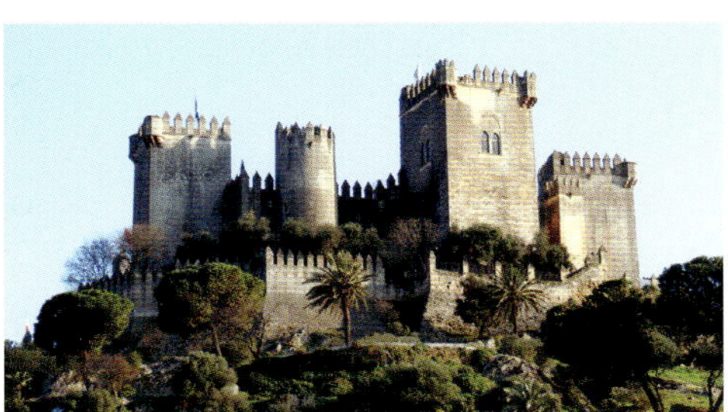

Castillo árabe de Almodóvar del Río (Córdoba). Iniciado en el siglo VIII

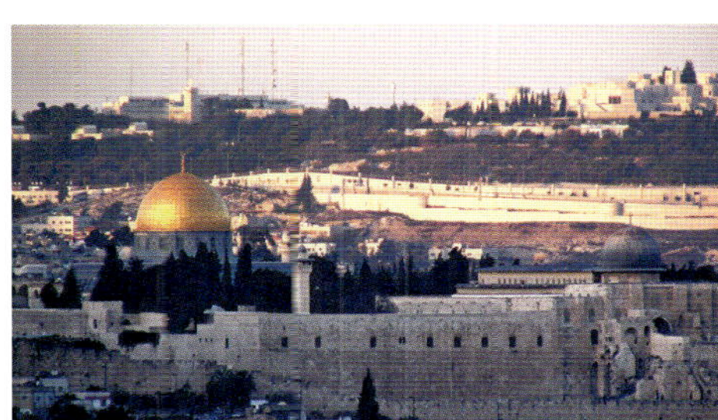

Cúpula de la Roca en Jerusalén. Siglo VIII

26. LAS DISPUTAS ICONOCLASTAS EN EL CRISTIANISMO ORIENTAL CULMINAN EN LOS SIGLOS VIII y IX

Tres motivaciones de los iconoclastas:	• Prevención de la idolatría (doctrina de Moisés) • Dios es invisible, inimaginable, irrepresentable (doctrina judeo-cristiana e islámica) • Oposición a la aspiración creadora del artista; porque solo Dios crea (doctrina islámica)

SIGLOS I a VII

- A pesar del aniconismo propio de las religiones del Libro, el Cristianismo desde principios del siglo III, empieza a utilizar imágenes en el culto, como medio para la mejor explicación y difusión de su mensaje. Comienza el arte cristiano.
- No obstante, pervive una cierta tendencia al aniconismo, incluso en el Cristianismo occidental. El Concilio de Iliberris (el primero de la Iglesia hispana; en Elvira, cerca de la actual Granada), en 314, recuerda la prohibición de utilización de imágenes.
- A partir del emperador romano Constantino (cuyo Edicto de Milán de 313 tolera al Cristianismo) el arte cristiano se expande. Se difunde plenamente la utilización de imágenes cristianas en el Imperio Romano Oriental y en el Occidental. No sólo en lugares de culto sino también en objetos de uso diario, monedas, pinturas, etc.
- Aceptadas las imágenes, el Cristianismo oriental pretende que ellas actúan místicamente –mediante un fenómeno no extraño en el mundo oriental– en los humanos; como si fueran los iconos o las reliquias, no los santos representados, los que obran los milagros. Pero sigue latente la tendencia al aniconismo.
- El Imperio Bizantino (propiamente Imperio Romano Oriental hasta el siglo VII) se convierte en el centro de tensión entre dos culturas anicónicas (la judaica y la musulmana, presentes en el Imperio), y en el centro del desarrollo dogmático del Cristianismo. Con el emperador Justiniano I, arte y cultura florecen en el Imperio a mediados del siglo VI.

SIGLO VIII

PRIMERA FASE de la lucha iconoclasta en Bizancio:

- El emperador bizantino León III –amparándose en la Biblia– en 730 declara idolátrica y ordena destruir toda representación figurativa de Cristo, la Virgen María y los santos. Posibles motivos: mitigar el enfrentamiento con el cercano Islam anicónico, y liberarse de la "tiranía teocrática" de los monjes.

- El papa Gregorio III convoca el concilio que condena la iconoclasia. León III se enfrenta a Roma y ordena a los obispos bizantinos una drástica oposición al papa.
- El emperador bizantino Constantino V (hijo de León III) sigue luchando, más violentamente, contra imágenes y reliquias.
- Irene (ya viuda de Constantino V) es favorable a las imágenes y reanuda las relaciones de Bizancio con Roma.
- El Concilio Ecuménico de Nicea II (787, en Asia Menor) condena la herejía iconoclasta; y el papa Adriano I, desde Roma, apoya el Concilio. Las luchas iconoclastas cesan hasta 814.

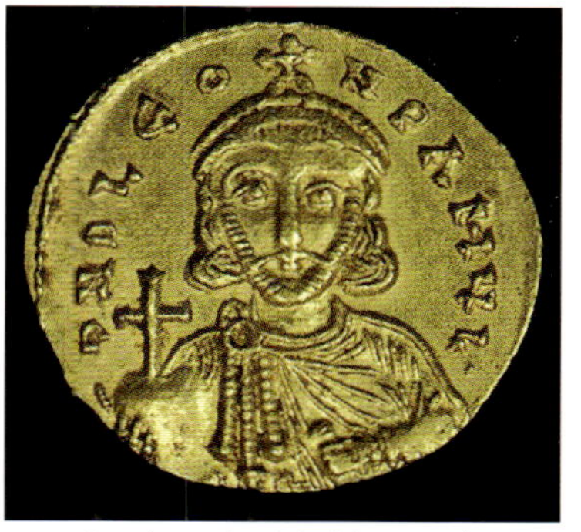

Moneda con la efigie del emperador bizantino León III (siglo VIII)

SIGLO IX

SEGUNDA FASE de la lucha iconoclasta en Bizancio:

- El emperador bizantino León V intenta una reforma eclesiástica para eliminar las imágenes.
- Siguen luchando iconoclastas y anti-iconoclastas (iconófilos).
- Teodora (viuda del emperador bizantino Teófilo) y Metodio (patriarca de Constantinopla) restauran en el 843, las imágenes en el culto. Quedan atrás incontables mártires e inmensa destrucción de obras de arte.
- Se reinicia el esplendor del arte bizantino. Muestra del nivel de calidad que llega a alcanzar es que, cuando en la segunda mitad del siglo X se realiza la más grande y bella ampliación de la mezquita de Córdoba, el mihrab es construido con la ayuda de mosaiquistas constantinopolitanos, solicitada por el califa de Córdoba al emperador de Bizancio (mihrab que actualmente es considerado como una de las cumbres del arte islámico). El arte bizantino, ya en declive desde el siglo XII, se extenderá hasta el 1557 (Constantinopla es conquistada por turcos otomanos en el 1453).

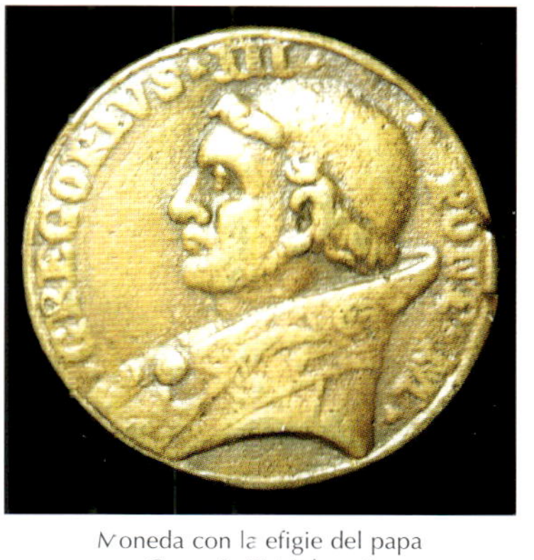

Moneda con la efigie del papa Gregorio III (siglo VIII)

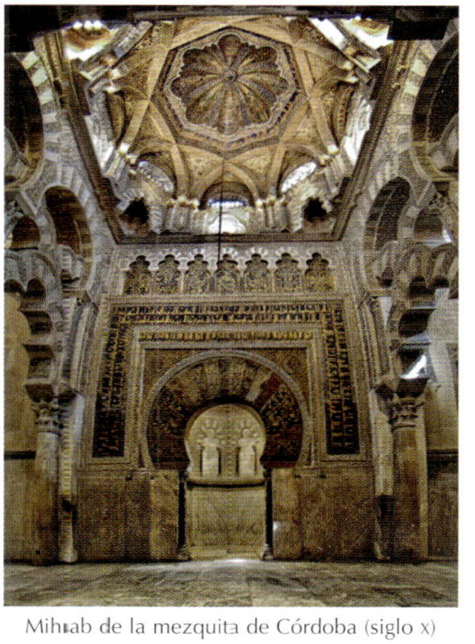

Mihrab de la mezquita de Córdoba (siglo X)

27. TENSIONES ESTÉTICAS ENTRE CRISTIANISMO ORIENTAL Y OCCIDENTAL EN EL SIGLO IX

EN ORIENTE: LUCHAS INCONOCLASTAS BIZANTINAS

- Ya desde el siglo VI la cultura bizantina está en tensión entre dos culturas inicialmente anicónicas: el Judaísmo y el Islamismo, y que también en el IX rechazan las imágenes.
- Las luchas iconoclastas, basadas en ideas especulativas y abstractas, marcan las tendencias en el arte bizantino:
  - Aportación de los iconoclastas:
    - Tendencias estéticas orientales, espiritualistas, basadas en lo abstracto, las piedras preciosas, lo dorado, los colores intensos.
    - Provocan que –como reacción– surja un arte secular realista, que acaba entrando también en las iglesias.
  - Aportación de los iconófilos:
    - Profundizan en la justificación metafísica de las imágenes mediante complejas teorías; enfoques místicos que durarán siglos.
    - Con tendencias estéticas helenísticas, proclaman el triunfo de la imagen.
    - La obra artística es como parte del Ser divino, y debe ser valorada según su grado de aproximación a lo trascendente; no como representación de la Naturaleza.

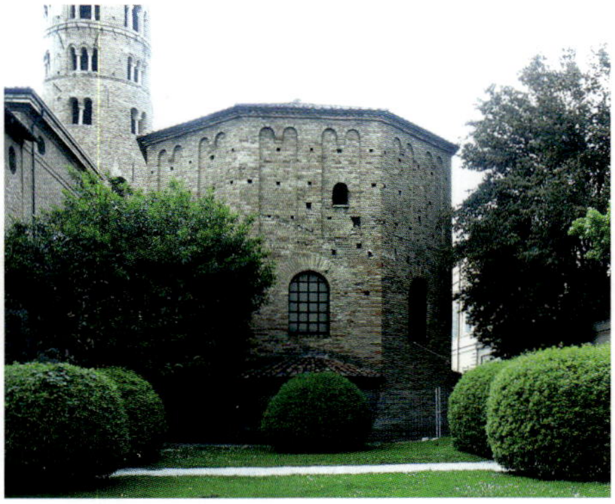

Baptisterio de los Ortodoxos (siglo V). Rávena (Italia)

EN OCCIDENTE: RENACIMIENTO INTELECTUAL CAROLINGIO

- Ideas realistas, empíricas, sencillas; en contraposición con las abstractas y complejas bizantinas.
- Enfoque más hacia lo literario que hacia lo plástico.
- No se busca que las imágenes sean o representen lo sagrado, sino que conduzcan a Dios (directamente o mediante los santos).
- Postura de compromiso ante las luchas iconoclastas bizantinas: no es preciso destruir imágenes, pero tampoco hay que adorarlas (el papado, también en posición intermedia).
- No obstante, también el Occidente es influenciado por las potentes ideas de Bizancio. Por ejemplo, la planta centralizada de edificios eclesiásticos bizantinos influye en la planta de la capilla palatina de Aquisgrán (como también en plantas del visigótico toledano).

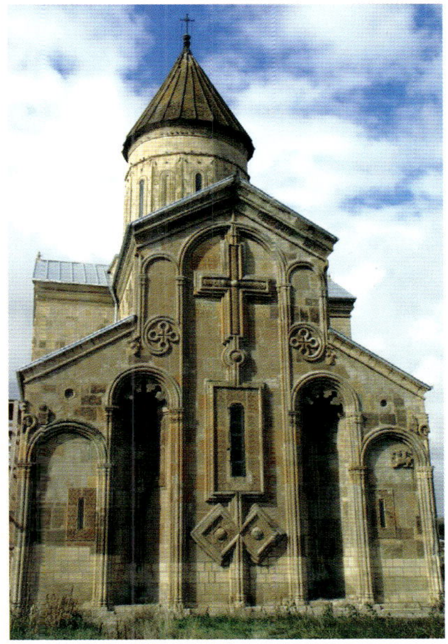

Iglesia de Samtavisi (Georgia) (siglo x)

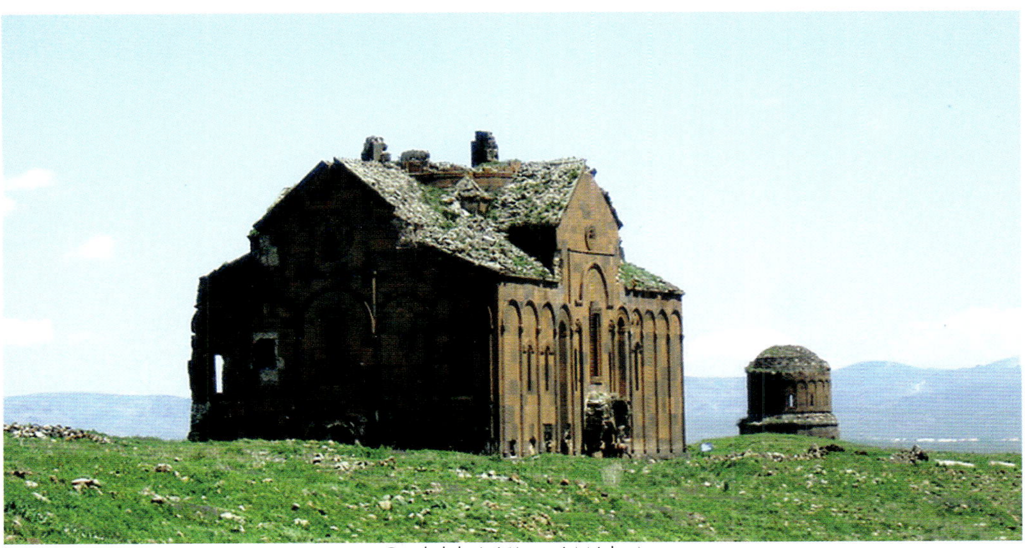

Catedral de Ani (Armenia) (siglo x)

28. SUSTANCIALES TRANSFORMACIONES EN LA SOCIEDAD EUROPEA HACIA EL AÑO MIL

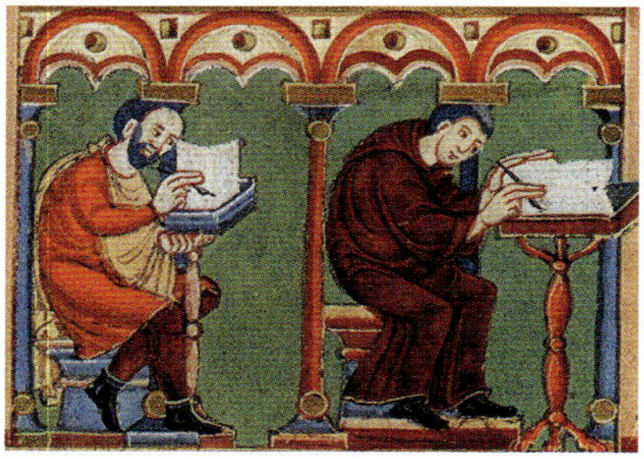

Miniatura con monjes amanuenses en el "scriptorium" (mediados del siglo XI)

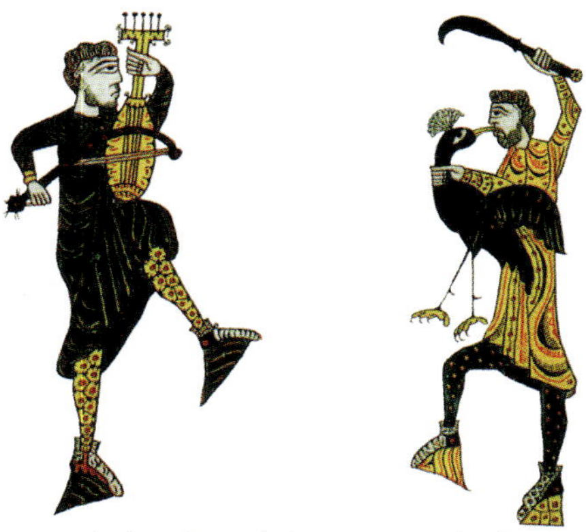

Juglares. Beato de Santo Domingo de Silos (fines del siglo XI). British Library (Londres)

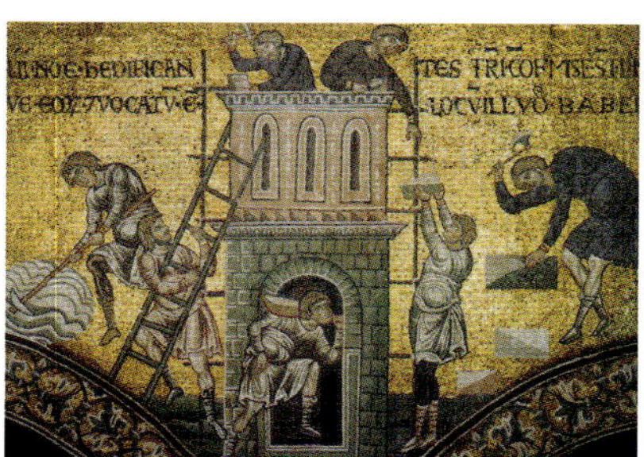

Mosaico con la construcción de la torre de Babel (finales del siglo XII). Catedral de Monreale (Sicilia)

- Muerto Carlomagno en 814, el Imperio Carolingio se desmembra y Europa es invadida por vikingos, magiares y sarracenos (del norte de África). Del desmembramiento nacerán Francia, Alemania e Italia.
- Tras la fase de urbanización en el Imperio Romano, y la ruralización entre los siglos V y VIII, en los siglos IX y X ("tiempos de hierro") se gestan procesos de feudalización, reurbanización y permeabilidad de las clases sociales:
  - El régimen feudal ("feudo" es el contrato por el cual el señor entrega tierras en usufructo al vasallo, a cambio de que este guarde fidelidad al donante) madurará durante el siglo XI y tendrá su máximo apogeo en el XII y el XIII; en el siglo XIV Europa entrará en depresión económica.
  - El mundo rural, que estaba limitado al nivel de subsistencia y de relaciones individuales, se dinamiza mediante los intercambios. Se avanza desde la "economía doméstica cerrada" hacia la "economía urbana", monetaria.
  - La ciudad amalgama estamentos especializados –artesanos, comerciantes, clérigos, militares– que crecen al ritmo del desarrollo de la economía monetaria.
  - Todo ello impulsa la conciencia de universalidad en preclaros personajes de la época, que viajarán de país en país con asombrosa facilidad.
- En torno al año 1000, inventos y mejoras comienzan a revolucionar la agricultura, principalmente alrededor de los monasterios benedictinos: nuevos enganches para bestias de tiro, se inventa la herradura, extensión del

arado con ruedas y vertedera, aplicación de fuerza hidráulica (luego, la del viento) para mover molinos, utensilios de hierro sustituyen a los de madera, se ganan tierras de cultivo a los bosques, mejoras en los ciclos de cultivo de la tierra, se drenan marismas.

- Consecuentemente, comienza a finales del siglo IX un leve crecimiento económico y demográfico. Pero, debido a que el ritmo de crecimiento de la producción será menor que el de la población, hambrunas periódicas azotarán diversas zonas de Europa hasta mediados del siglo XIV. Se estima que hacia el año 950 (poco después de las grandes hambres de 941 y 942) la población de Europa occidental es de unos 22 millones de habitantes; y de unos 54,5 millones hacia el año 1300 (antes de la Peste Negra de 1347-1350 [quizá peste bubónica] que acabará con más de un tercio de la población de Europa, originando una gran crisis económica, y que será seguida por recidivas de pestes hasta el siglo XVIII. En otra gran peste –centrada en los años 541 y 542– había perecido, al parecer, un tercio de la población europea). En Alemania existen en el 900 unas 40 ciudades; en 1200, unas 250 (J. BÜHLER, 1931).

- Tres grupos dirigentes configuran la sociedad: Monástico (eclesiásticos), Feudal (nobles), Urbano (burgueses); los que oran (oratores), los que luchan (bellatores) y los que trabajan (laboratores). Dedicados respectivamente a lo trascendente, a lo romántico y a lo materialista (según la ideología trifuncional de trasfondo indoeuropeo y platónico).

- También en el terreno religioso las transformaciones son sustanciales. Se ahondan las diferencias entre la Iglesia de Roma y la de Constantinopla, que culminarán en la ruptura entre ellas, mediante mutuas excomuniones, en 1054, por motivos teológicos (cuestión del "Filioque" en el Credo) entre otros.

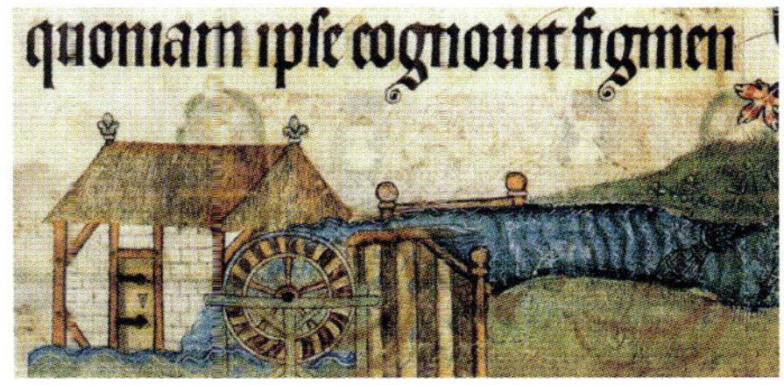

Miniatura de un molino de agua. Salterio de Luttrel (siglo XIV). British Library (Londres)

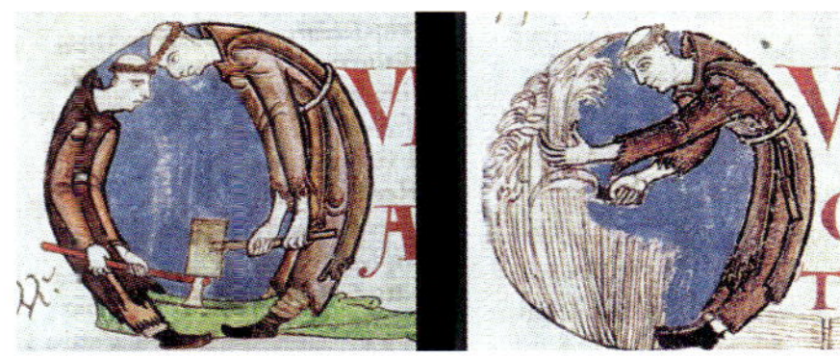

Iniciales con monjes trabajando, del códice Moralia in Job de San Gregorio (principios del siglo XII). Biblioteca de Dijón (Francia)

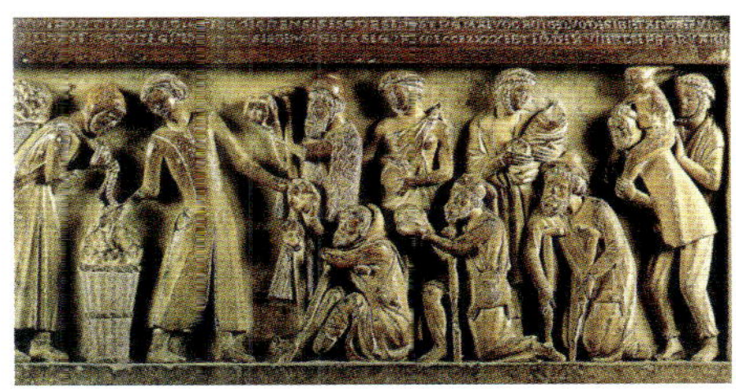

Pobres, enfermos y tullidos, en el sepulcro del obispo Martín Rodríguez (mediados del siglo XIII). Catedral de León

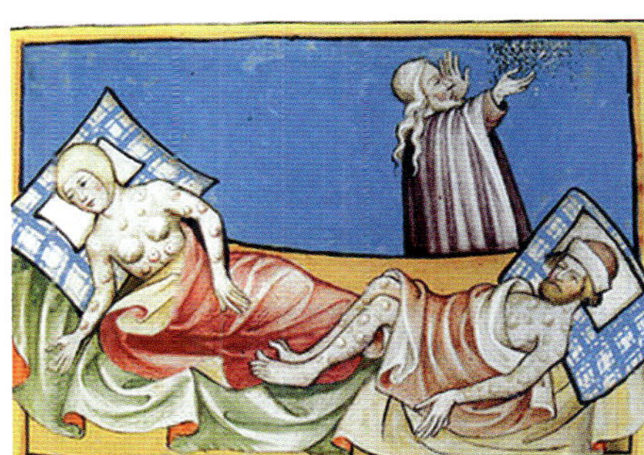

Escena de la Peste Negra en Europa. Biblia de Tuggenburg (Suiza), 1411

29. LA SOCIEDAD MEDIEVAL EUROPEA, SOCIEDAD TEOCÉNTRICA

- El teocentrismo, como prevalencia del poder espiritual sobre el temporal, está presente en las más antiguas civilizaciones (Egipto, India, China,...).
- "No hay cosa ni acción [en la Edad Media] que no sean puestas continuamente en relación con Cristo y con la fe. Todo se dirige a una interpretación religiosa de todas las cosas" (J. HUIZINGA).
- "La Iglesia, y solo la Iglesia, a través de la confusión de los siglos VI, VII y VIII, sostuvo encendida, aunque débilmente, la antorcha de los conocimientos. Fue el único transmisor de todo lo que quedó como herencia de la antigüedad clásica, y solo ella salvó a la humanidad, no solo del infierno, sino del salvajismo. Y la realización de este hecho, no importa cuán vaga y medio conscientemente aprehendido, dio a la mente medieval su unidad y su carácter distintivo. El pensamiento de la Edad Media era, pues, esencialmente teocéntrico, y los mayores de los pensadores medievales eran todos ellos teólogos; tan pronto como dejó esto de ser verdad, puede decirse que el Renacimiento empezó a nacer" (C. R. S. HARRIS, en "El legado de la Edad Media", manual de la Universidad de Oxford, primera edición en 1926, múltiples veces reimpreso en años siguientes, con edición española en 1944).
- Hacia 750 el papa exhibe la "Donación de Constantino", documento –cuya falsedad se pondrá de manifiesto a partir del siglo XV– por el que el emperador romano Constantino el Grande, en vísperas de partir hacia Bizancio (Constantinopla), otorga al pontífice de Roma privilegios, bienes y primacía sobre los demás poderes de Occidente. El documento respaldará durante siglos los poderes temporales del papado, y favorecerá la independencia del papa de Roma respecto a las autoridades religiosas del Imperio Bizantino
- Son complejas y cambiantes durante la Edad Media las relaciones entre los dos poderes: el civil (reyes, emperadores) y el religioso (papas). Punto crítico en la pretensión del poder religioso de dominar sobre el civil: el papa san Gregorio VII (gobierna: 1073-1085). Además de esforzarse en liberar a la Iglesia de corruptoras influencias, san Gregorio proclama –en su documento "Dictatus Papae", de 1075 (es decir, unos veinte años después del Gran Cisma Oriente-Occidente)– las prerrogativas de primacía absoluta del papa; entre otras:
  - Tiene la facultad de deponer a los emperadores.
  - Puede desligar del juramento de fidelidad prestado a los injustos.
  - Sólo él puede nombrar, deponer y absolver a los obispos.
  - No puede ser juzgado por nadie.
  - Todo Sínodo General debe ser guiado por él.

- Las autoridades eclesiásticas sostienen que:
  - La filosofía debe servir a la teología.
  - El Estado debe servir a la Iglesia.
  - El emperador debe servir al papa.
- Los intentos de prevalecer de los reyes y los emperadores –por una parte– y de los papas –por otra–, conducen a numerosos enfrentamientos entre los dos poderes. El emperador alemán Enrique IV y el propio papa Gregorio VII se enfrentan en la "Querella de las Investiduras". Disputan sobre quién debe otorgar los nombramientos eclesiásticos: si el poder civil o el eclesiástico. En la disputa, Enrique IV depone en Roma a Gregorio VII, que muere en el exilio en 1085.
- La "Querrella de las Investiduras" concluye en 1122 mediante un principio de acuerdo, entre la Iglesia y los poderes civiles, en cuanto a los respectivos ámbitos de competencias.
- Con el tiempo, acabará imponiéndose –propiciada también por la Iglesia Católica– la separación nítida de poderes entre lo sagrado y lo profano, entre lo religioso y lo civil, que actualmente caracteriza a la sociedad occidental; no así a la sociedad musulmana.
- Consecuentemente con el teocentrismo vigente en la sociedad de entonces, el arte románico es un arte fundamentalmente religioso en cuanto a sus orígenes y a sus manifestaciones. Existen también admirables realizaciones de arte civil en la época, pero de importancia incomparablemente menor que las procedentes de motivaciones religiosas.
- El teocentrismo empieza a decaer ostensiblemente en el siglo XIV. Estado e Iglesia se irán separando.

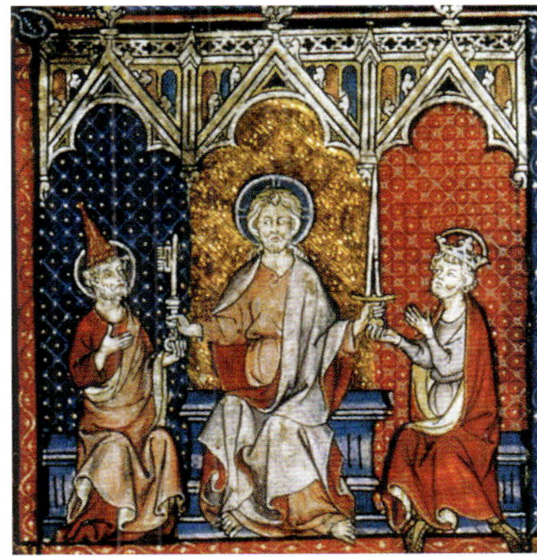

Cristo entre el papa y el emperador. Manuscrito del derecho canónico de Graciano (siglo XIII). Biblioteca Nacional de Francia

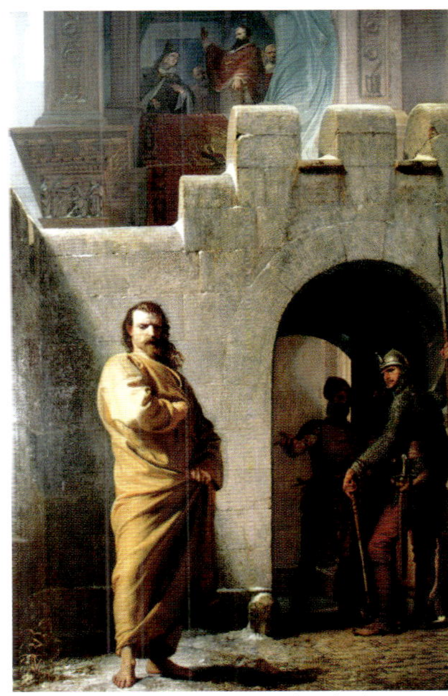

Enrique IV en Canossa, por Eduard Schwoiser (1862). Maximilianeum de Munich

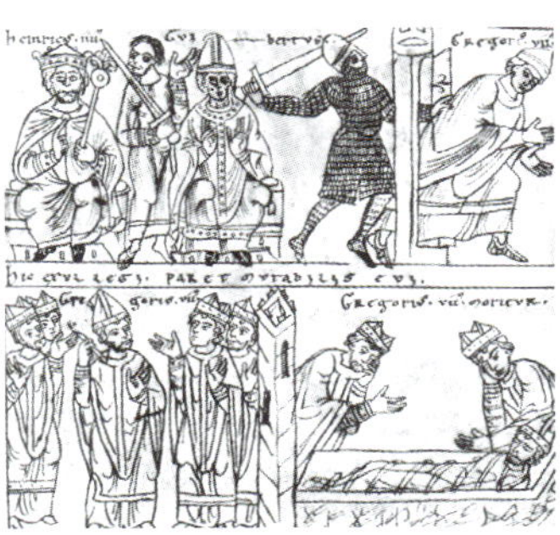

Huída y muerte del papa Gregorio VII. Crónica del obispo Otón de Freising (mediados del siglo XII). Biblioteca de la Universidad de Jena (Alemania)

30. EUROPA Y ESPAÑA EN TORNO AL AÑO MIL

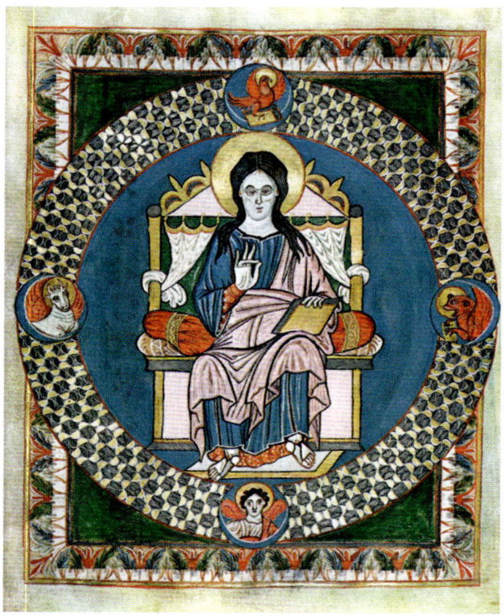

Miniatura con el Pantocrátor rodeado por el Tetramorfos. Codex de Gero (siglo X). Biblioteca de la Universidad de Darmstadt (Alemania)

EUROPA

"Parecía que el mundo, como sacudiéndose y liberándose de su vejez, se revestía todo de un blanco manto de iglesias. En aquel tiempo los fieles sustituyeron con edificios mejores casi todas las grandes iglesias de las sedes episcopales, los monasterios dedicados a los diversos santos y también las pequeñas iglesias rurales". Con estas palabras, que se han hecho inmortales, Raúl Glaber (aproximadamente: 985-1047; monje de Cluny) anuncia en su obra "Historias" –escrita en las primeras décadas del siglo XI– el nacimiento de la cultura románica, cuando Europa empieza a superar los desórdenes y temores del cambio de milenio. Aunque no todo es tan bucólico. El mismo Glaber describe en otra ocasión: "El hambre comenzó a extender sus destrozos y pudo temerse la casi completa desaparición del género humano. [...] Sobre todo, a causa de las inundaciones, no hubo manera de hacer la recolección [...]".

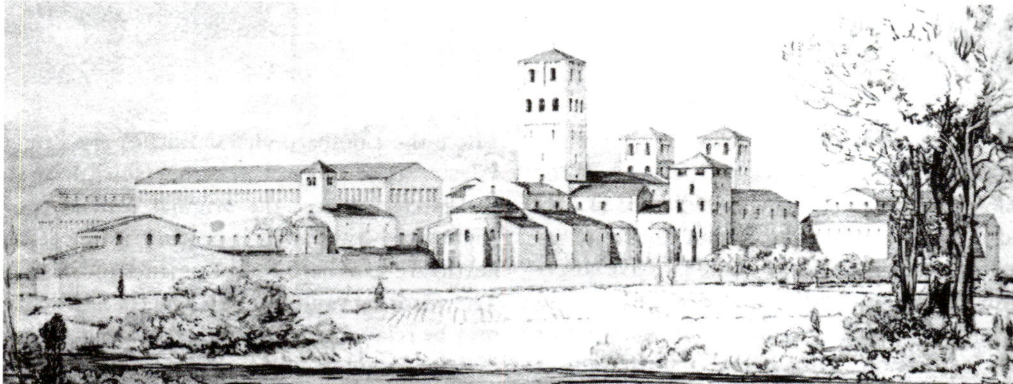

Reconstitución de Cluny II (finales del siglo X). Según Kenneth J. Conant, 1968

ESPAÑA

Como contraste, M. DURLIAT (en *España románica*, 1993) describe:

"En torno al año mil, la España cristiana no es más que un rincón aislado dentro de la Península Ibérica. Lo esencial del país, tanto las fértiles huertas de Levante como la opulenta Andalucía, o las inmensidades de la Meseta, están desde hace tres siglos en manos del Islam, y los pueblos conquistados se han dejado asimilar por sus conquistadores, adoptando su religión, su lengua, sus costumbres y su cultura. Relegados a las montañas del Norte –Pirineos y Cordillera Cantábrica–, que los musulmanes habían cometido el gran error de despreciar, los últimos cristianos libres se organizaron en sus circunscripciones territoriales de horizontes frecuentemente limitados".

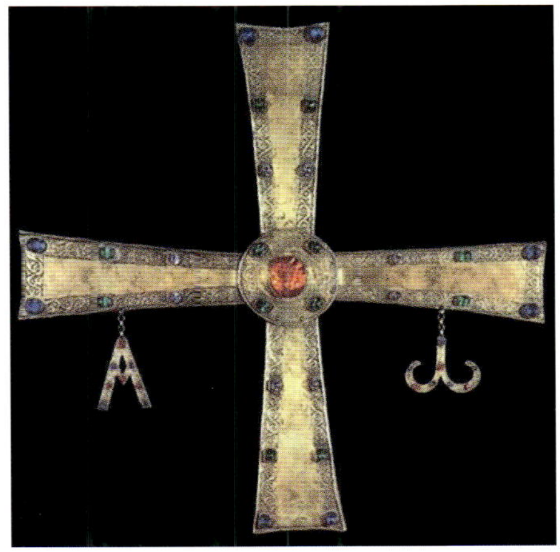

Cruz de Peñalba (hacia el 940).
Museo de León (León)

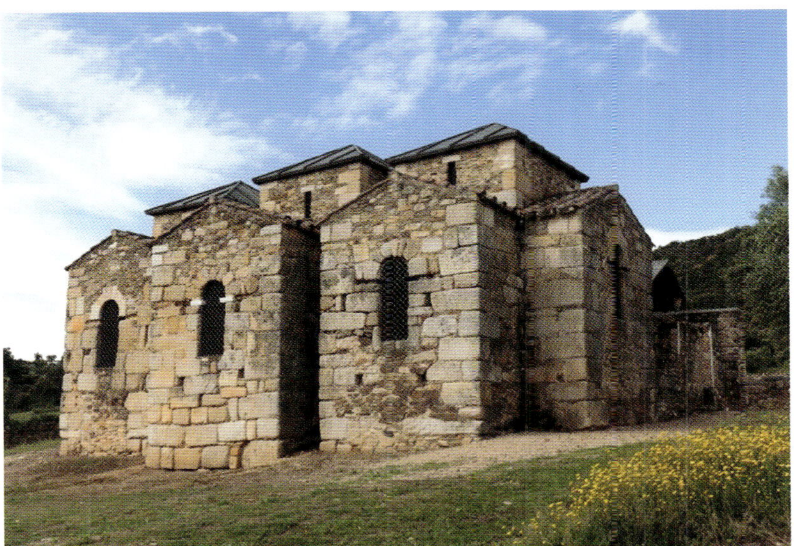

Iglesia de Santa Lucía del Trampal (hacia el 750). Alcuéscar (Cáceres)

31. ECLOSIÓN DE LA CIVILIZACIÓN CRISTIANA OCCIDENTAL

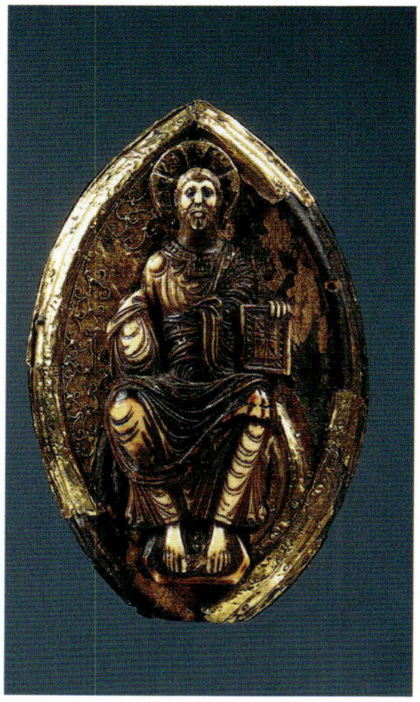

Portapaz románico con el Pantocrátor.
Colegiata de San Isidoro de León

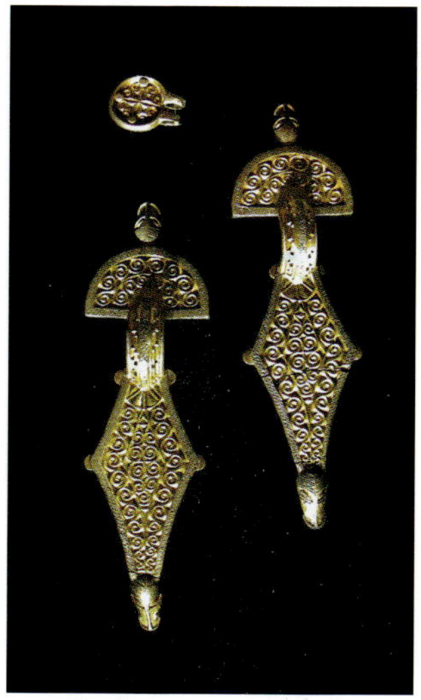

Broches germanos (siglo v).
Museo Nacional de Hungría

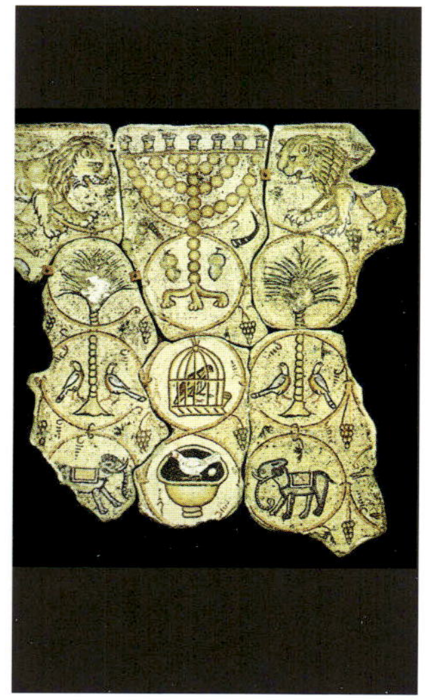

Mosaico de la Sinagoga de Horvat Maon (siglo iv d. C.). Nirim (Israel)

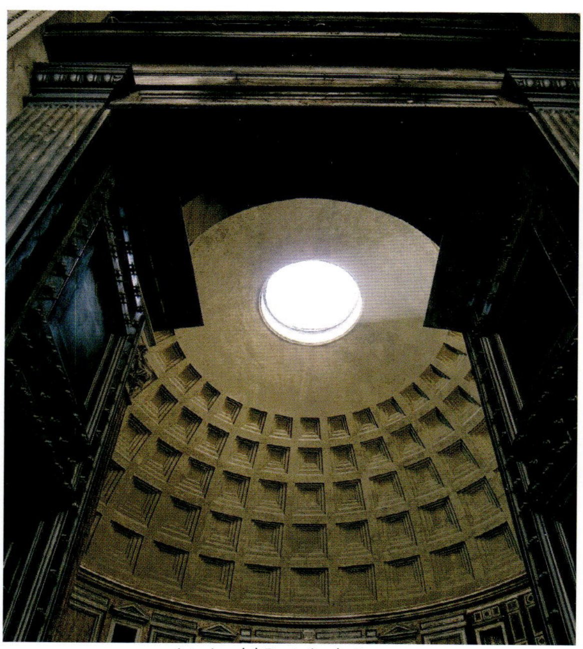

Interior del Panteón de Roma.
De tiempos de Adriano (impera: 117-138; hispano)

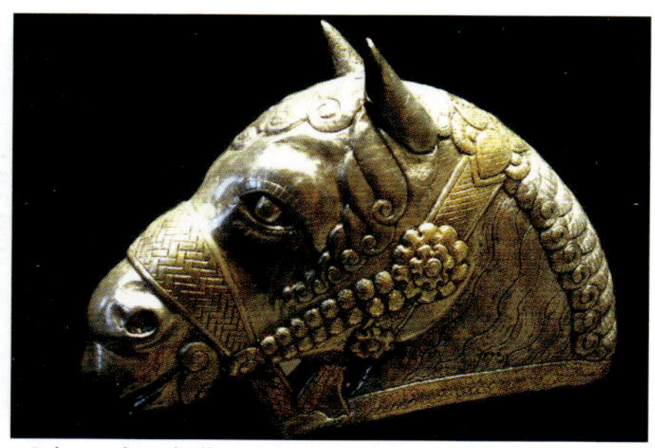

Cabeza de caballo sasánida (siglo iv). Museo del Louvre (Francia)

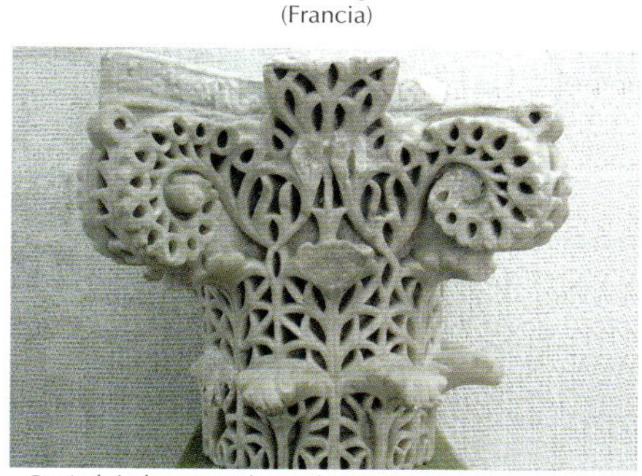

Capitel árabe procedente de Medina Azahara (siglo x).
Museo Arqueológico de Córdoba

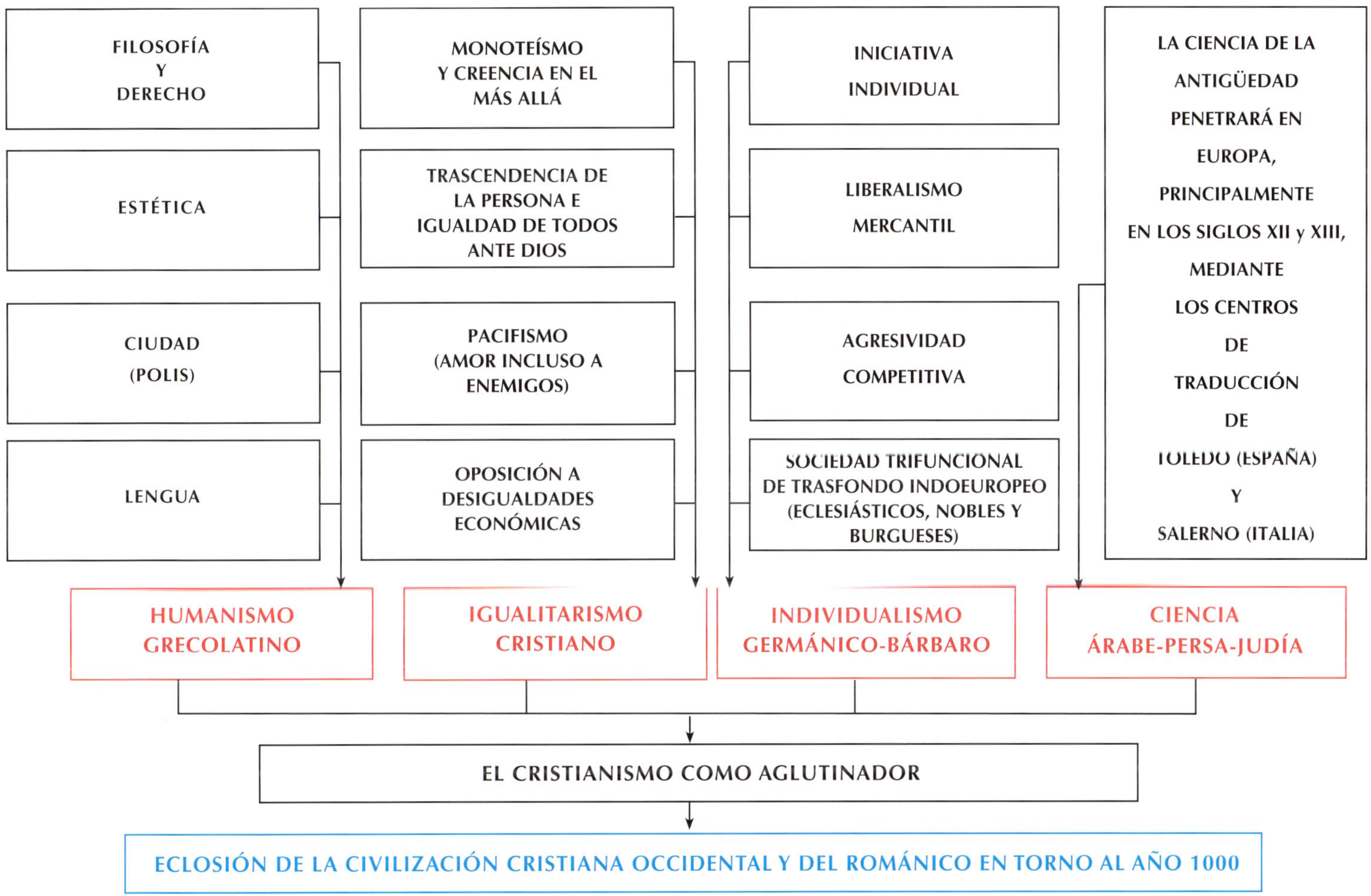
FILOSOFÍA Y DERECHO
ESTÉTICA
CIUDAD (POLIS)
LENGUA
MONOTEÍSMO Y CREENCIA EN EL MÁS ALLÁ
TRASCENDENCIA DE LA PERSONA E IGUALDAD DE TODOS ANTE DIOS
PACIFISMO (AMOR INCLUSO A ENEMIGOS)
OPOSICIÓN A DESIGUALDADES ECONÓMICAS
INICIATIVA INDIVIDUAL
LIBERALISMO MERCANTIL
AGRESIVIDAD COMPETITIVA
SOCIEDAD TRIFUNCIONAL DE TRASFONDO INDOEUROPEO (ECLESIÁSTICOS, NOBLES Y BURGUESES)
LA CIENCIA DE LA ANTIGÜEDAD PENETRARÁ EN EUROPA, PRINCIPALMENTE EN LOS SIGLOS XII y XIII, MEDIANTE LOS CENTROS DE TRADUCCIÓN DE TOLEDO (ESPAÑA) Y SALERNO (ITALIA)
HUMANISMO GRECOLATINO
IGUALITARISMO CRISTIANO
INDIVIDUALISMO GERMÁNICO-BÁRBARO
CIENCIA ÁRABE-PERSA-JUDÍA
EL CRISTIANISMO COMO AGLUTINADOR
ECLOSIÓN DE LA CIVILIZACIÓN CRISTIANA OCCIDENTAL Y DEL ROMÁNICO EN TORNO AL AÑO 1000

32. PEREGRINACIONES A SANTIAGO DE COMPOSTELA

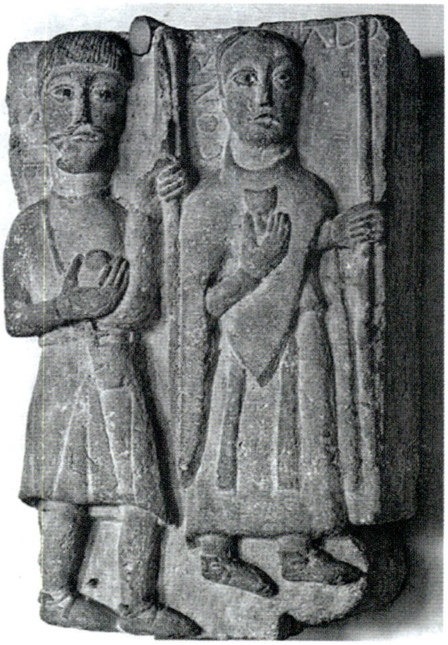

Peregrinos. Relieve en piedra de la iglesia de Sonder Kirkeby (Dinamarca, 1150-1200). En Museo Nacional de Copenhague

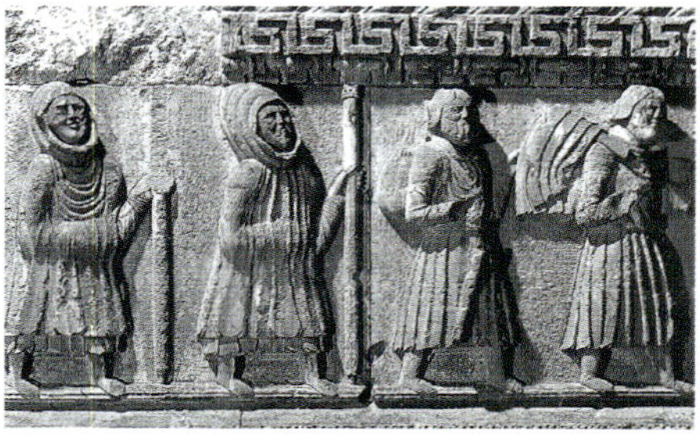

Peregrinos cruzando los Apeninos. Relieve en piedra de la catedral de Fidenza (Parma, Italia, siglo XII)

- Se remonta a tiempos inmemoriales la costrumbre de peregrinar a lugares sagrados.
- En el Cristianismo, estas peregrinaciones son totalmente voluntarias. En cambio, uno de los pilares en que se asienta el Islam es la peregrinación a La Meca, práctica que el creyente debe realizar –a no ser que tenga un impedimento dirimente– al menos una vez en la vida y atendiendo a fórmulas muy reglamentadas.
- En el Cristianismo medieval son importantes las peregrinaciones a Tierra Santa (lugares de la vida de Jesucristo) y Roma (tumbas de san Pedro y san Pablo, y sede del papado).
- La peregrinación a Santiago de Compostela es la más importante, en el ámbito románico:
  - Fomenta la fe cristiana (irradiada desde el monasterio de Cluny) y el culto a las reliquias (como si los peregrinos, más que visitar lugares, quisieran visitar reliquias).
  - Promueve los intercambios de estilos artísticos, lo cual facilita la internacionalización del arte románico.
  - Produce beneficiosos efectos sociales y económicos a lo largo de los lugares que atraviesa (en tanto que las peregrinaciones a Tierra Santa y a Roma se centran en sus respectivos destinos finales, las que se dirigen a Santiago prestan gran importancia a determinados lugares –ricos en reliquias o en tradiciones religiosas– por donde pasan).
- Inicios de las peregrinaciones a Santiago:
  - Hacia 830 –en tiempos del rey astur Alfonso II (reina: 791-842) y del obispo Teodomiro (entonces obispo de Iria Flavia,

luego de Compostela)– una tumba recién descubierta se identifica como sepultura del apóstol Santiago el Mayor (degollado en Jerusalén). Pronto surgen documentos que tratan de hacer verosímil la llegada del cuerpo de Santiago a Galicia (a pesar de que, aún en el siglo v, era común la creencia de que Santiago había sido enterrado en Jerusalén).

- Sobre el lugar del descubrimiento de la tumba, se construyen diversas iglesias que culminarán en la gran catedral compostelana que dará nuevo auge a las peregrinciones.
- A lo largo del siglo x, creciente número de devotos acude a venerar la tumba de Santiago (quizá por la creencia de que era la única tumba conocida que contenía los restos de un apóstol de Jesucristo).
- Documento fundamental de las peregrinaciones a Santiago: la "Guía del Peregrino", compuesta –al parecer– por el monje cluniacense Aymeric Picaud hacia 1135 (y que se conserva en manuscrito en la catedral compostelana).

- Variados motivos pueden poner en marcha al peregrino: votos (promesa, compromiso contraído), penitencia (para expiación), ganar indulgencias, ver mundo, devoción a Santiago, mandato testamentario (que comisiona a una persona para que peregrine en beneficio del difunto),...
- El peregrino a Santiago debe tener espíritu de pobreza, mortificación y caridad; debe peregrinar en provecho del alma.
- Confluyen en Santiago rutas procedentes de toda Europa. Las principales: las cuatro vías que atraviesan Francia y se unen en Puente la Reina (Navarra). Y la peregrinación a Santiago se consolida a partir del siglo xi (especialmente desde Alfonso VI de León y Castilla), cuando el norte de la Península Ibérica queda alejado del dominio musulmán.

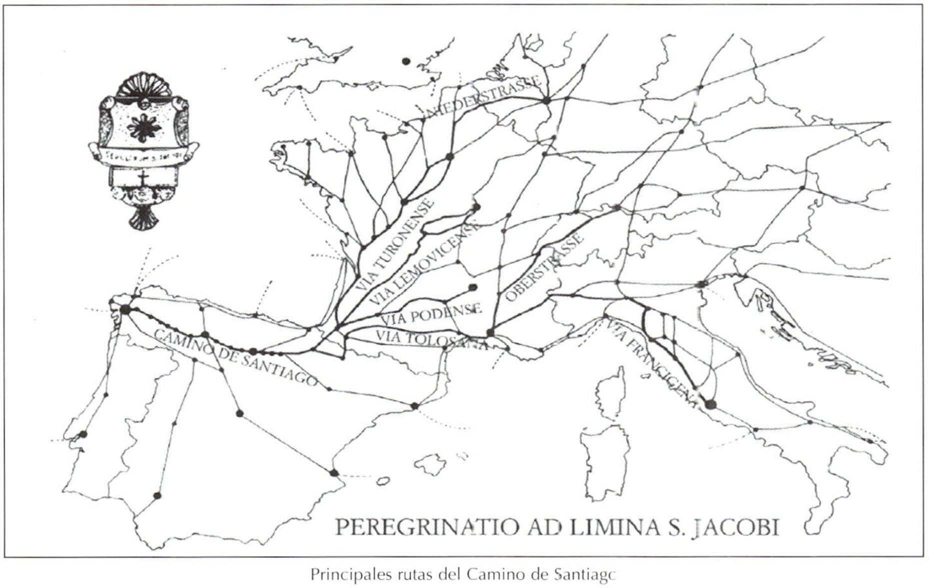

Principales rutas del Camino de Santiago

33. CAUSAS DE LAS CRUZADAS CRISTIANAS HACIA ORIENTE PRÓXIMO EN LOS SIGLOS XI A XIII

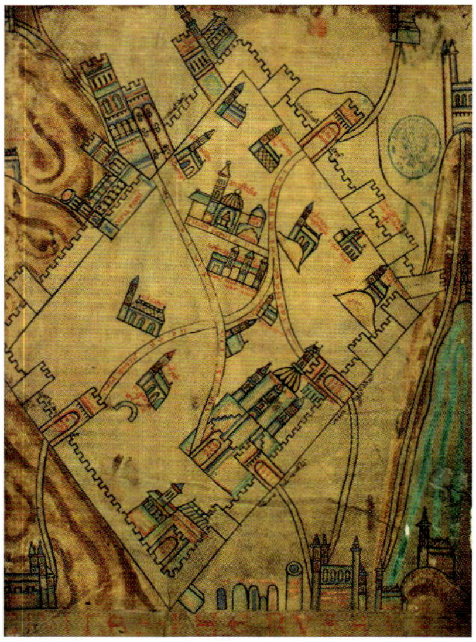

Mapa de Jerusalén en la segunda mitad del siglo XII.
Mediateca Municipal de Cambrai (Francia)

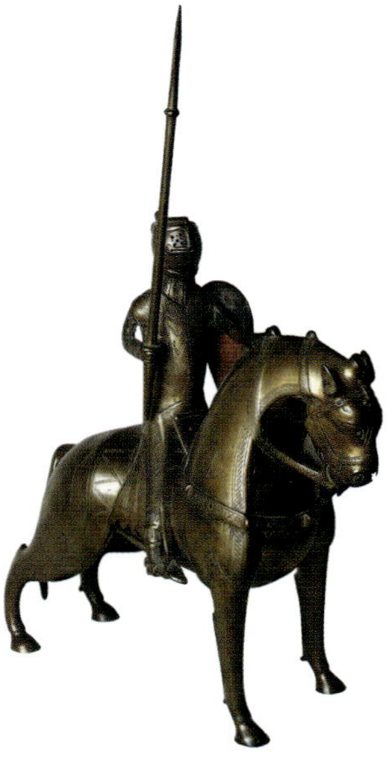

Cruzado a caballo (siglo XIII).
Museo del Bargello (Florencia)

- Las palabras "Cruzada" y "cruzados" surgen en el siglo XIII, por la cruz de paño rojo que los expedicionarios europeos para la liberación de Tierra Santa llevaban cosida sobre la ropa exterior a modo de insignia.
- Objetivo original de las Cruzadas: defender Jerusalén y Tierra Santa de ataques musulmanes. Atacado el Imperio Bizantino por los turcos selyúcidas, el emperador pide ayuda al papa y este se la presta organizando la primera Cruzada. (Los turcos selyúcidas irrumpen en el siglo X desde estepas al este del mar Caspio; se convierten al Islam, y los sultanes selyúcidas se hacen más islámicos y anticristianos que los califas de Bagdad, donde se establecen y gobiernan, respetando a burócratas y hombres de leyes persas y árabes; tras derrotar a bizantinos en 1071, conquistan la mitad del Imperio Bizantino; sucumbirán en el XIII –debilitados frente a los cruzados– cuando los mongoles toman Bagdad; y les sucederán en Anatolia, desde finales del XIII, los turcos otomanos, originarios de Asia Central).
- Las Cruzadas ofrecen oportunidades a la sociedad europea, con población en fuerte crecimiento y problemas de pestes y hambres:
  - A los desfavorecidos que se enrolan en la expedición: tratar de librarse de sufrimientos diarios, cumpliendo a la vez la voluntad de Dios.
  - A los comerciantes: incremento del tráfico de mercancías con los territorios recorridos por las Cruzadas, y hacerse con el dominio de nuevas rutas comerciales.
  - A los señores feudales: derivar luchas internas desde Europa hacia el exterior.

- Al papado: posibilidad de imponerse sobre la Iglesia bizantina, greco-ortodoxa, debilitada por los turcos.

- Las Cruzadas –en las que participan miles de personas de muy variada procedencia, y que dan lugar en Oriente Próximo a enfretamientos de gran violencia por los dos lados: cristiano y musulmán– proporcionan a Europa:
  - Conciencia de su unidad cultural cristiana frente a lo musulmán.
  - Impulso al comercio marítimo y terrestre.
  - Desarrollo de técnicas bancarias para el comercio; y tributarias para la financiación de las expediciones.
  - Disminución de conflictividad entre diversos territorios europeos.
- Poderes relacionados con las Cruzadas: reinos cristianos europeos, reinos musulmanes e Imperio Romano Oriental (bizantino).
- Paralelamente a las Cruzadas se desarrollan las Órdenes Militares, que intervienen en la conquista y defensa de los Santos Lugares; la principal: Orden del Temple; las Órdenes españolas apoyan la lucha en la Península Ibérica contra los invasores musulmanes.
- Las Cruzadas introducen en Oriente Próximo pautas artísticas románicas; y a medida que los cruzados vuelven a sus lugares de origen, entran en Europa influencias bizantinas y musulmanas en lo cultural y especialmente en lo artístico.

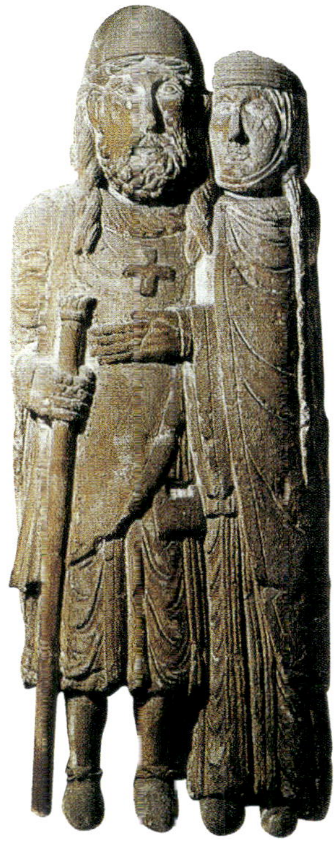

Cruzado recibido por su mujer (siglo XI). Tumba del conde Hugo I de Vaudémont en Nancy (Francia)

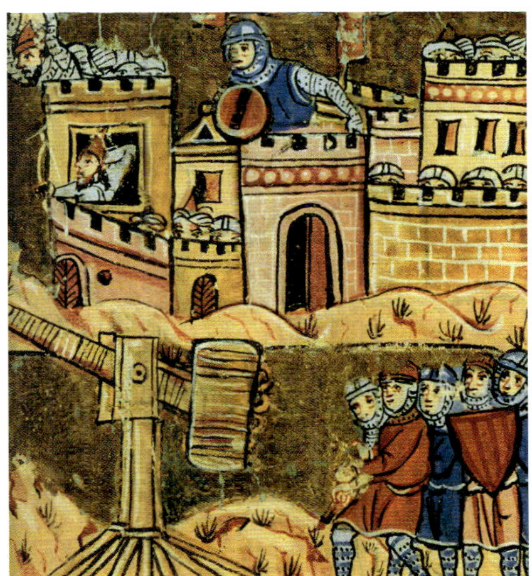

Asedio de Antioquía. Historias de Ultramar de Guillermo de Tiro (siglo XIII). Biblioteca Municipal de Lyon (Francia)

34. CARACTERÍSTICAS DE LAS OCHO CRUZADAS CRISTIANAS EN LOS SIGLOS XI A XIII

1ª Cruzada

Años: 1095-1101
Organizadores: papa Urbano II y Pedro el Ermitaño (francés)
Intervinientes principales: franceses
Objetivo: liberar Jerusalén
Resultados: conquistan Jerusalén en 1099 e implantan allí un reino latino

2ª Cruzada

Años: 1145-1148
Organizador: Bernardo de Claraval (francés)
Intervinientes principales: franceses y alemanes
Objetivo: ayudar al reino latino amenazado en Jerusalén por turcos
Resultados: fracaso rotundo; Saladino (kurdo musulmán, sultán de Egipto [1171-1193] y de Siria [desde 1174]; "Azote de los Cruzados") conquistará Jerusalén en 1187

3ª Cruzada

Años: 1188-1192
Organizador: papa Gregorio VIII. Dirigente: emperador germano Federico I Barbarroja; y cuando este muere en la Cruzada, Ricardo Corazón de León (rey inglés)
Intervinientes principales: alemanes, ingleses y franceses (con su rey Felipe Augusto)
Objetivo: reconquistar Jerusalén a los turcos de Saladino
Resultados: Ricardo pacta con Saladino (que morirá en 1193) la apertura limitada de Jerusalén a los cristianos; y recupera su trono en Inglaterra

4ª Cruzada

Años: 1202-1204
Organizador: papa Inocencio III
Intervinientes principales: venecianos (con naves), alemanes y franceses
Objetivo: liberar Jerusalén, previo desembarco en Egipto
Resultados: conquistan y saquean Constantinopla y otros territorios, y constituyen un nuevo imperio latino que durará medio siglo; no llegan a Jerusalén. Los venecianos expolian para Venecia importantes tesoros artísticos bizantinos

5ª Cruzada

Años: 1217-1221
Organizador: papa Inocencio III y su sucesor Honorio III
Intervinientes principales: húngaros, austríacos, holandeses, alemanes, franceses
Objetivo: liberar Jerusalén; luego se reenfocan contra el sultanato de Egipto
Resultados: no progresan en Palestina, y tras conquistar territorios egipcios deben retirarse de ellos, entre disensiones internas

6ª Cruzada

Años: 1228-1229
Organizador: papa Honorio III y su sucesor Gregorio IX
Intervinientes principales: alemanes (Gregorio IX obliga al emperador Federico II de Alemania [Federico I de Sicilia])
Objetivo: liberar Jerusalén
Resultados: pacto de Federico II con el sultán egipcio, por el que éste cede Jerusalén a los cristianos por 10 años (hasta 1239); tras ese plazo Jerusalén pasará a musulmanes en 1244

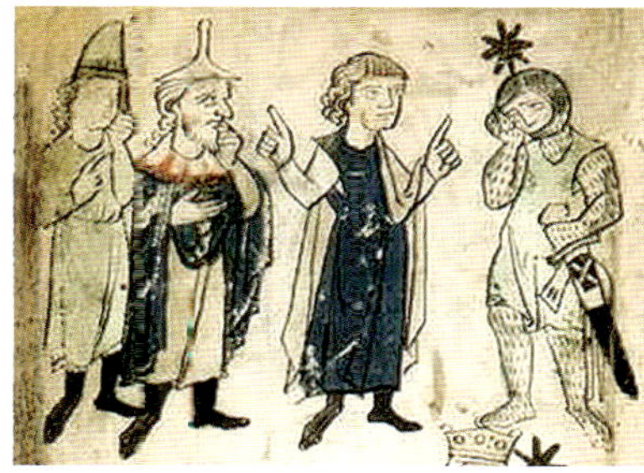

Reconciliación de cruzado, árabe y judío. Poema de Willeham (principios del siglo XIII), escrito por Wolfram von Eschenbach

7ª Cruzada

Años: 1248-1254
Organizador: papa Inocencio IV; rey Luis IX (santo) de Francia dirige la Cruzada
Intervinientes principales: franceses, con Luis IX
Objetivo: liberar Jerusalén, desde Egipto
Resultados: conquistan territorios egipcios, son luego derrotados y es hecho prisionero Luis IX quien, liberado, pasa a Palestina hasta 1254

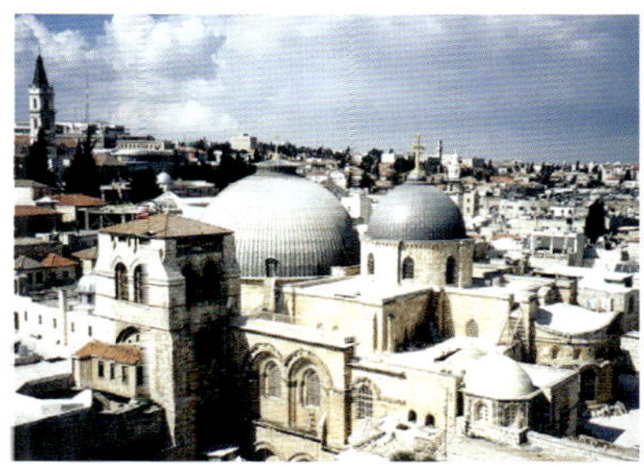

Iglesia del Santo Sepulcro de Jerusalén

8ª Cruzada

Año: 1270
Organizador: rey Luis IX de Francia
Intervinientes principales: franceses, con Luis IX
Objetivo: conquistar Túnez como base contra el Oriente Próximo musulmán
Resultados: cercando Túnez muere Luis IX por peste, que también afecta a sus soldados. En 1291 los musulmanes (con mamelucos turcos) conquistan San Juan de Acre, los templarios se retiran a Chipre, y concluyen los dominios occidentales en Tierra Santa

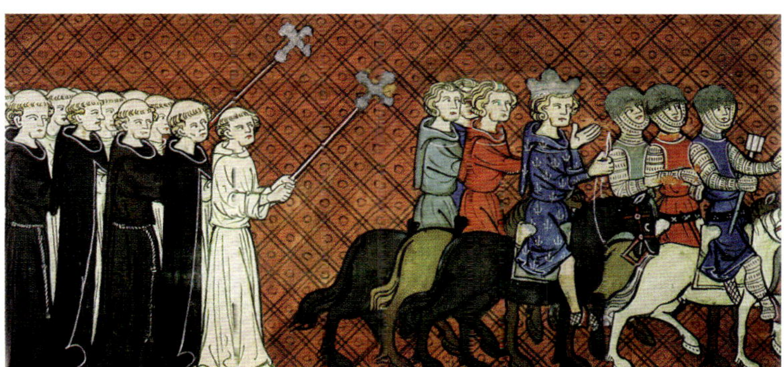

San Luis parte para la séptima cruzada. Grandes Crónicas de Francia, volumen 1 (segundo cuarto del siglo XIV). British Library (Londres)

35. NACIMIENTO DE LA UNIVERSIDAD EN EUROPA HACIA 1200

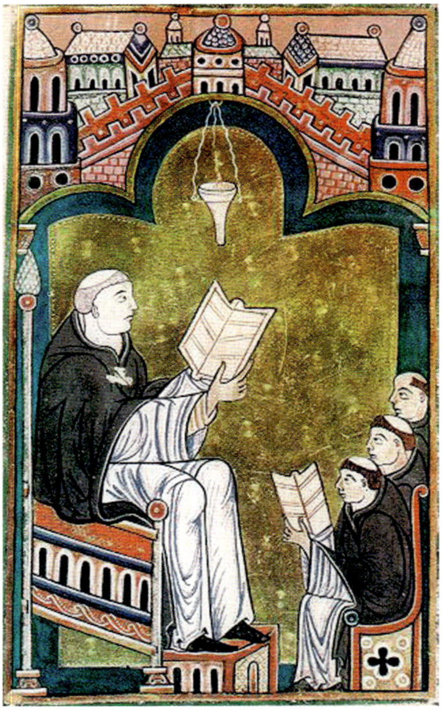

Hugo de San Víctor en la escuela de París.
Biblioteca de la Universidad de Oxford (Inglaterra)

- En el siglo XII está ya plenamente implantada en las Escuelas la enseñanza de las siete Artes Liberales:

Disciplinas básicas clásicas:
TRIVIUM

GRAMÁTICA: Arte del Lenguaje
LÓGICA (o Dialéctica): Arte de la Argumentación
RETÓRICA: Arte de la Persuasión

Disciplinas menores:
QUADRIVIUM

MÚSICA: Arte de los Ritmos
ASTRONOMÍA: Arte del Cosmos
GEOMETRÍA: Arte de la Proporción
ARITMÉTICA: Arte de los Números

- Con antecedentes en Platón, el Trivium (etimológicamente: "tres vías") y el Quadrivium (etimológicamente: "cuatro vías") están compuestos por las Artes Liberales (que requieren aplicación espiritual; propias de hombres libres), en contraposición con las Artes Serviles (que requieren aplicación manual, como Arquitectura, Escultura, Pintura y otras productivas como agricultura, caza, arte militar…). La inicial sistematización medieval de todas ellas es obra de Alcuino de York (735-804, monje británico, director de la Academia Palatina de Carlomagno en Aquisgrán); inspirándose en la Academia de Platón, profundiza en los planteamientos de san Isidoro de Sevilla e implanta la reforma escolar durante el "Renacimiento Carolingio".

- El concepto de Universidad aparece en la Europa medieval entre finales del siglo XII y principios del XIII, con la fundación en París de la Universitas Magistrorum et Scholarium Parisiensium, rápidamente reconocida por el papa y los poderes civiles. Por el mismo tiempo se constituye otra Universidad: la de Bolonia (Italia).

- Características que diferencian a la Universidad de las antiguas Escuelas:
  - El esfuerzo de pensar, de preguntar y preguntarse para saber; en vez de aceptar, memorizar y repetir los saberes recibidos del pasado.
  - La Autonomía (libertades y privilegios dados por poderes civiles y eclesiásticos a favor de profesores y estudiantes).
  - La Universalidad (en procedencia de profesores y estudiantes, en fuentes de conocimiento, en validez de títulos ...).
- Las Universidades recién fundadas añaden a las Artes nuevas disciplinas: Medicina, Derecho, Teología,... Imparten el conocimiento racional en detrimento del mágico.
- El latín es el idoma de la naciente Universidad, pero ya por entonces se van consolidando en el sur de Europa otras lenguas: las romances, derivadas del latín, pero con creciente tendencia a diferenciarse de este y a acercarse al habla popular. En Hispania, la diferenciación puede rastrearse desde el visigótico siglo VII. El sistema latino de casos empezará a ser sustituido por las preposiciones, tomará importancia el uso del artículo, se irá sistematizando el orden de las palabras en la frase. Ya en el siglo XI el latín ha pasado a ser en Hispania un idioma restringidamente culto (literario y litúrgico); el pueblo utiliza lenguas romances, y será la castellana la que evolucione con mayor rapidez. En 1492 –año de trascendentales acontecimientos en Castilla– el sevillano Antonio de Nebrija (1441-1522) publicará su *Gramática Castellana*, la primera gramática de un idioma europeo moderno; la que eleva el idioma castellano al nivel de lengua culta, no vulgar.

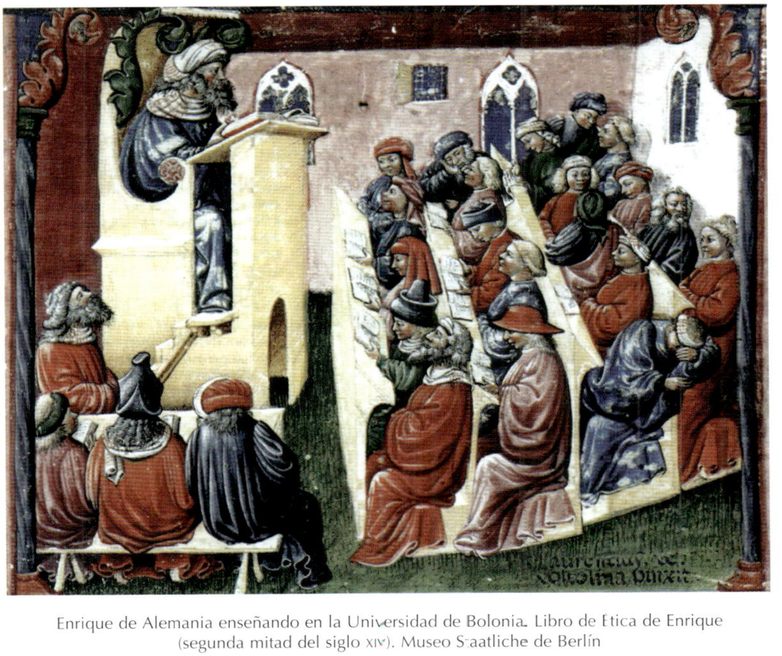

Enrique de Alemania enseñando en la Universidad de Bolonia. Libro de Etica de Enrique (segunda mitad del siglo XIV). Museo Staatliche de Berlín

IV

ESTILOS PRECURSORES DEL ROMÁNICO

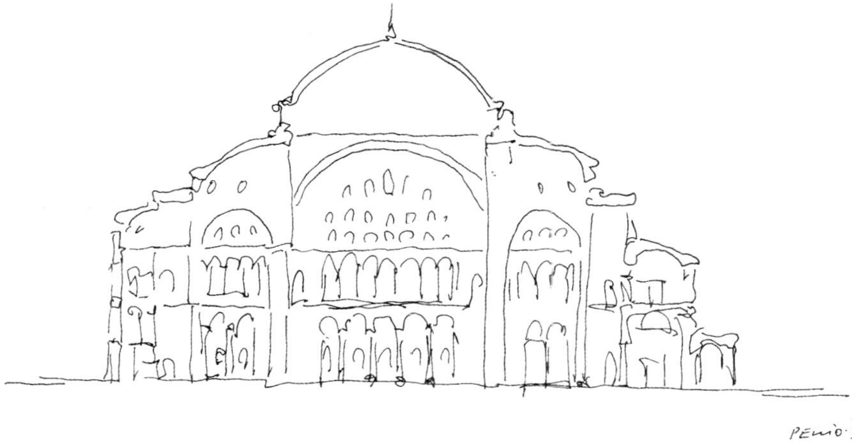

Esta Sección IV describe individualmente los estilos artísticos que constituyen los principales precedentes cercanos del Románico:

- Hispano-visigótico (Capítulo 36)
- Prerrománico astur (Capítulo 37)
- Carolingio (Capítulo 38)
- Mozárabe (capítulo 39)
- Bizantino (Capítulo 40),

y presenta una síntesis del conjunto de las corrientes artísticas que confluyen en el arte románico (Capítulo 41).

36. ARTE HISPANO-VISIGÓTICO

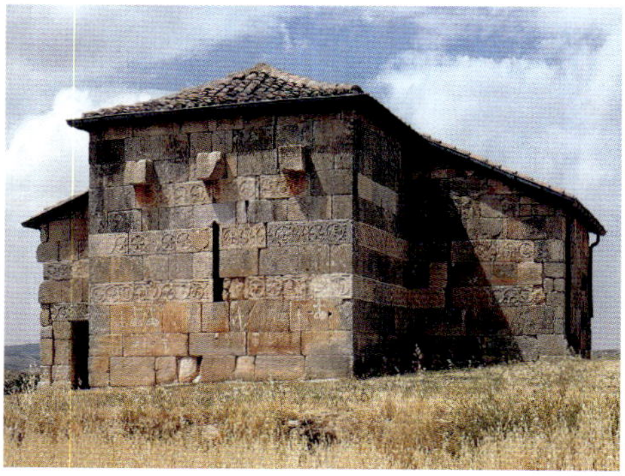

Ermita de Santa María (finales del siglo VII). Quintanilla de las Viñas (Burgos)

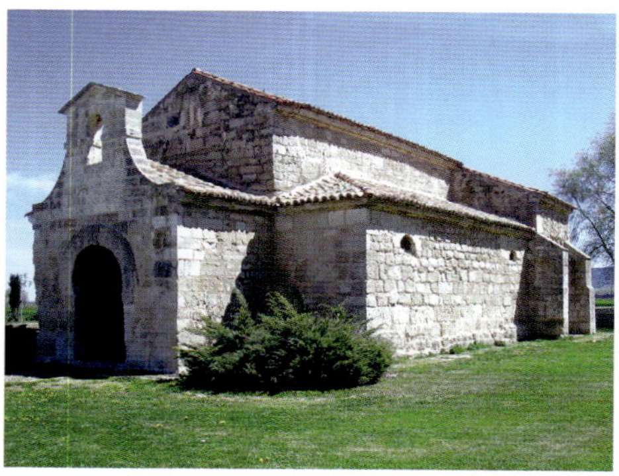

Iglesia de San Juan (consagrada en 661). Baños de Cerrato (Palencia)

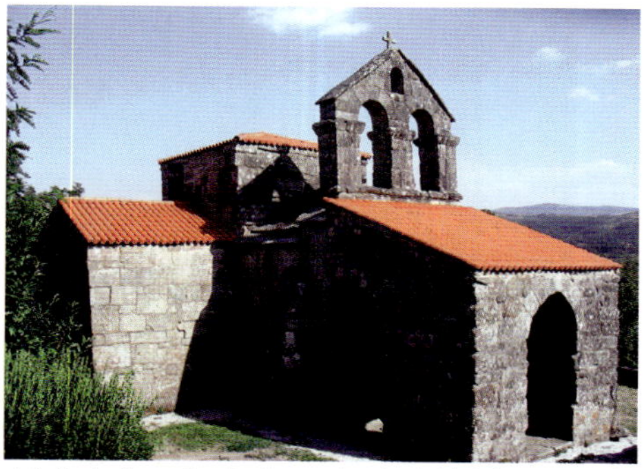

Iglesia de Santa Comba (segunda mitad del siglo VII). Bande (Orense)

- Los visigodos –originarios de la isla de Gotland (oeste del mar Báltico), y ya cristianos arrianos– penetran en la Península Ibérica hacia finales del siglo V; y masivamente desde 507, cuando son empujados por los francos.
- Desde 576 Toledo es la capital del llamado Reino Visigodo de Toledo, que –tras la proclamación del Catolicismo como religión oficial, en 589– es el primer reino católico en la Península Ibérica desde que fue desplazado el dominio romano.
- Más que de "Arte Visigótico" o "Hispano-Visigótico" debería hablarse de "arte hispano (hispanorromano) de la España visigótica".
- La línea germánica (visigótica) aparece más en objetos de adorno personal. La arquitectura y la escultura hispano-visigóticas presentan influencias hispanorromanas, si bien la arquitectura suele ser intimista, minúscula, oscura, opuesta a las formas diáfanas de la basilical tradicional. Aunque con calidad indiscutible, esta arquitectura hispano-visigótica "camina sin rumbo fijo" (M. GÓMEZ MORENO).
- Dos periodos:

ASENTAMIENTO

- De fines del siglo V a fines del VI.
- Periodo arriano .
- Primeros lugares de asentamiento (desde 494): en la Vieja Castilla (región que se había identificado menos con Roma).
- En lo principal, continuación del arte paleocristiano.

– Lo típicamente godo se manifiesta en ajuares funerarios, broches, fíbulas, hebillas...

- UNIFICACIÓN
  - De fines del VI a principios del VIII.
  - Periodo cristiano-católico.
  - Toledo se afianza como capital del reino y centro artístico.
  - Recibe influencias bizantinas (iconostasios con celosías...).
  - Arquitectura: arco de herradura (al parecer de origen oriental, pero que los visigodos utilizan en España); construcciones de piedra con grandes sillares; iglesias de planta latina (basilical, o en cruz) o bizantina (cruz griega); de anchos muros, escasas ventanas; espacios fragmentados; bóvedas de cañón con piedra de sillería (también techumbres de madera); ábsides rectangulares; piscinas bautismales. Apenas quedan restos de la arquitectura áulica visigótica de Toledo, capital del reino.
  - Escultura: temas estilizados geométricos, más que realistas romanos, aunque también figuras humanas; más abundantes los relieves en sarcófagos; talla a bisel; incorpora decoración escultórica a las fachadas.
  - Objetos: objetos litúrgicos, lámparas colgantes, coronas votivas y cruces (Tesoros de Guarrazar –Toledo– y de Torredonjimeno –Jaén–, del siglo VII), orfebrería para adorno personal.
  - Iglesia más antigua conocida: San Juan de Baños de Cerrato (Palencia), consagrada en 661.
  - Obra maestra: iglesia de San Pedro de la Nave (Zamora), del siglo VII. Otras construcciones: iglesia de Santa Comba de Bande (Orense); iglesia de Quintanilla de las Viñas (Burgos); cripta de San Antolín en la catedral de Palencia.

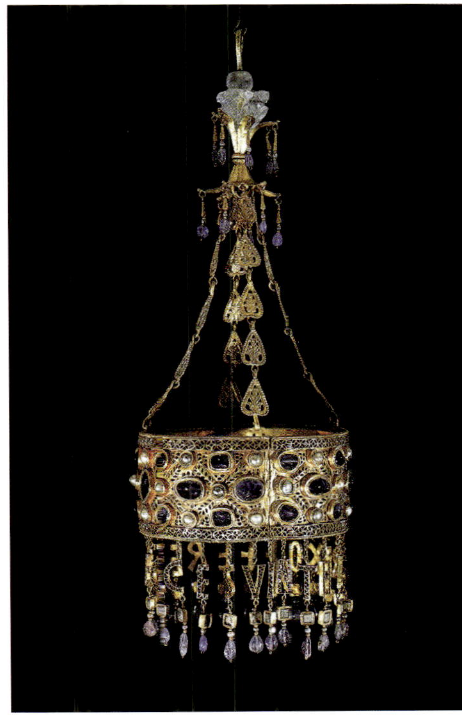

Corona de Recesvinto. Tesoro de Guarrazar (siglo VII). Museo Arqueológico de Madrid

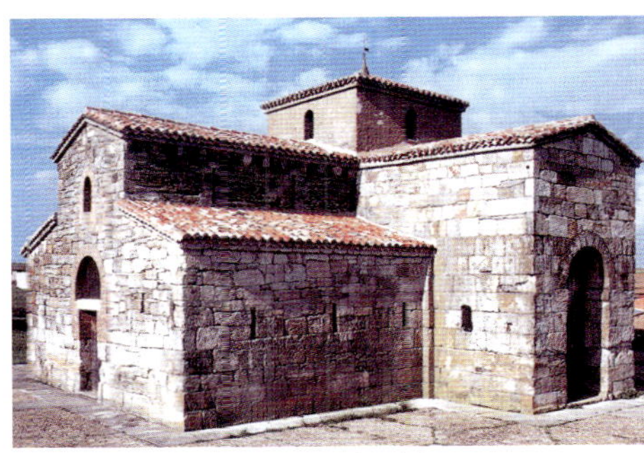

Iglesia de San Pedro de la Nave (finales del siglo VII). Campillo (Zamora)

37. ARTE PRERROMÁNICO ASTUR

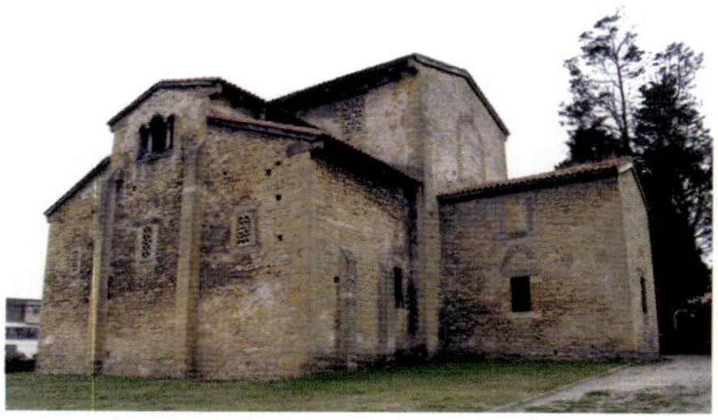

Iglesia de San Julián de los Prados (principios del siglo IX). Oviedo

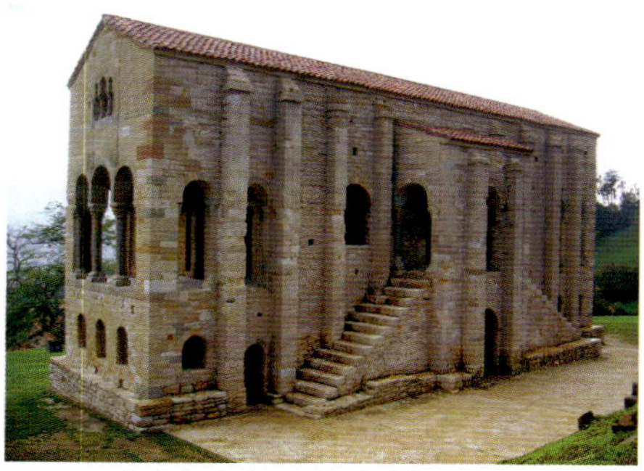

Palacio de Santa María del Naranco (mediados del siglo IX). Naranco (Oviedo)

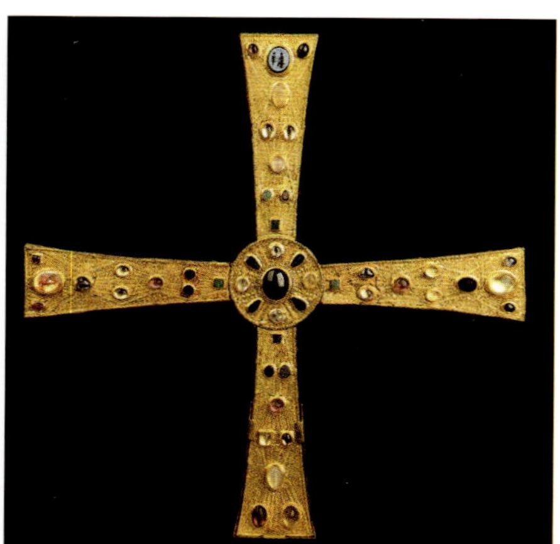

Cruz de los Ángeles (808). Cámara Santa de la Catedral de Oviedo

- Periodo de vigencia: 718 (tras la victoria de Pelayo en Covadonga) a 910 (muerte de Alfonso III el Magno).
- Nacido del deseo de los jefes astures, luego reyes de Oviedo, de restablecer en Asturias el ideal y el esplendor de la corte visigótica de Toledo, encabezar así la oposición a la invasión musulmana, y asumir el "imperium" de Hispania.
- Es como una manifestación del "Renacimiento Carolingio" en una región cuyo aislamiento geográfico y político favorece la preservación de fórmulas artísticas hispanorromanas y visigóticas. Como el carolingio, es arte de la realeza.
- Originalidad arquitectónica: bóveda de medio cañón, en vez de techumbres con armaduras de madera mozárabes o hispanas. En conjunto, la arquitectura astur constituye –en opinión de M. Gómez Moreno– "el protorrománico mejor atestiguado y más perfecto que se pueda reconocer en Occidente"; aunque actualmente se considera a esta arquitectura más como "el canto de cisne de la cultura tardorromana" (BANGO TORVISO, I.).
- Gran imaginación en motivos decorativos esculpidos en piedra, de influencias bizantinas y persas, abandonando la técnica a bisel visigótica, consiguiendo efectos más suaves y con menos relieve; maestría en la orfebrería de cruces y otros objetos religiosos.
- Principales periodos en el Arte Astur:
  - Alfonso II el Casto (reina: 791-842)
    - Instala la capital regia en Oviedo. El reino astur, ideológicamente, se siente heredero del hispano-visigótico. Se

implanta el Panteón Regio para enterramiento de reyes.

– El Arte Astur alcanza la madurez:

- Iglesia de San Julián (Santullano) de los Prados, en Oviedo: el mayor edificio prerrománico conservado en la Península Ibérica; con gran despliegue de pinturas murales sobre estuco.
- Cámara Santa en la catedral de Oviedo, resto del primitivo palacio de Alfonso II; de influencias paleocristianas.
- Cruz de los Ángeles (actualmente en la catedral de Oviedo): donada por el rey a la basílica-catedral de San Salvador, erigida por él en el lugar sobre el que en el siglo XIV se construirá la catedral gótica actual.
- Primera basílica cristiana –desaparecida– de Santiago de Compostela.

● Ramiro I (reina: 842-850)

– Apogeo creativo del Arte Astur (que será denominado Ramirense); a pesar de la gris actuación política del rey.

– Obras cumbres del arte ramirense, que muestran los mejores hallazgos arquitectónicos y decorativos de él:

- Palacio de Santa María del Naranco, en Oviedo.
- Iglesia de San Miguel de Lillo, en Oviedo, cerca del palacio.
- Iglesia de Santa Cristina, en el concejo de Lena.

● Alfonso III el Magno (reina: 866-910).

– El reino astur consigue su mayor expansión.

– En arte, periodo conservador, más continuador de Alfonso II que de Ramiro I; legado principal:

- Iglesia de San Salvador de Valdediós.
- Cruz de la Victoria (actualmente en la catedral de Oviedo); encargada por el rey para la catedral de Oviedo.

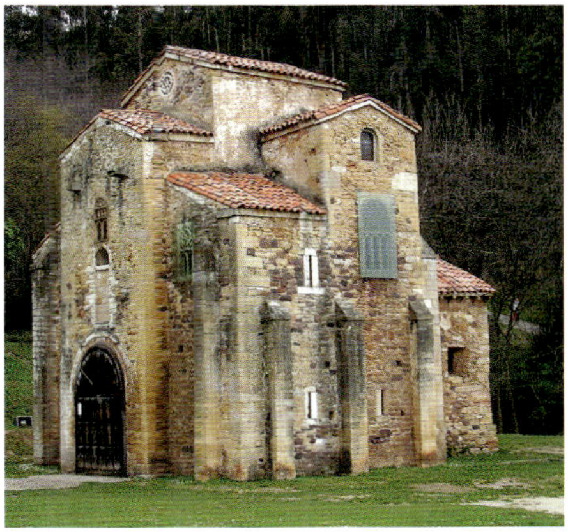

Iglesia de San Miguel de Lillo (mediados del siglo IX). Naranco (Oviedo)

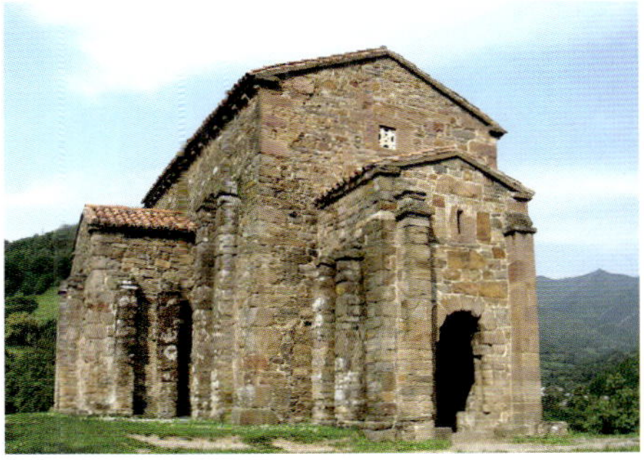

Iglesia de Santa Cristina de Lena (mediados del siglo IX). Pola de Lena (Asturias)

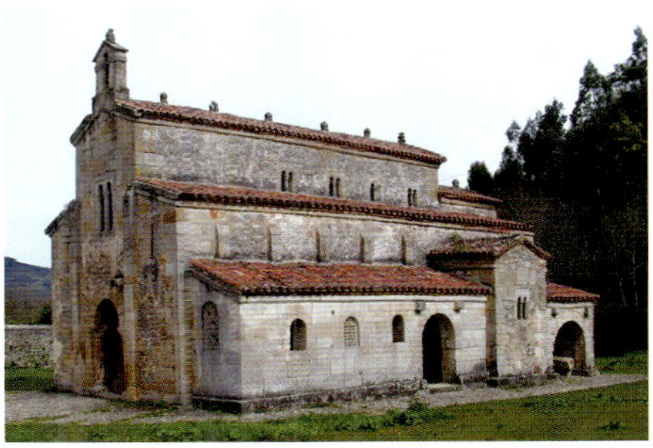

Iglesia de San Salvador de Valdediós (finales del siglo IX). Villaviciosa (Asturias)

38. ARTE CAROLINGIO

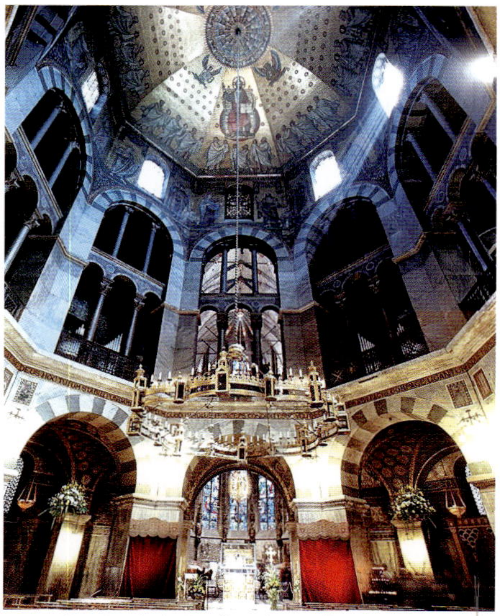

Interior de la Capilla Palatina de Aquisgrán (Alemania) (finales del siglo VIII)

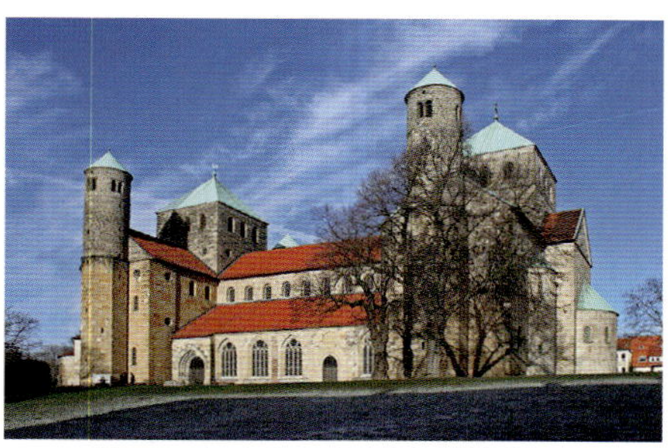

Monasterio de San Miguel de Hildesheim (Alemania). Construido a principios del siglo XI. Otoniano

- Su origen, en el pueblo franco (grupo de tribus germánicas que irrumpen en el medio y bajo Rin en el siglo III). El rey franco Clodoveo se convierte del Paganismo al Cristianismo Católico hacia el año 500; es tenido como fundador de la nación francesa; y del primer reino europeo católico, tras el Imperio Romano.
- El Arte Carolingio es heredero de la rama latina del Paleocristiano. Periodo propiamente carolingio: siglos VIII y IX; periodo otoniano (tras fragmentación del Imperio Carolingio): siglos X y XI, con influencias bizantinas y conectado ya con el Románico.
- Impulsor del Arte Carolingio: el emperador franco Carlomagno (742-814; nacido probablemente en Aquisgrán; hijo del rey franco Pipino el Breve). Rey de los francos desde 768, derrota a los lombardos en 774, restablece al papa en Roma, ayuda a constituir los Estados Pontificios y es coronado como Emperador Augusto de Occidente, por el papa, en 800, en Roma (coronación no aceptada por el Imperio Bizantino, que tenía a Carlomagno por bárbaro).
- Carlomagno pretende reproducir en su corte los ideales y esplendores de la Roma del siglo IV, capital cristiana del Imperio de Constantino I. Desde la Corte de Aquisgrán extiende el "Renacimiento Carolingio":
  - En lo legislativo (legislación e inspección del cumplimiento de las leyes).
  - En lo cultural (escuela palatina como centro de conservación y difusión de la cultura grecolatina).
  - En lo eclesiástico (clérigos cultos pasan a ser altos funcionarios; educación de monjes y bajo clero; implantación de la liturgia romana).

- Características de la arquitectura religiosa carolingia:
  - Monumentalidad como afirmación de poder, como intento de emular el esplendor romano.
  - Modelos paleocristianos (de cruz latina, ábside...) y también bizantinos.
  - Girolas con imágenes y reliquias tras los coros en las cabeceras, para permitir la circulación de peregrinos (girolas que eclosionarán en las "iglesias de Peregrinación" románicas); sin bóvedas de piedra; criptas para enterramientos; grandes cimborrios; torres inspiradas en minaretes.
  - La abadía de San Riquier, en Centula (40 km al norte de Amiens), consagrada en el 799, se dice que llegó a ser casi tan grande como la de Cluny del siglo XII; destruida en el 881 por vikingos.
  - Actual máximo exponente de la arquitectura carolingia: la iglesia del complejo palaciego de Carlomagno en Aquisgrán. De planta centralizada, octogonal, como la de San Vital de Rávena; construcción: 790-805. Otras construcciones: el monasterio benedictino otoniano de San Miguel de Hildesheim (inicios del siglo XI) en Alemania, y el desaparecido monasterio benedictino de Sankt Gallen (de principios del IX), en Suiza, del que se conserva un plano que ha servido de modelo para los claustros y otros elementos arquitectónicos de otros monasterios benedictinos posteriores.
- La escultura sigue también pautas paleocristianas y bizantinas; a veces parece anunciar la naturalidad del Gótico. Muy escasa la escultura exenta en el periodo propiamente carolingio, y más frecuente en el otoniano; pero sin arraigo de la iconoclasia.
- Las mismas pautas para pinturas, mosaicos, esmaltes, miniaturas (con normalización del tipo de escritura en los códices; e inicio de la riqueza que florecerá en las miniaturas medievales) y orfebrería.

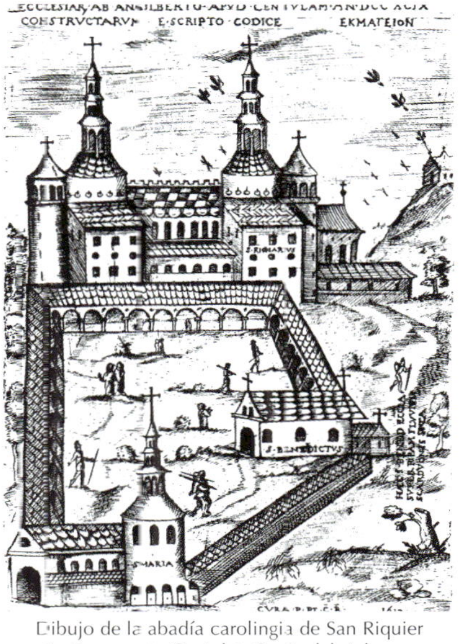

Dibujo de la abadía carolingia de San Riquier (antiguamente Centula). Copia del siglo XVII de un desaparecido manuscrito del siglo XI

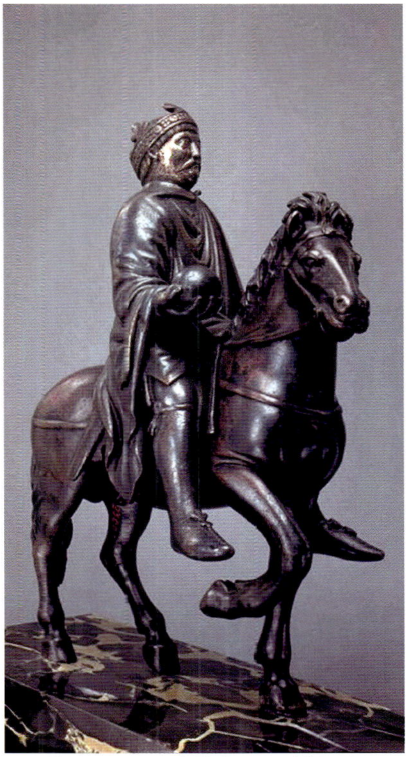

Estatua ecuestre de Carlomagno (siglo IX). Museo de Louvre (París)

39. ARTE MOZÁRABE

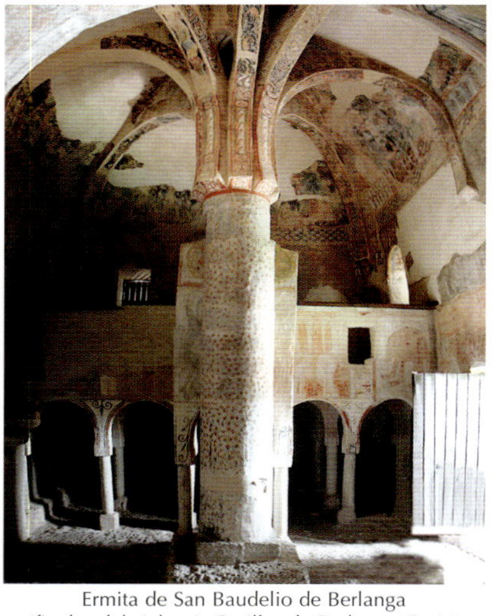

Ermita de San Baudelio de Berlanga (finales del siglo XI). Casillas de Berlanga (Soria)

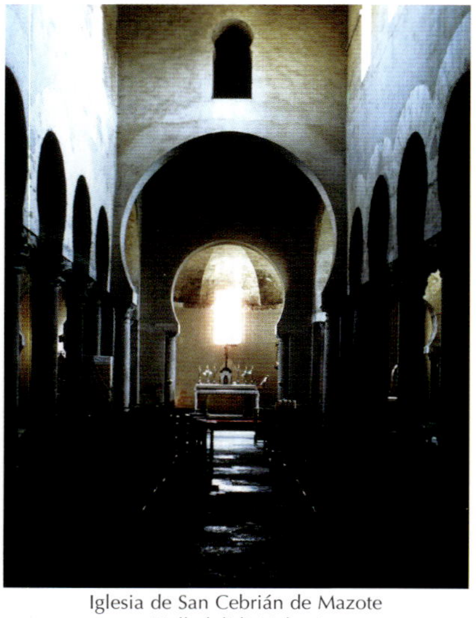

Iglesia de San Cebrián de Mazote (Valladolid) (siglo X)

- Origen del término "mozárabe": "musta'rib", "el que se arabiza".
- Población mozárabe: población hispana –romanizada, cristiana– sometida a los musulmanes en los territorios de estos; en los comienzos de la invasión musulmana, y durante mucho tiempo, población mayoritaria en al-Andalus.
- Arte Mozárabe: creado por los cristianos (religiosos y seglares) que huyen de al-Andalus hacia el norte, en busca de libertad para practicar el Cristianismo.
- Duración: año 850 a 1030, aproximadamente. Tiempo de esplendor: siglo X. Es desplazado por el Románico.
- Conocedores y portadores de las maneras de construir y hacer musulmanas, los artistas mozárabes que pasan a territorios cristianos integran raíces hispano-visigóticas y formas musulmanas, alumbrando un estilo específicamente español.
- Ámbito de implantación: en la zona cristiana de la Península Ibérica; más concretamente, al norte del Duero.
- No obstante, existen importantes opiniones que desvalorizan la originalidad del arte mozárabe; consideran que este solo aporta influencias musulmanas periféricas que se superponen a un sustrato artístico sustancialmente hispano-visigótico (así, más que de Arte Mozárabe se prefiere hablar de arte hispano-visigótico influenciado por los mozárabes; con lo cual, la distinción entre lo hispano-visigótico y lo mozárabe se torna más sutil).

- Características del Arte Mozárabe:
  - Estética antinaturalista.
  - En arquitectura: buena organización espacial, pero huyendo de la diafanidad de la planta basilical o de la cruciforme, en búsqueda de espacios complicados, misteriosos, breves; utilización del arco de herradura; buenos sillares.
  - Su mejor representación: en códices miniados.
- Obras representativas en arquitectura:
  - San Baudelio de Berlanga (Soria).
  - San Cebrián de Mazote (Valladolid).
  - San Miguel de Escalada (León).
  - San Millán de la Cogolla (La Rioja).
  - Santa María de Lebeña (Cantabria).
  - Santa María de Melque (Toledo). Inicialmente visigótica, del siglo VIII; con posteriores aportaciones mozárabes.
  - Santa María de Wamba (Valladolid).
  - Santiago de Peñalba (León).
- Obras maestras en códices miniados: las que en el siglo X ilustran copias de los Comentarios al Apocalipsis –del monje Beato de Liébana– escritos y dibujados en la segunda mitad del siglo VIII en el monasterio de Santo Toribio de Liébana, entonces en el naciente reino asturiano.

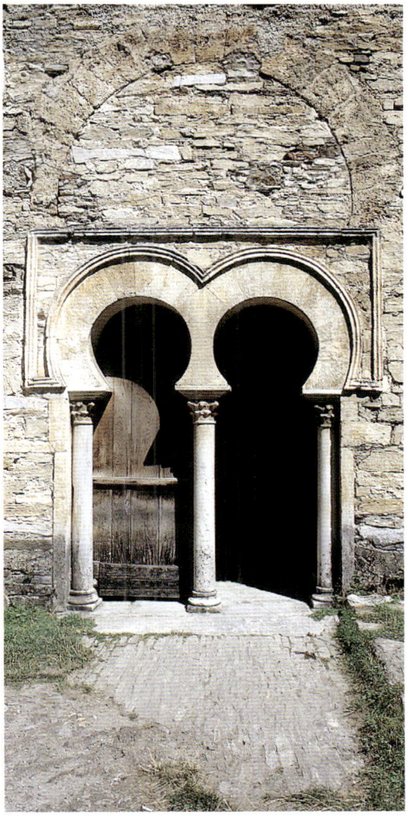

Iglesia de Santiago de Peñalba (León) (primera mitad del siglo X)

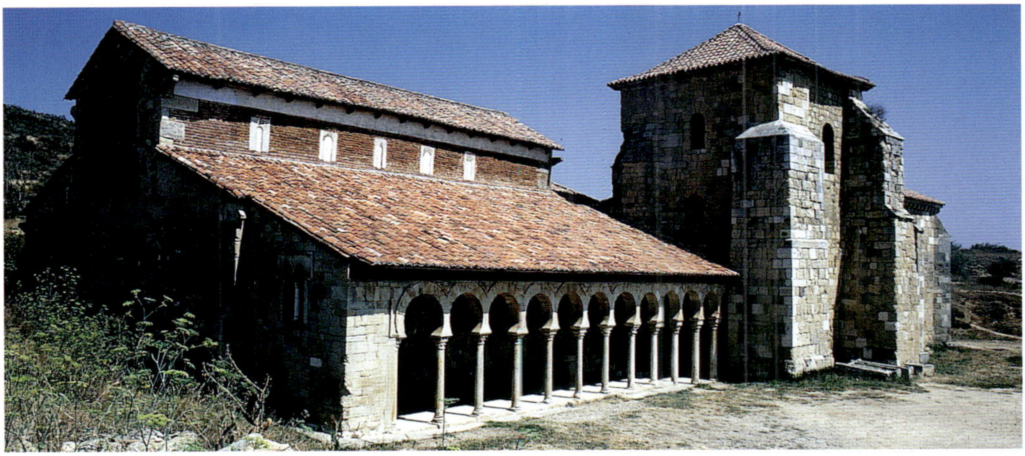

Iglesia de San Miguel de Escalada (León). Iniciada a mediados del siglo X

40. ARTE BIZANTINO

- Se origina en el Imperio Romano Oriental (tras el traslado por Constantino –en el siglo IV– de la capital del Imperio Romano a Constantinopla). Es el primer arte imperial al servicio del Cristianismo.
- Heredero de la rama griega del Arte Paleocristiano. Con influencias también de Sicilia y de Italia en general. Crecientemente influenciado por lo oriental originado en Siria y Asia Menor (zonas de exaltado fervor cristiano, con multitud de iglesias).
- Tres grandes periodos en el Arte Bizantino:
  - 330-843. Desde la fundación de Constantinopla. Primera Edad de Oro: con el empedaror Justiniano I (siglo VI) en Constantinopla y Rávena (conquistada por Bizancio en 540). Decae, por las disputas iconoclastas, entre 730 y 843.
  - 843-1261. Tras la iconoclasia, vive la Segunda Edad de Oro. El saqueo de Constantinopla por la Cuarta Cruzada, en 1204, interrumpe el desarrollo.
  - 1261-1557. Nuevo resurgimiento, con expansión más allá de las fronteras del Imperio Bizantino. En fuerte declive tras la conquista de Constantinopla por los turcos otomanos en 1453. Pervivirá en países eslavos, y, desde el siglo X, en torno al conjunto de monasterios del Monte Athos, en Grecia.

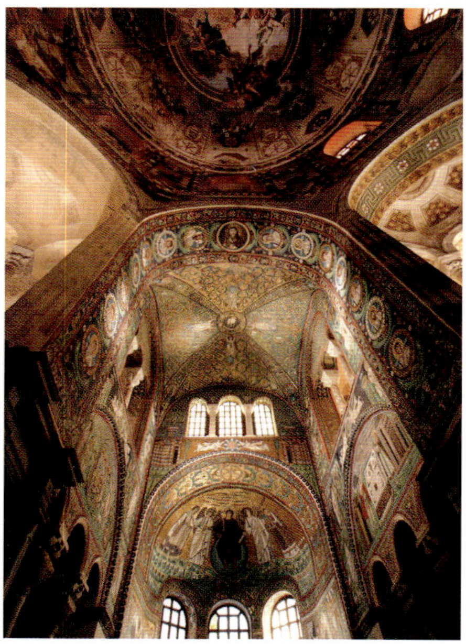

Mosaicos del interior de San Vital (mediados del siglo VI). Rávena (Italia)

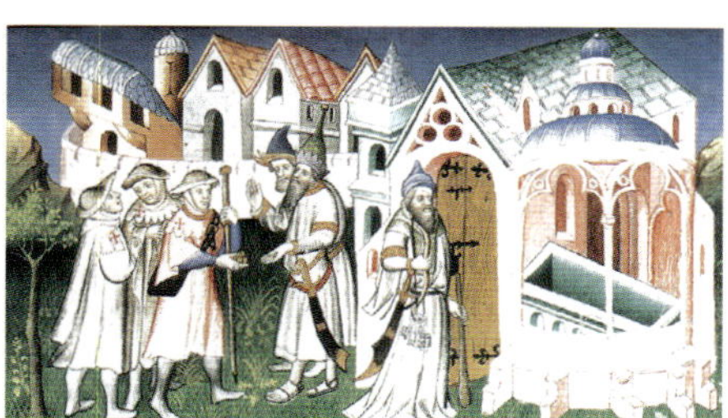

Peregrinos ante el Santo Sepulcro de Jerusalén. En "Liber Peregrinationis" de Ricold de Montcroix (Baja Edad Media). En Biblioteca de Francia (París)

- Características del Arte Bizantino:
  - Fundamentado en cánones persas, griegos (basado en el neoplatonismo de Plotino, del siglo III), romanos y cristianos.
  - Arte ideológico, sintético, espiritual, místico. Quiere hacer patente lo invisible y transcendente. No natural ni realista; con formas desmaterializadas. En función del dogma y la liturgia. Rico en vestidos y adornos. Esencialmente cristiano (Bizancio une teología, mística, liturgia y arte).
  - En arquitectura: exteriores austeros, interiores suntuosos; busca más el ornamento, lo decorativo, que la forma; emplea materiales

ricos (alabastro, pórfido, jaspe, marfil, esmaltes, fondos dorados, mosaicos), pero también ladrillo; transmite la cúpula –ya utilizada por los persas sasánidas y los romanos– y otros elementos a la arquitectura islámica; crea las pechinas como fórmula de sustentación de la cúpula sobre cuatro arcos.

- Muy escasa escultura exenta, por influjo de las ideas iconoclastas. Abundantes bajorrelieves, en piedra y marfil. Ornamentación rica en mosaicos y pinturas.
- En pinturas y mosaicos: alarga los miembros de la figura humana; la descarna; poses hieráticas, frontales, planas, estáticas; esplendor cromático con dorados. El centelleo de la luz sobre los brillantes mosaicos comunica dinamismo a las figuras. Muy notables "iconos" sobre tabla. Muy rica orfebrería.

- Obras arquitectónicas principales son los templos de la época de Justiniano I:
  - Con planta centralizada (al modo de la iglesia del Santo Sepulcro, en Jerusalén, de tiempos del emperador Constantino el Grande) y con cúpula (herencia romana) apoyada en pechinas sobre base cuadrada. También con planta de cruz griega (a veces inscrita en un cuadrado).
  - Iglesia principal: Hagia Sophia (Divina Sabiduría), en Constantinopla; comenzada por Constantino I y varias veces destruída, el actual edificio –consagrado en 537– es la cumbre del primer gran arte cristiano imperial. Iglesia excepcional por estructura y mosaicos: San Vital, en Rávena, unos años posterior a Hagia Sophia.
- Influencias importantes en otros estilos:
  - Lombardo (Italia); y en Sicilia y Venecia.
  - Normando (Francia).
  - Visigótico, Mozárabe, Astur (España).
  - Mosaiquistas bizantinos intervienen en el siglo X en la realización del mihrab (que se conserva; una de las cumbres del arte islámico) de la mezquita de Córdoba.

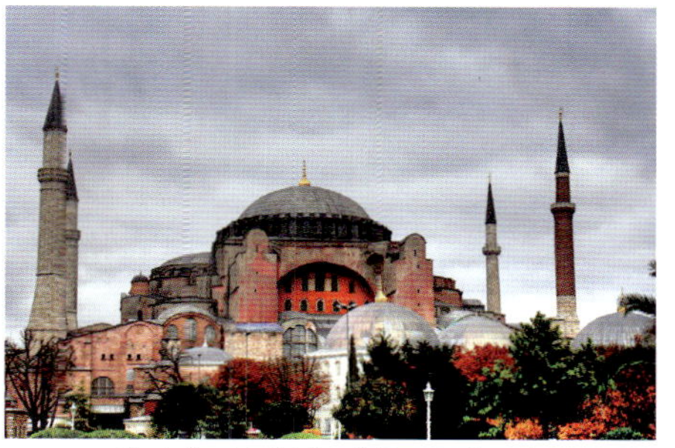

Hagia Sophia (siglo VI). Constantinopla

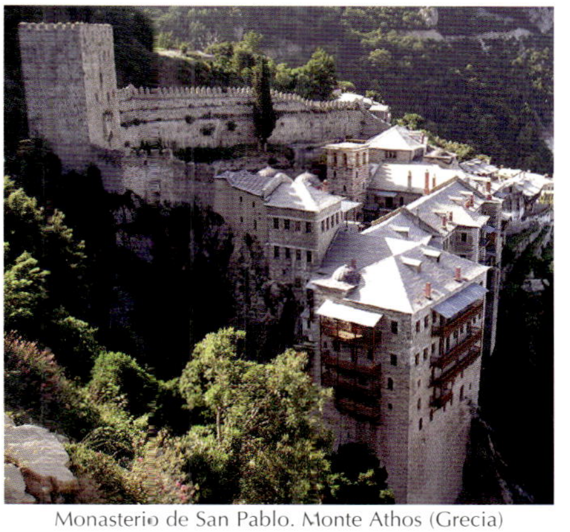

Monasterio de San Pablo. Monte Athos (Grecia)

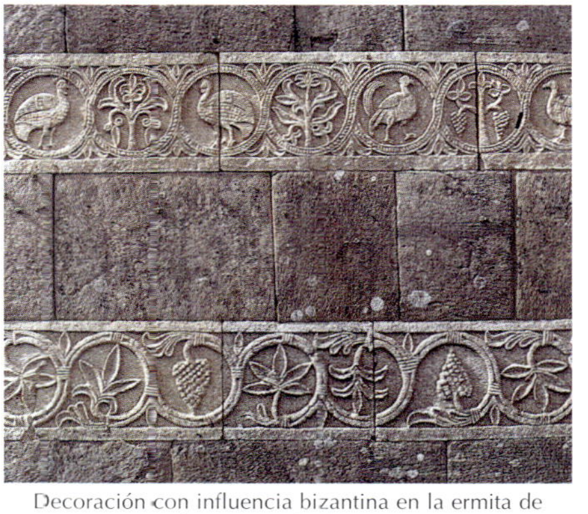

Decoración con influencia bizantina en la ermita de Santa María de Quintanilla de las Viñas (Burgos)

41. ANTECEDENTES DEL ARTE ROMÁNICO

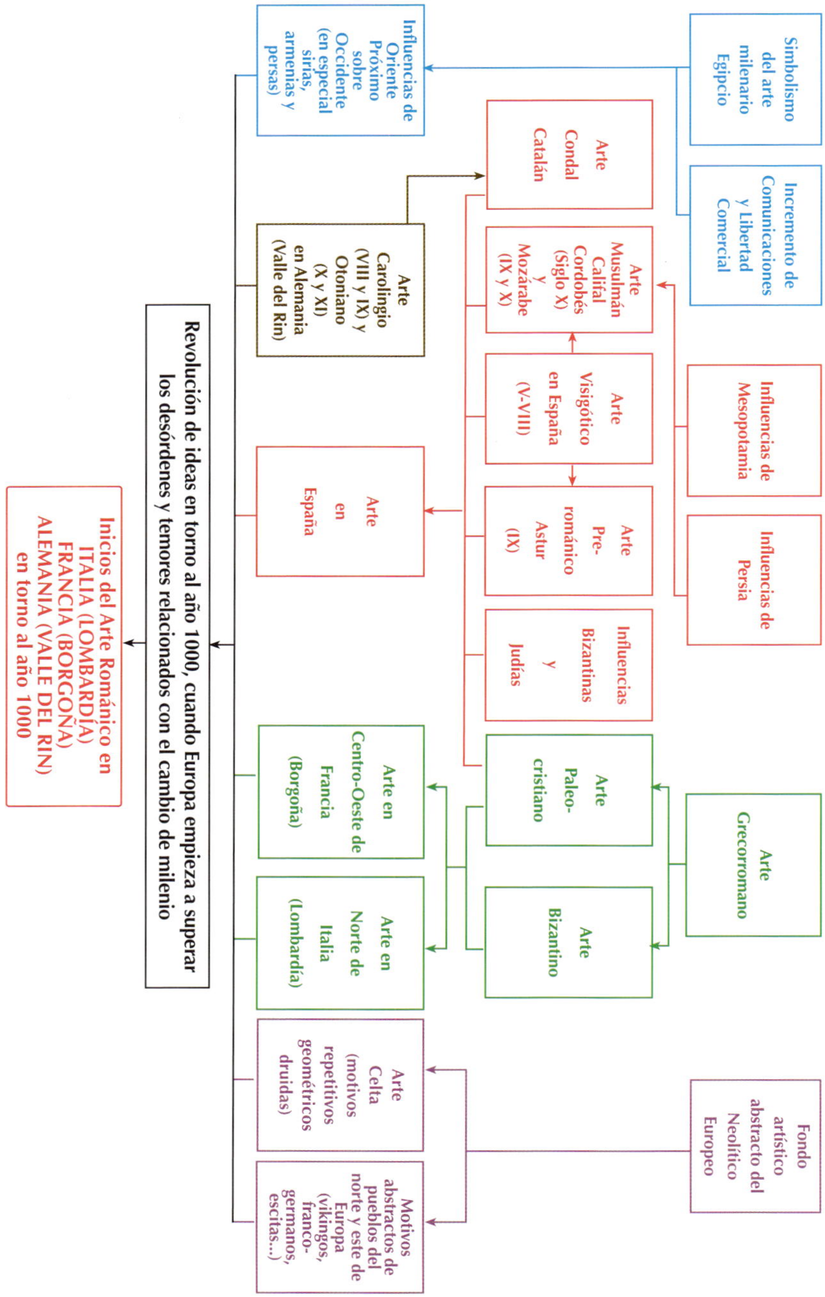

V

CARACTERÍSTICAS DEL ROMÁNICO

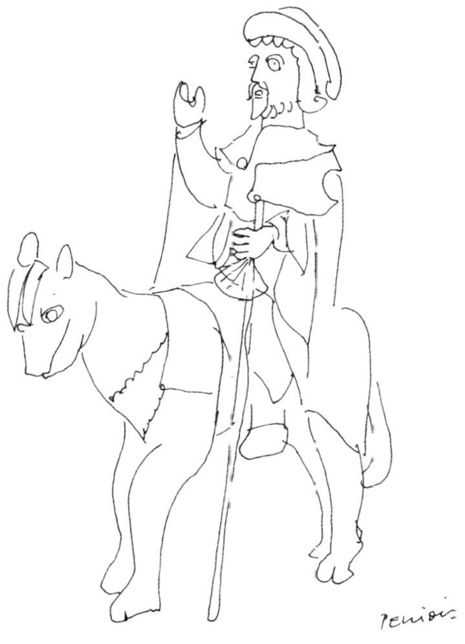

Esta Sección V –con el marco aportado por las cuatro precedentes– puede ya entrar en la descripción pormenorizada del Románico:

- Origen de su propio nombre (Capítulo 42).
- Fundamentos de su estética (Capítulo 43).
- Importancia de su canon estético (Capítulo 44).
- Sus formas de expresión (Capítulos 45 y 46).
- Periodos en su evolución (Capítulo 47).
- Características de su arquitectura (Capítulo 48), escultura (Capítulo 49) y pintura (Capítulo 50).
- Sus características nacionales (Capítulos 51, 52 y 53).
- Otras circunstancias del Románico español (Capítulos 54 y 55).
- Aportaciones españolas al Románico (Capítulo 56).
- Características de las escuelas del Románico en España (Capítulos 57 a 63).
- Transición del Románico al Gótico (Capítulo 64).

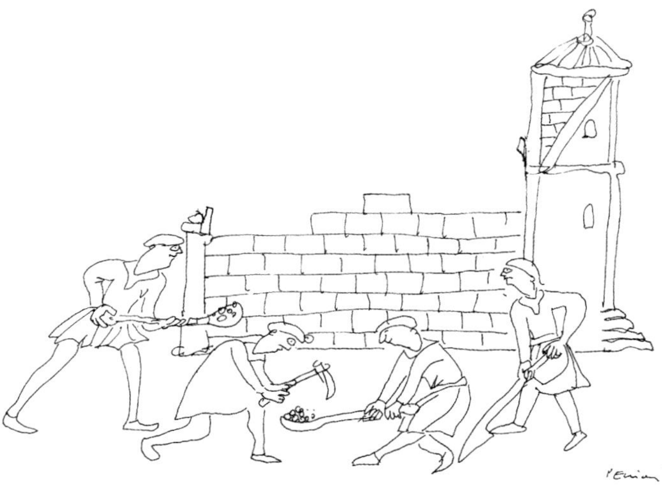

42. ORIGEN DE LA EXPRESIÓN "ARTE ROMÁNICO"

- La expresión "arte románico" es utilizada por primera vez, en 1818, por los eruditos normandos Charles de Gerville y Auguste Le Prévost, naturalistas y anticuarios. Gerville, su inventor, la aplica para designar la arquitectura que se desarrolla en Europa entre los siglos IX y XII. Con este término, los dos eruditos:
  - Desean resaltar el carácter latino, romano, de los monumentos de ese periodo a los que los estudiosos ingleses denominaban "sajones", "normandos" o "lombardos".
  - Indican el paralelismo entre la evolución del latín hacia las lenguas romances (o románicas), y la evolución del arte "antiguo" que se degrada tras la caída de Roma y deriva hacia el arte "románico".
- Así, inicialmente el "arte románico" es considerado como arte romano que ha sido corrompido por los bárbaros que invaden Europa, pero se reconoce su nobleza de origen: el "románico" es heredero del arte de la Roma clásica.
- En España, la denominación "arte románico" empieza a abrirse camino entre los estudiosos en 1894.
- Finalmente, la expresión "arte románico" ha venido a designar el arte occidental cristiano vigente desde finales del siglo X hasta principios de XIII.

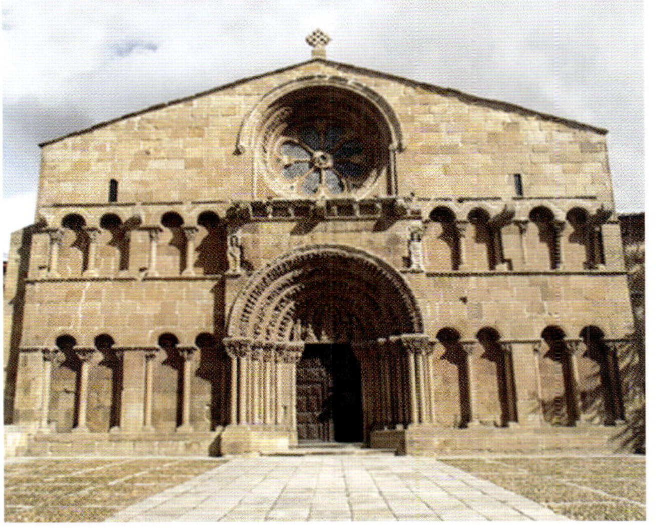

La fachada occidental de la iglesia de Santo Domingo, en Soria, muestrario célebre del arco de medio punto (finales del siglo XII).
[El arco, originario de Mesopotamia, es ampliamente utilizado –en su modalidad de medio punto– en el arte romano y en el románico.
Esta influencia romana contribuye a establecer la expresión "arte románico"].

43. FUNDAMENTOS DE LA ESTÉTICA IDEALISTA DEL ROMÁNICO

El Cristianismo aporta nuevos horizontes a la estética clásica. Las creencias cristianas en un Ser Supremo único y en la trascendencia del Más Allá, abocan a una estética cristiana cuyos cánones buscan aproximar al creyente a lo sublime, a lo infinito, a lo perfecto, a lo absoluto. Para ello el canon grecorromano de belleza –basado en la medida, en la proporción, en el justo medio– se muestra insuficiente, y el arte cristiano se ve en la necesidad de recurrir a otras formas de expresión: más ideales, más abstractas, menos naturalistas, menos realistas. Es así como el arte cristiano encuentra su fundamento en cánones idealistas.

Consecuentemente, el Románico es un arte que se dirige a la inteligencia, no a los sentidos; porque el mundo natural es sólo una apariencia tras la que se oculta la verdadera realidad trascendente que es Dios.

FUNDAMENTOS ESTÉTICOS DEL ROMÁNICO:

- ES BELLO LO QUE CONDUCE A DIOS
- PRESENCIA DEL MISTERIO, DE LO MÍSTICO, DE LO MARAVILLOSO; DEL SÍMBOLO
- DEBATE PERMANENTE ENTRE EL BIEN Y EL MAL
- INTERÉS PREFERENTE EN LA EXPRESIÓN ANÍMICA
- SUSTRATO FILOSÓFICO PLATÓNICO-AGUSTINIANO, MÁS QUE ARISTOTÉLICO-TOMISTA
- RELACIÓN ASCÉTICA –NO DE DELECTACIÓN– DEL ARTISTA CON SU OBRA
- NO DESCONOCIMIENTO NI DESPRECIO HACIA LA ESTÉTICA CLÁSICA PRECRISTIANA
- INFLUENCIA DE LAS POLÉMICAS ICONOCLASTAS

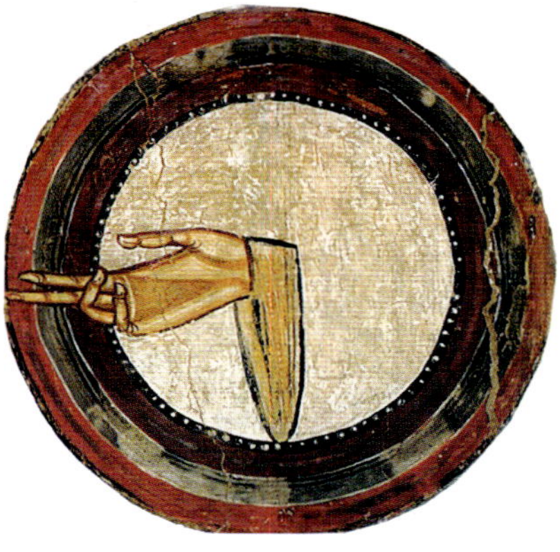

"Dextera Dei" (la mano diestra de Dios, sostenedor del mundo) (siglo XII). San Clemente de Tahull (Lérida). (© MNAC-Museu Nacional d'Art de Catalunya, Barcelona 2007. Fotógrafos: Calveras/Mérida/Sagristà)

44. IMPORTANCIA DEL CANON ESTÉTICO EN EL ROMÁNICO

- En el Románico, la obra del artista debe adaptarse al canon establecido por la jerarquía eclesiástica; esta establece los programas iconográficos y las pautas estéticas a seguir para desarrollarlos.
- Regla fundamental del canon románico: es bello lo que conduce a Dios. A diferencia de la regla que había fundamentado el nacimiento del arte en la Grecia clásica: que la obra artística, la obra bella, debe producir satisfacción en quien la contemple. Reglas contrapuestas que conducen, respectivamente, al idealismo del arte románico y al naturalismo del arte griego clásico.
- Es aplicable al Románico lo que se ha dicho del arte clásico griego: "La actitud del artista [...] era semejante a la del sacerdote ante las costumbres sagradas. Uno y otro celebran una liturgia divina, y no mezclan en ella sus estados de ánimo" (A. Besançon, 2003).
- Por supuesto que en el Románico la jerarquía eclesiástica y el artista evolucionan en cuanto a formas estéticas: tratan de perfeccionarlas, de enriquecerlas con nuevas soluciones, pero con lentitud, dentro de los cauces, respetando tradiciones, sin saltos ni rupturas. Por ello en el arte románico permanecen tanto, a lo largo del tiempo y del espacio, las pautas de representación e interpretación de los temas. No obstante, se puede decir que el Románico es menos uniforme (en escuelas, estilos,...) que el Gótico; y, en consecuencia, al hablar de características propias del Románico en una zona o período determinado, debe entenderse que tales características pueden convivir con otras distintas menos destacables.
- Esporádicos estallidos de violentos conflictos ideológicos revelan que no es completa la unidad de pensamiento (religioso, estético,...) en el Cristianismo medieval. Ejemplos de grupos heterodoxos:
  - Los Goliardos: movimiento originado hacia el siglo XI (su nombre, quizá alusivo a la gula del gigante bíblico Goliat), constituido en sus inicios principalmente por clérigos –luego, por estudiantes y poetas–, y que se desarrolla en los siglos XII y XIII; inclinado a la poesía erótica, báquica y contra los clérigos poderosos, glotones o licenciosos.
  - Los Cátaros (etimológicamente: "puros"): "neognósticos" y "neomaniqueos" (creen en dos principios –el Bien y el Mal– supremos, eternos e iguales en dignidad y poder), solo reconocen a Dios Padre como Dios (Jesucristo y el Espíritu Santo están bajo Él y a sus órdenes) y siguen radicalmente algunos preceptos de los Evangelios. Se extienden por el sur de Francia y el norte de Italia en el siglo XII. Para la represión del movimiento cátaro, y de otros de cariz similar que surgen por entonces, por un lado la Iglesia inicia en 1184 la actuación de la Inquisición medieval; y, por otro, trata de depurar la argumentación teológica, la predicación y el cumplimiento de la doctrina cristiana. Para esta depuración se constituye la Orden de Predicadores; también denominada de Dominicos, llamados así por el nombre de su fundador: santo Domingo de Guzmán (1170-1221, español).

45. CUATRO FORMAS DE EXPRESIÓN EN EL ROMÁNICO

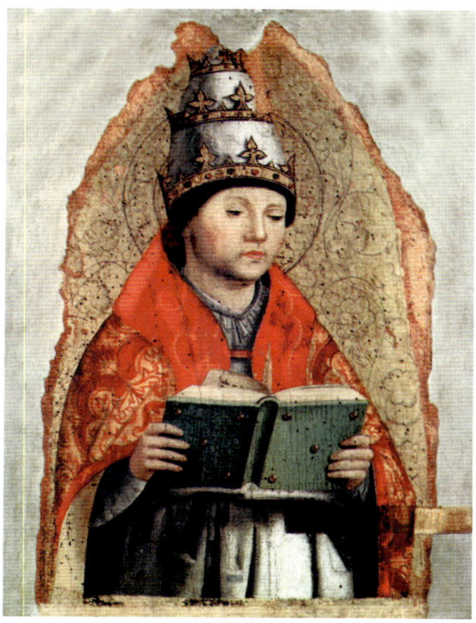

Papa Gregorio Magno, por Antonello da Messina (hacia 1473). Museo Nacional de Palermo (Sicilia)

HISTÓRICA

- Presentando escenas y signos alusivos a episodios de la Historia Sagrada.
- Función catequética, especialmente enfocada a personas no instruidas. Impulsada ya por el papa Gregorio el Grande, en el siglo VI, cuando decía que la imagen es como la Biblia de los iletrados.

MORAL

- Ensalzando las virtudes y condenando los vicios mediante representaciones plásticas.
- Función catequética.

ALEGÓRICA

- Por medio de signos, de señales convenidas, o de ficciones, se da a entender simplemente una cosa o idea expresando otra.
- Es el procedimiento de las parábolas evangélicas (o de las señales de tráfico).

SIMBÓLICA

- El Románico utiliza el símbolo como signo natural, destinado a conducir a misterios de orden extranatural o sobrenatural a una población mayoritariamente analfabeta y muy sensible a la influencia de los símbolos. Pero el misterio no se revela; no puede ser directamente traducido; solo queda insinuado; solo se intuye.
- Ya el arte grecorromano utilizó profusamente el lenguaje simbólico (por ejemplo, la cúpula del Panteón romano repre-

sentaba la cúpula del cielo). Pero el Cristianismo –a partir del Apocalipsis de san Juan– intensifica el empleo del simbolismo.

- Mediante la presentación de un símbolo se pretende suscitar la contemplación espiritual de verdades superiores ("anagogía"). Ya desde el Antiguo Testamento, lo visible no es importante por sí, sino porque representa (es símbolo de) lo invisible.
- El símbolo actúa como estímulo figurativo que, apelando a los arcuetipos y al inconsciente de quien lo contempla, traslada a este desde el plano fenomenológico y existencial al de lo absoluto y permanente (J. COBREROS). El símbolo intenta transmitir lo inefable, lo inexpresable de otra manera.
- El símbolo se distingue de otros signos (o señales convenidas –como las de tráfico– que siempre son interpretadas de manera similar), porque puede operar de distinta manera con distintos individuos; es frecuentemente ambivalente; su interpretación no puede ser sistematizada mediante esquemas o cánones predeterminados.
- El Románico pretende transmitir, a través de símbolos, la totalidad del mensaje cristiano –lo patente y lo oculto; lo inefable, lo indecible– recurriendo a tres manifestaciones de la belleza:
  - belleza visual (estética)
  - belleza espiritual en el alma que contempla (fervor)
  - belleza luminosa de Dios a quien se invoca (teofanía)

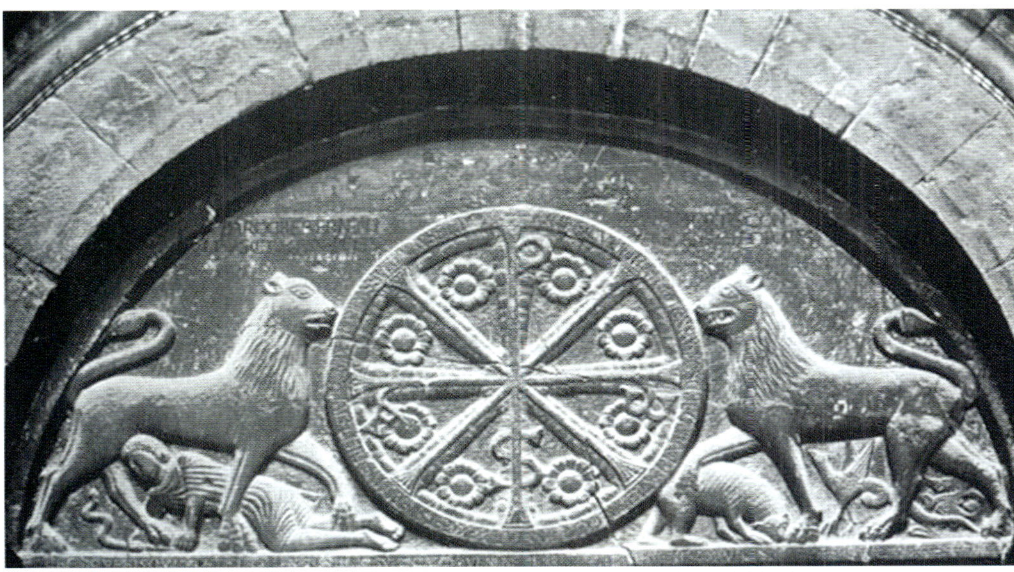

Tímpano de la catedral de San Pedro, de Jaca (Huesca). Segunda mitad del siglo XI.
Primer tímpano románico español. Pleno de simbolismo

46. PERSISTENCIA DEL ROMÁNICO CONTRA LOS VICIOS

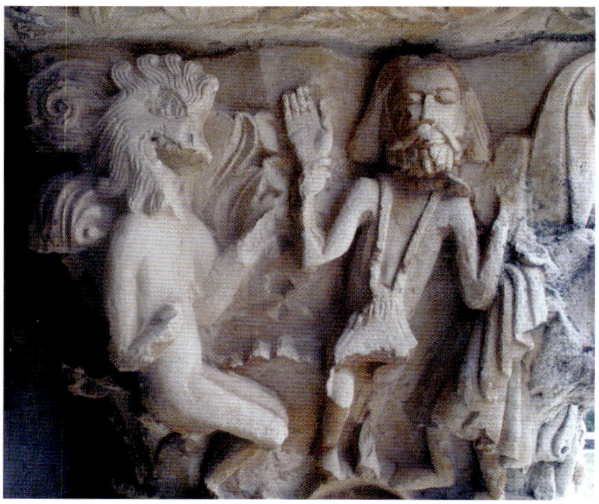

Alegoría de la avaricia. Iglesia de San Julián y Santa Basilisa de Rebolledo de la Torre (Burgos)

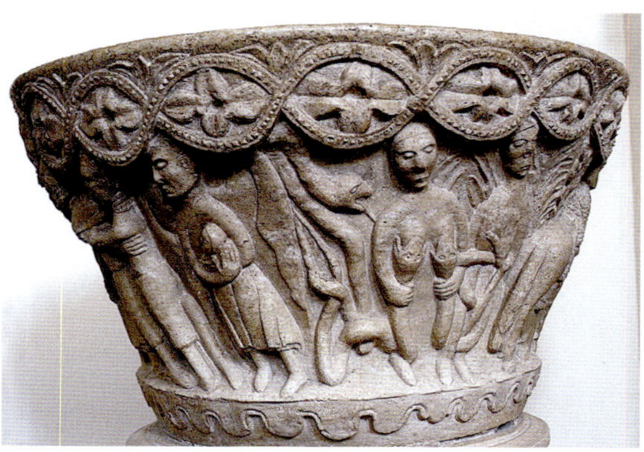

Alegoría de la lujuria. Iglesia de San Salvador de Rebanal de las Llantas (Palencia)

- El arte románico, mediante sus cuatro formas de expresión –Histórica, Moral, Alegórica, Simbólica–, pretende llevar al espectador los mensajes del Cristianismo.
- Uno de los mensajes: ensalzar las virtudes y condenar los vicios. Porque la lucha entre el Bien y el Mal está planteada permanentemente en este mundo, y el ser humano debe esforzarse en separarse del Mal y unirse al Bien, hasta que tras la muerte la unión sea definitiva.
- El Románico presenta el Bien como algo fantástico, numinoso, alejado de la realidad, pero a lo que se debe aspirar siempre; y el Mal como algo monstruoso, diabólico, aterrador, en ocasiones burlesco y grotesco. Entre estos dos polos –el Bien y el Mal– en el arte románico no queda mucho lugar para la representación neutra de lo natural, de lo real.
- En el Románico francés y en el español, se insiste más en condenar lo demoníaco –los vicios– que en ensalzar lo beatífico –las virtudes–. Los dos vicios representados con más insistencia son la lujuria y la avaricia.

47. TRES PERIODOS DEL ROMÁNICO

siglos

PRIMER ROMÁNICO

- Preponderancia de la arquitectura. Escasa talla. Ausencia de pintura.
- Sobriedad. Escaso simbolismo.
- Piedra escuadrada, no pulida. Bóvedas pétreas de medio cañón.
- Principal estilo: Lombardo (originario de Lombardía, Italia, en torno al lago Como). Primera catedral románica construida en España: la de Jaca (Huesca).

ROMÁNICO PLENO

XI
- Escultura imbricada en la arquitectura.
- Dominio del simbolismo (pretende conducir desde lo real a lo absoluto).
- Principal estilo: "de Peregrinación" (Camino de Santiago), impulsado desde Cluny. A mediados del siglo XII Cluny controla unos 1.500 monasterios.
- Variedades: Borgoñón, Veneciano, Castellano,...
- Cada vez más profuso en decoración. Las iglesias, con pinturas murales al fresco, en el interior y exterior, sobre el revoco encima de la piedra. Complejidad creciente de esculturas en capiteles, tímpanos, fachadas...
- San Bernardo de Claraval (1090-1153) ingresa en el Císter en 1112 e impulsa la reacción cisterciense:
  - Fundación del Císter: por san Roberto de Molesmes, 1098, en Citeaux (Borgoña); a finales del siglo XII: 525 casas.
  - San Bernardo: autor de la Regla de la Orden del Temple (fundada en 1118 para la custodia de los Santos Lugares) y predicador de la Segunda Cruzada. Funda el convento de Claraval en 1115 y es su abad.
  - Estilo cisterciense: "Sobria ebrietas" (borrachera de sobriedad); fomento del espiritualismo estético. San Bernardo también insiste en que, antes que enriquecerse, los monasterios deben atender a los pobres.

XII
  - Estilo más bello en la línea (simple, recta incluso en ábsides) que en la decoración (geométrica y vegetal). Rechaza la figuración. Adopta el arco apuntado y las nervaduras para sostener bóvedas y cúpulas. Prescinde de pinturas murales y deja la piedra vista.
  - La reacción cisterciense inicia la transición del Románico al Gótico.

ROMÁNICO TARDÍO

- La forma de expresión moral y descriptiva se impone a la simbólica.
- Hacia el naturalismo, la humanización, el sentimiento.
- Complejidad barroca, allí donde no llega la reacción cisterciense.
- Por tradición o por inercia se seguirá utilizando el estilo románico en siglos posteriores al XII (en la catedral de Tarazona –Zaragoza– el tímpano central de la portada es del siglo XVI, pero de estilo románico).

48. CARACTERÍSTICAS DE LA ARQUITECTURA ROMÁNICA

- Las formas de expresión del Románico son muy variadas (más variadas que las del Gótico), con complejas evoluciones a lo largo de los diversos periodos y de las diversas áreas geográficas. La arquitectura románica evoluciona consecuentemente, si bien tres de sus características técnicas son: la primacía de la piedra, el arco de medio punto y la bóveda de cañón.
- La arquitectura románica "se sirve de la oscuridad como medio emocional y de un misterioso contraste y alternancia entre la claridad y lo tenebroso" (W. WEISBACH).
- Tres particularidades de la arquitectura protorrománica de la región del lago Como (Lombardía, Italia): bandas verticales (lesenas), arcadas ciegas combinadas con las lesenas, y friso de nichos coronando la parte superior de los muros del ábside.
- En cuanto a las plantas de las iglesias románicas, se distinguen dos tipos:
  - Románico-latino: rectangular (basilical) y de cruz latina; es el tipo más frecuente.
  - Románico-bizantino: planta centralizada (al modo de la iglesia del Santo Sepulcro, de Jerusalén), o de cruz griega; con cúpula esférica interior sobre el crucero.
- Arquitectura paradigmática: la representada por las iglesias "de Peregrinación" (que corresponden al culto a las reliquias y al gusto por las peregrinaciones iniciadas hacia el año mil), en el apogeo del Románico Pleno del siglo XII, con:
  - Planta en forma de cruz latina, de tres o cinco naves. Nave central de bóveda de cañón, apoyada –mediante arcos fajones– en gruesos muros con contrafuertes en el exterior; las naves laterales, de bóveda de arista.

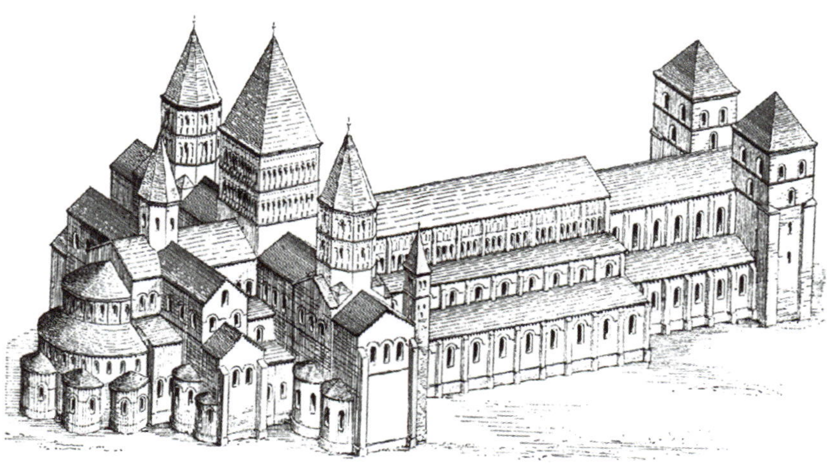

Cluny III (contrucción: 1088-1135). Típica gran "iglesia de Peregrinación". En Borgoña (Francia)

- En el interior de la cabecera, deambulatorio o girola (para circulación de peregrinos) con capillas radiales.
- Ábside y absidiolos al exterior de la cabecera (orientada hacia oriente).
- Torre (cimborrio) cuadrada u octogonal sobre la bóveda o la cúpula del crucero (cruce de la nave mayor con el transepto).
- Rosetones (grandes ventanas circulares con vidrios de colores) en el hastial de la nave central o en los extremos norte o sur del transepto.
- Cripta bajo el crucero y presbiterio, con elevación de éste.
- Capiteles con muy variados motivos ornamentales (con escenas de la Historia Sagrada, de la vida ordinaria o fantásticas).
- Integración de escultura monumental en la arquitectura, principalmente en las portadas (en jambas, arquivoltas, tímpanos).
- Torre cuadrangular, con campanas, junto a la cabecera o la fachada occidental (el "campanile" se populariza desde Italia, a partir del siglo XI; aunque hay precedentes de campanarios en iglesias sirias paleocristianas); o dos torres flanqueando la fachada occidental; o en esta fachada, espadaña con campanas.
- Claustro adosado a la iglesia.

- Iglesia principal: Cluny, en Borgoña (monasterio: fundado en 910; Cluny I: consagrada en 927; Cluny II: terminada en 981; la gigantesca Cluny III, construida entre 1088 y 1135, y destruida entre 1809 y 1823). Iglesia principal en España: catedral de Santiago de Compostela (iniciada en el siglo XI).

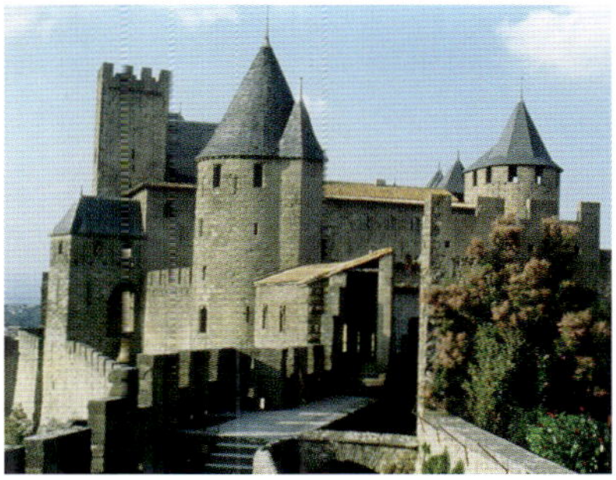

Castillo de Carcasona (Francia, siglos XII-XIII). En la ciudad histórica fortificada mas grande de Europa. Con gran componente románico

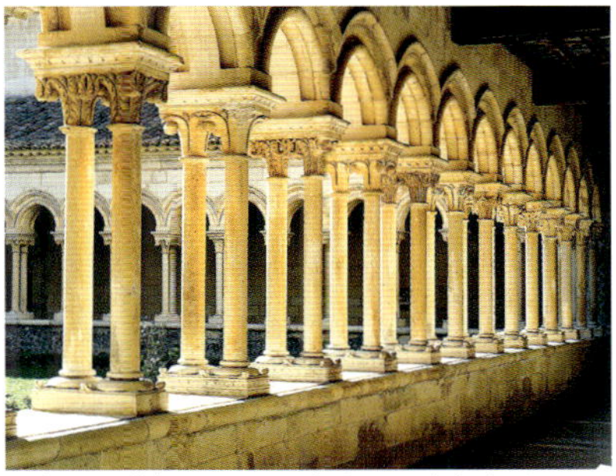

Claustro del monasterio de San Andrés de Arroyo (Palencia) (principios del siglo XIII)

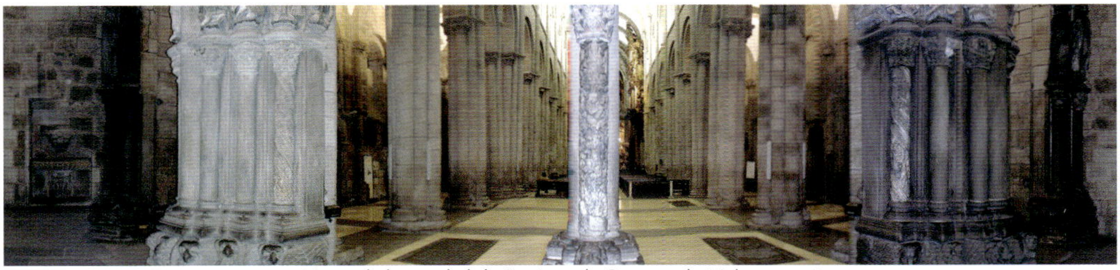

Naves de la catedral de Santiago de Compostela (siglos XI y XII)

49. CARACTERÍSTICAS DE LA ESCULTURA ROMÁNICA

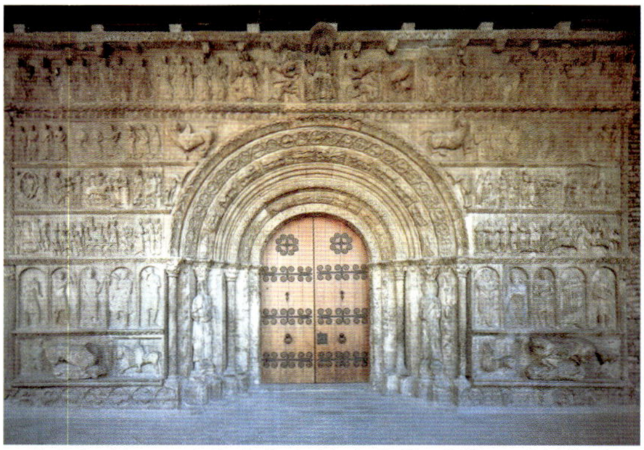

Portada del monasterio de Santa María de Ripoll (Gerona) (siglo XI)

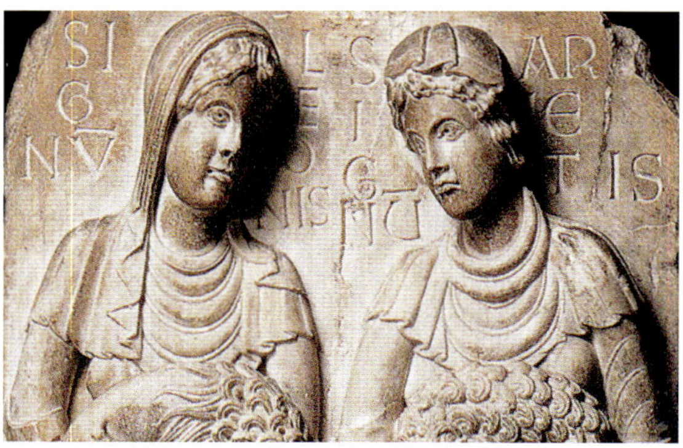

Mujeres con león y cordero (detalle, siglo XII). Basilica de San Saturnino de Toulouse (Francia)

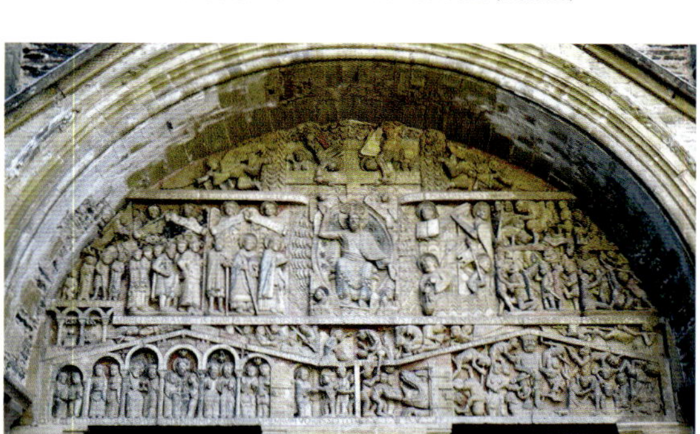

Tímpano de la iglesia de Conques (siglo XII). Auvernia (Francia)

- En el Románico, la escultura asume la importante función de transmisión del mensaje cristiano –abrazar la virtud, huir del vicio–, sirviéndose para ello de meticulosos programas iconográficos en los que se presentan episodios bíblicos, personajes y animales simbólicos, escenas costumbristas, alegóricas, eróticas... En ocasiones, las escenas proceden del mundo persa o del bizantino.
- Materia predilecta para el escultor románico (y para el Románico en general): la piedra.
- La escultura románica está subordinada a la arquitectura. En su evolución hacia el Gótico, cobrarán importancia las estatuas-columna (ejemplo: en el Pórtico de la Gloria de la catedral de Santiago de Compostela).
- Queda plasmada principalmente en capiteles (elemento esencial del Románico, y gran depositario de la función catequética de este), tímpanos (el más grandioso: el de la iglesia de Sainte-Foy, en Conques, Francia) y claustros ("la creación más feliz del arte románico"); y en bajorrelieves, más que en bulto redondo.
- Manifiesta las características propias de la estética románica: se fundamenta en la fe; es cifrada, suscita el misterio; insiste en lo épico y

tumultuoso, en lo teratológico; Dios aparece como juzgador. Contrapuesta a la escultura gótica (fundamentada en la piedad; claramente legible; lírica y serena –salvo en el siglo XV–, humana y natural; donde Dios aparece como acogedor). La escultura románica se presenta como "enciclopedia de lo imaginario", en tanto que la gótica como "enciclopedia de lo real".

- Dos leyes presiden la escultura románica (según H. FOCILLON):
  - Ley del marco (la escultura adapta sus figuras al marco arquitectónico que las encuadra; así, en los tímpanos se adaptan al trazado semicircular).
  - Ley del esquema geométrico (la escultura tiene una lógica geométrica intrínseca, en materia de simetrías y de figuras geométricas a que se adapta la composición, forzando para ello –si es necesario– la perspectiva, los escorzos y la distribución de los personajes, animales y vegetales esculpidos).
- Principales composiciones escultóricas en el Románico español:
  - Pórtico de la Gloria (en la catedral de Santiago de Compostela), 1168-1188, obra cumbre de la escultura románica; anuncia el naturalismo del próximo Gótico ("en el Pórtico de la Gloria los personajes románicos empiezan a comunicarse y a sonreír").
  - Claustro del monasterio de Silos (Burgos), de los siglos XI-XII.
  - Portada del monasterio de Santa María de Ripoll (Gerona), del siglo XII.

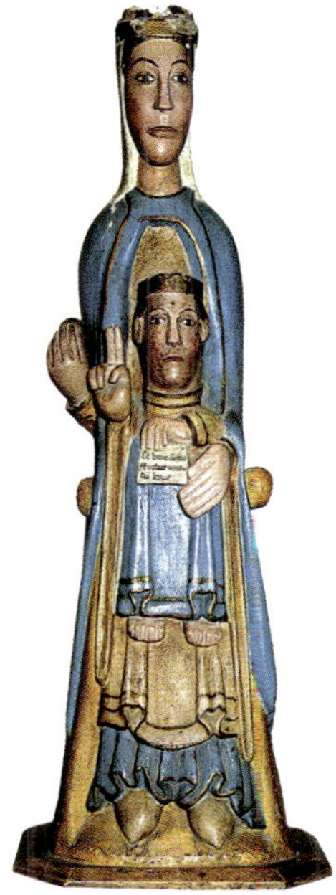

Virgen de Grijera (hacia el año 1200). Museo parroquial de San Miguel. Aguilar de Campoo (Palencia)

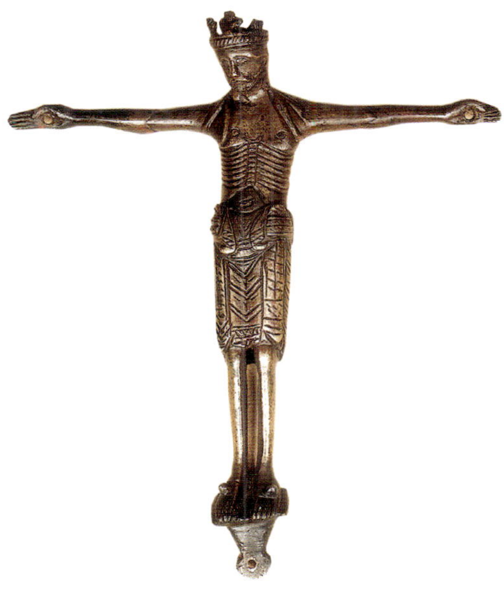

Crucificado (mitad del siglo XII; Francia). Bronce. Colección privada, Madrid

50. CARACTERÍSTICAS DE LA PINTURA ROMÁNICA

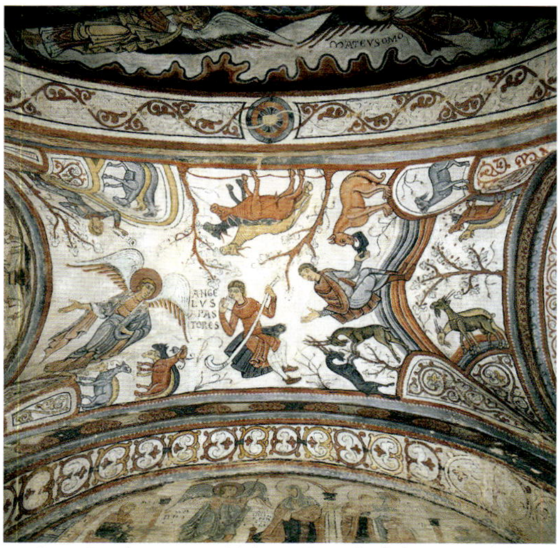

Anuncio a los pastores (siglo XII). Panteón de los Reyes de la Colegiata de San Isidoro de León

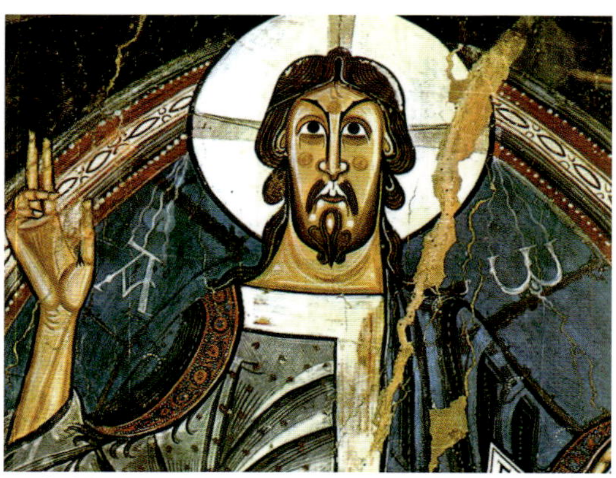

Detalle del Pantocrátor de la iglesia de San Clemente de Tahull (Lérida) (© MNAC-Museu Nacional d'Art de Catalunya, Barcelona 2007. Fotógrafos: Calveras/Mérida/Sagristà)

- La pintura románica –al igual que la arquitectura y la escultura– no trata de imitar a la naturaleza; no es realista, sino idealista, simbólica; de ahí su hieratismo, su huída de la sensualidad y de la belleza corporal.
- Su principal objetivo es didáctico: acercar el mensaje bíblico al pueblo.
- Según el soporte, tres clases principales: pintura mural (al fresco, recubriendo los muros de las iglesias); pintura sobre tabla (al temple, en frontales de altar o pequeños retablos); pintura sobre pergamino (miniaturas pintadas en códices y a veces en rollos; principal "scriptorium" monástico: Winchester). Surgen también, en Francia, vidrieras de colores –a modo de pinturas– que se desarrollarán en el Gótico.
- Características de la pintura:
  - Geometrización de las formas en cuanto a agrupación de personajes y a motivos decorativos (formas circulares, rectangulares, triangulares, organizadas en general en torno a un centro).
  - Escenas desligadas del tiempo y del espacio, en un presente intemporal, estático; sin paisaje.
  - Tendencia a la frontalidad en la presentación de figuras.
  - "Perspectiva" jerárquica (dimensión y ubicación de personajes en función de su relevancia).

- Figuras delimitadas por contornos en negro (que perfilan las zonas donde se aplican colores uniformes, sin gradación) y planas (sin volumen, sin perspectiva, sin sombras).
- Personajes alargados, en los que manos y ojos –desproporcionadamente grandes– concentran la expresividad espiritual.
- Colores elementales, intensos, brillantes, lisos, sin apenas matices, de escasa gama.
- Importancia de los pliegues en las vestiduras.
- Frecuente utilización de curvas paralelas, de zigzags, de líneas de puntos.
- Fondos lisos, sin referencia a una tercera dimensión.
- Frecuente protagonismo de animales, que representan conductas humanas (vicios, virtudes...).

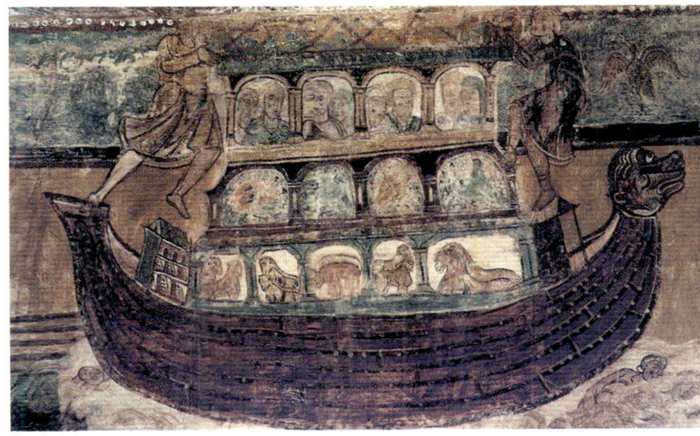

El Arca de Noé. Detalle de las pinturas murales de la bóveda de la Abadía de Saint Savin-sur-Gartempe (Francia) (siglo XII)

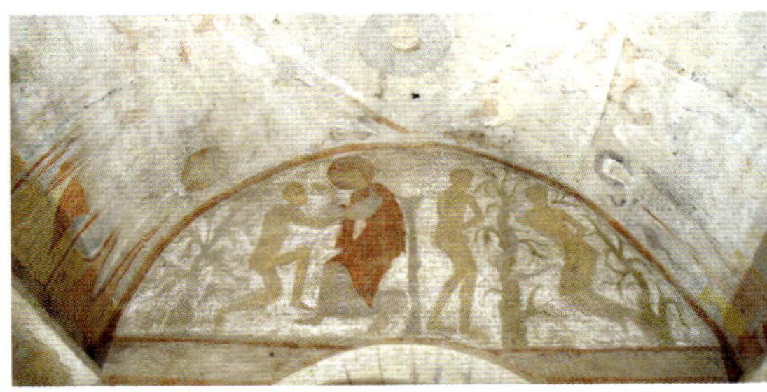

Improntas con escenas del Génesis (principios del siglo XII). Ermita de la Vera Cruz de Maderuelo (Segovia)

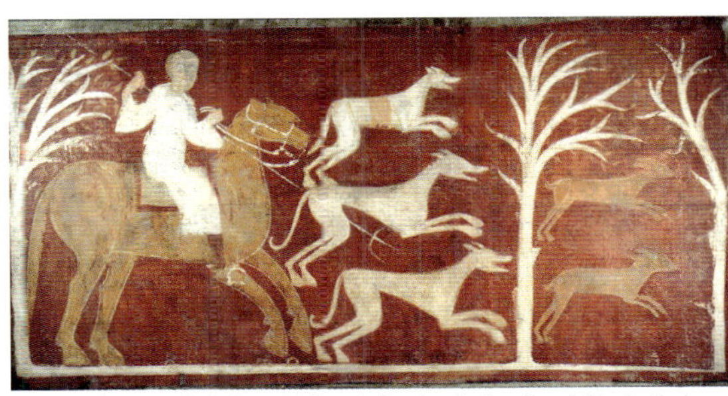

Escena de caza de liebres (siglo XII). Ermita de San Baudelio de Berlanga (Soria) (actualmente en el Museo del Prado)

- Principales ejemplos, en España, de pinturas murales románicas (estilo francobizantino las de León; italobizantino las otras tres; las cuatro del siglo XII):
  - Panteón de San Isidoro de León (el conjunto de pintura mural románica más notable de Europa).
  - Ermita de San Baudelio de Berlanga (en Soria; actualmente desperdigadas las pinturas).
  - Ermita de la Vera Cruz de Maderuelo (en Segovia; actualmente las pinturas en el Museo del Prado).
  - Conjunto de pinturas en iglesias del Valle de Boí (en Lérida; actualmente las pinturas en el MNAC de Barcelona).

51. CARACTERÍSTICAS NACIONALES DEL ROMÁNICO. 1/3: FRANCÉS Y ALEMÁN

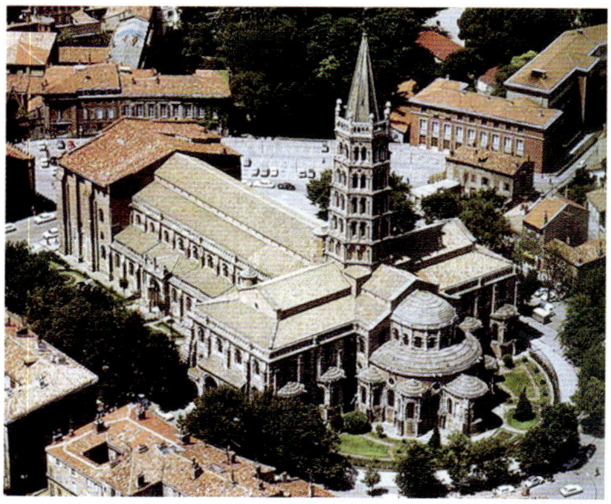

Basílica de San Saturnino (siglos XI-XII). Toulouse, Francia.
La más grande iglesia románica existente en Francia

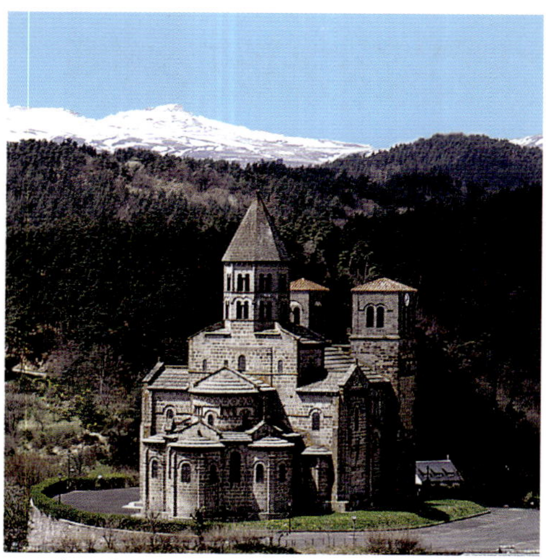

Iglesia de Saint Nectaire (siglo XII). Auvernia (Francia)

ROMÁNICO FRANCÉS

- Características generales:
  - Variado, rico, siempre equilibrado.
  - Origen del modelo de "iglesias de Peregrinación", con girola y capillas para recorrido de peregrinos.
  - La escultura, centrada más en lo demoníaco que en lo beatífico.
  - Centro neurálgico del Románico: abadía benedictina de Cluny (en Borgoña), de la que en 1109 dependen 1.184 casas, 883 de ellas establecidas en Francia. La iglesia Cluny III, terminada en 1135, es la mayor de su tiempo.
- Tres escuelas regionales principales:
  - Borgoña y Auvernia: iglesias con grandes torres (en fachada oeste y en crucero) rematadas por chapiteles de pizarra. Tímpano más grandioso del Románico: el de la iglesia de Sainte-Foy, en Conques.
  - Angulema (Poitou y Perigord): fórmulas bizantinas (por ser región de donde salen y adonde vuelven numerosos cruzados) tales como agrupaciones de cúpulas en techumbres, y plantas de cruz griega.
  - Normandía (los normandos, de origen vikingo, se asientan en Normandía hacia 911): iglesias con grandes torres en fachada oeste; tejadillos muy picudos.

ROMÁNICO ALEMÁN

- Colosal, desmesurado, heredero del espíritu imperialista carolingio. Muy relacionado con el estilo arquitectónico carolingio-otoniano.
- Iglesias con imponentes torres gemelas en la fachada oeste (a veces también en la fachada oriental; en ocasiones, torres cilíndricas); tres naves; no "iglesias de Peregrinación"; desnudas en su interior; importantes criptas; escasa escultura de piedra; grandes cimborrios sobre los cruceros.
- Con influencias lombardas.
- Tres grandiosas catedrales imperiales –en la zona central del Rin– cumbres del Románico alemán: Espira (siglo XI), Maguncia (XI-XII) y Worms (XII-XIII). En Colonia, 16 importantes iglesias románicas.

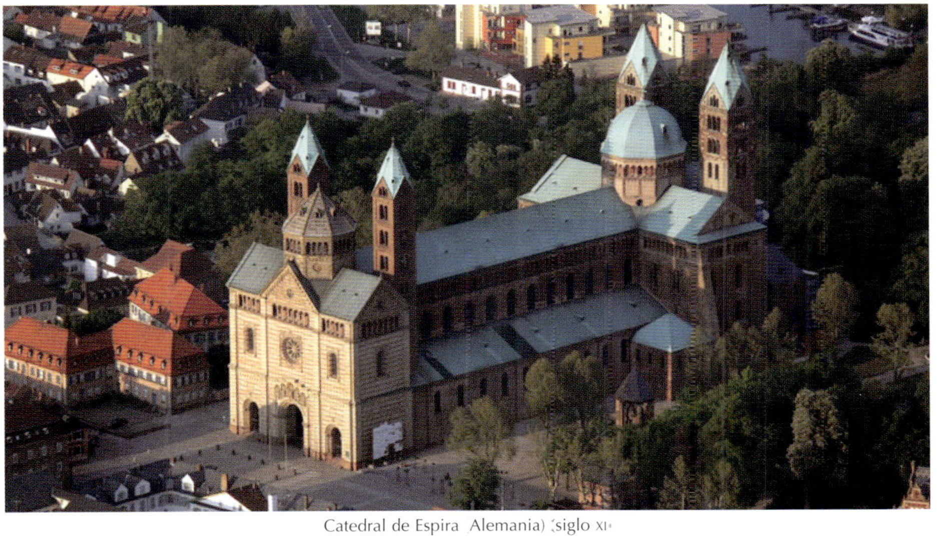

Catedral de Espira (Alemania) (siglo XI)

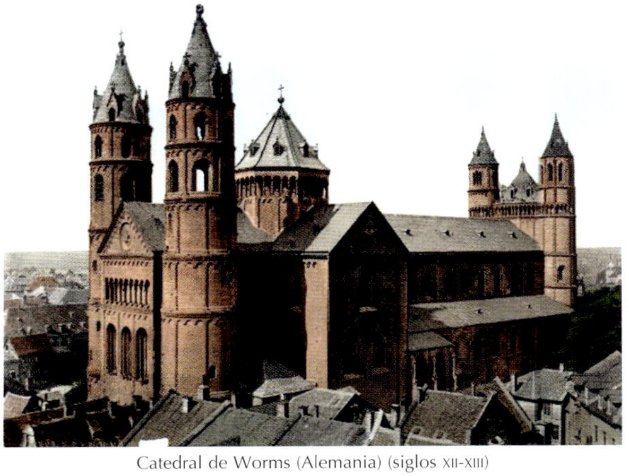

Catedral de Worms (Alemania) (siglos XII-XIII)

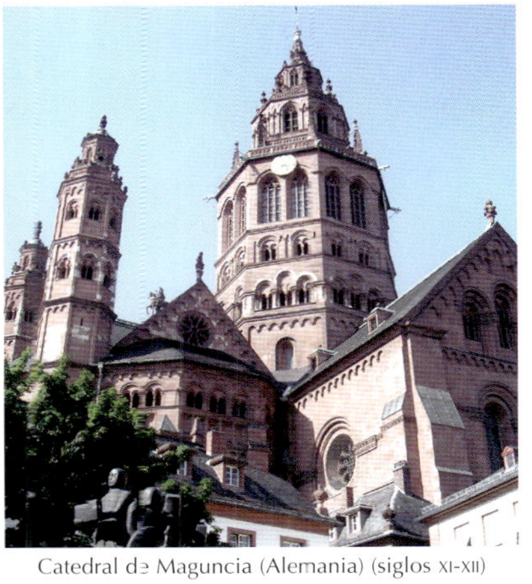

Catedral de Maguncia (Alemania) (siglos XI-XII)

52. CARACTERÍSTICAS NACIONALES DEL ROMÁNICO. 2/3: ITALIANO Y ESPAÑOL

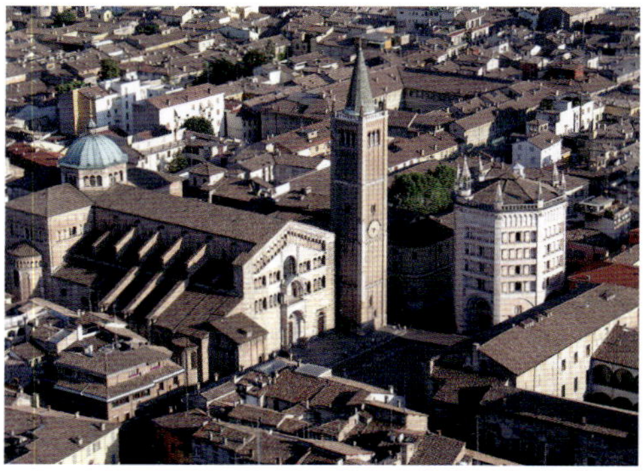
Complejo catedralicio de Parma (Italia) (siglo XII)

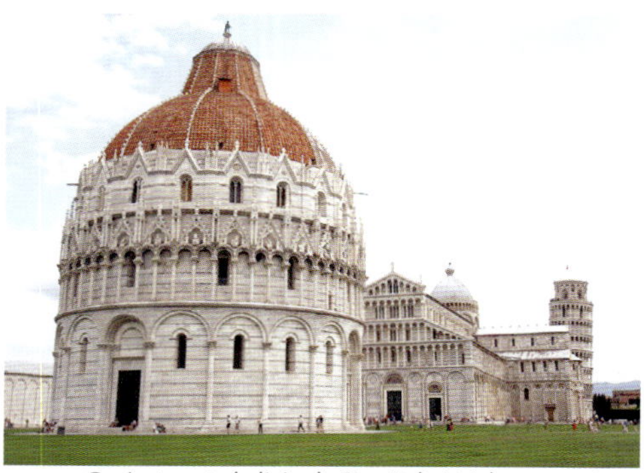
Conjunto catedralicio de Pisa (Italia) (siglos XII y XIII)

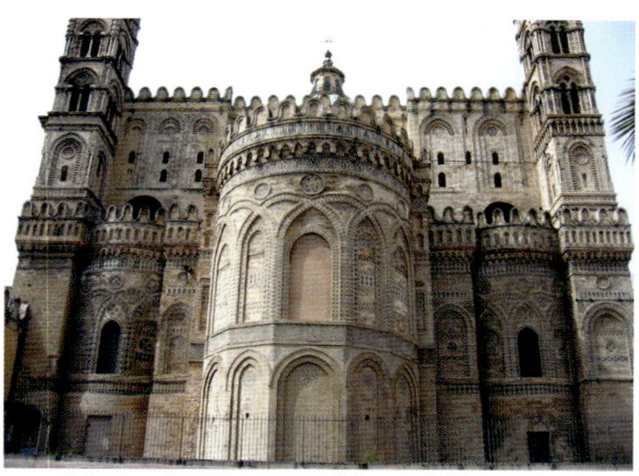
Cabecera de la catedral de Palermo (Italia) (siglo XII)

ROMÁNICO ITALIANO

- Características generales:
  - Entre lo Romano y lo Renacentista.
  - Escasa atención a lo monstruoso, teratológico, fantástico; interés en lo decorativo.
  - El más influido por lo Bizantino.
- Tres escuelas regionales principales:
  - Lombardía (Milán): conjuntos de iglesia, campanario cuadrado y baptisterio (como en la catedral de Parma); arquillos ciegos y bandas verticales (ya presentes en el denominado Baptisterio Ortodoxo de Rávena, de la primera mitad del siglo V); techumbre a dos aguas; baptisterios octogonales (de raíz paleo- cristiana); el león como símbolo de Cristo pero también del Mal.
  - Toscana (Florencia): mármol de distintos colores para forrar los muros, creando efectos de "joya arquitectónica" (tradición paleocristiana y bizantina); infinidad de columnas y columnillas en fachadas (como en la catedral y en la torre de Pisa); "campanil" exento (en catedral de Pisa).
  - Siciliana: mosaicos en la decoración (de tradición bizantina); influencias de ocupantes bizantinos y árabes, y de normandos (invasores en el siglo XI); catedral de Monreale, ejemplo máximo. También tiene fuerte influencia bizantina la escuela románica Veneciana.

ROMÁNICO ESPAÑOL

- Importancia del estilo "iglesias de Peregrinación", por el Camino de Santiago.
- Muy frecuentes las iglesias rurales, de repoblación (por Reconquista), pequeñas, "urgentes", sobrias.
- Aportaciones: galerías porticadas en las iglesias y "románico de ladrillo" (de influencia musulmana).
- La escultura –como en Francia– centrada más en lo demoníaco que en lo beatífico.
- Principal monumento románico español: la catedral de Santiago de Compostela (construcción románica: 1075-1122).
- Diversas escuelas: Cataluña, Aragón, Castilla, León, Galicia...
- El Románico español no es el mejor de Europa, pero sí produce algunos de los más importantes monumentos románicos:
  - En arquitectura: Catedral de Santiago de Compostela.
  - En escultura: Pórtico de la Gloria (del XII), de la catedral de Santiago de Compostela; claustro del monasterio de Silos (XI-XII); crucifijo de Fernando I de Castilla (de 1063), en el Museo Arqueológico de Madrid.
  - En pintura: Panteón de San Isidoro de León (del XII).
- Dada su cercanía a lo mozárabe y a al-Andalus, recibe singulares influencias árabes.
- Los principales edificios del siglo XI, situados al norte del Duero. Los del sur de este río, posteriores.

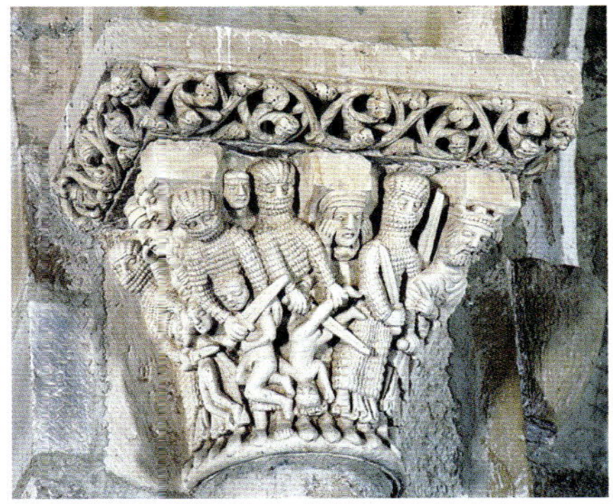

La matanza de los inocentes (finales del siglo XII). Ermita de Santa Cecilia de Aguilar de Campoo (Palencia)

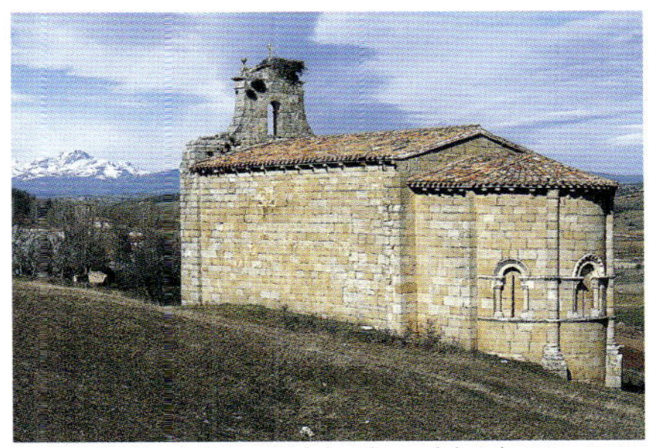

Ermita de Santa Eulalia (fines del siglo XII). Barrio de Santa María (Palencia)

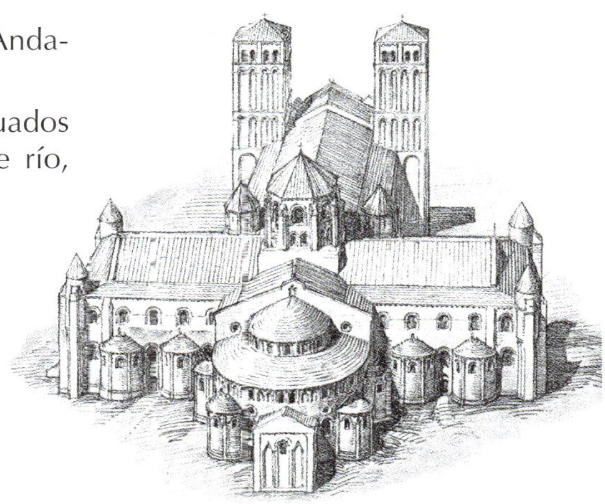

Catedral de Santiago de Compostela en el siglo XII. Según Kenneth J. Conant

53. CARACTERÍSTICAS NACIONALES DEL ROMÁNICO. 3/3: BRITÁNICO, ESCANDINAVO Y PORTUGUÉS

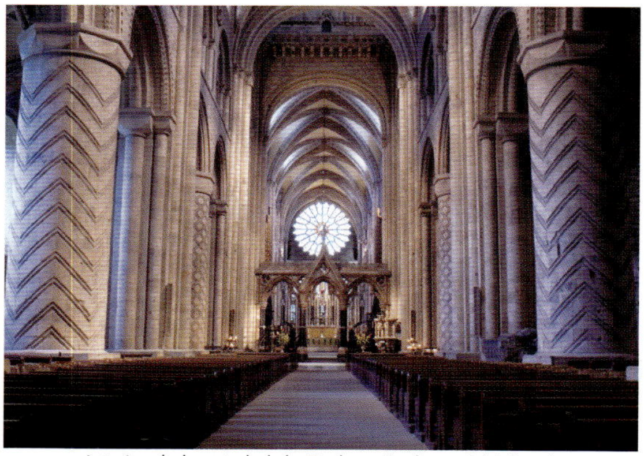

Interior de la catedral de Durham (Inglaterra) (siglo XII)

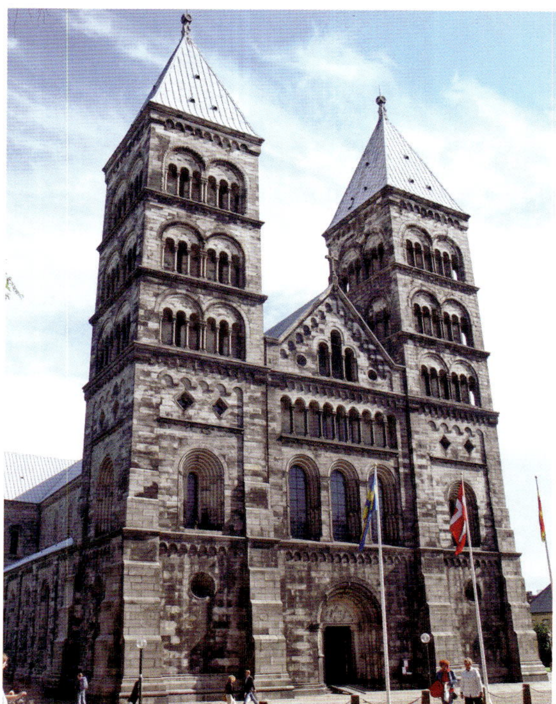

Catedral de Lund (Suecia) (siglo XII)

ROMÁNICO BRITÁNICO

- Derivado del Románico normando francés (implantado en Inglaterra por Guillermo el Conquistador, desde su victoria en Hastings en 1066).
- Iglesias con grandes torres cuadradas; tres largas naves; tres ábsides; sin girola (no "iglesias de Peregrinación"); grandes cimborrios.
- Decoración en columnas en el interior.
- La catedral de Durham (1093-1133) es la primera gran iglesia románica que se cubre, no con madera, sino con gran bóveda de piedra (de crucería, nervada; con arcos levemente ojivales). Con precedentes en la Siria y la Anatolia bizantinas, anuncia ya la futura bóveda gótica.

ROMÁNICO ESCANDINAVO

- Influido principalmente por el románico normando inglés.
- Pesado, aun en lo pequeño; simple, de escasa ornamentación.
- Numerosas iglesias de madera, hoy desaparecidas en su mayoría.
- En Noruega: catedral de Trondheim y catedral de Bergen (ambas con influencias anglonormandas). En Suecia: catedral de Lund (con influencias lombardas y germánicas).

ROMÁNICO PORTUGUÉS

- En la Alta Edad Media, el norte de Portugal está ligado al reino astur-leonés; el románico portugués, prolongación del gallego.
- Monumento principal: catedral de Coimbra, de la segunda mitad del XII. En Tomar, iglesia templaria (siglo XII, planta centralizada). Importantes monasterios cistercienses: el principal, el de Alcobaça (siglos XII-XIII).
- Numerosas iglesias rurales tardías, pequeñas, sobrias, como en Galicia.
- "Domus Municipalis", en Bragança: enigmático edificio, quizá del siglo XII, para cisterna y reuniones del municipio.
- En el norte, el granito –por su dureza– otorga un carácter rudo a la escultura. Escasa escultura de madera

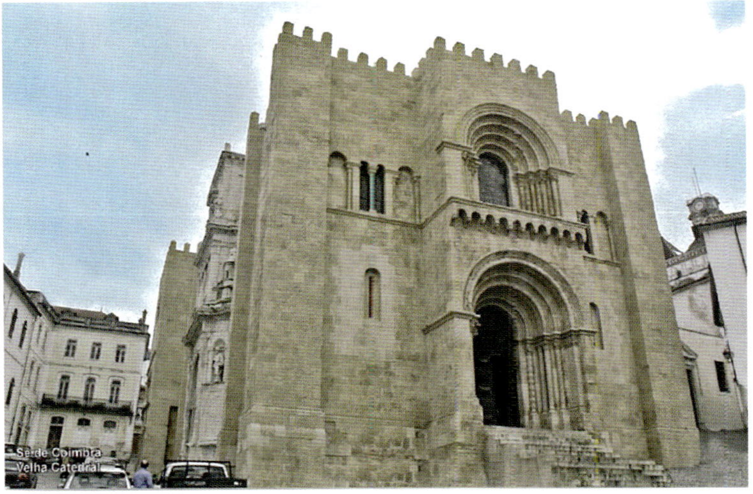

Catedral románica de Coimbra (segunda mitad del siglo XII)

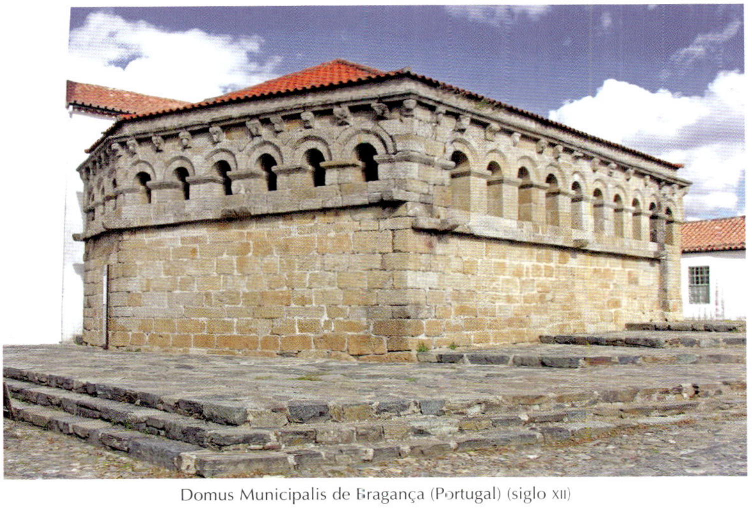

Domus Municipalis de Bragança (Portugal) (siglo XII)

54. EL ROMÁNICO EN EL CONJUNTO DE LOS ESTILOS ARTÍSTICOS EN ESPAÑA

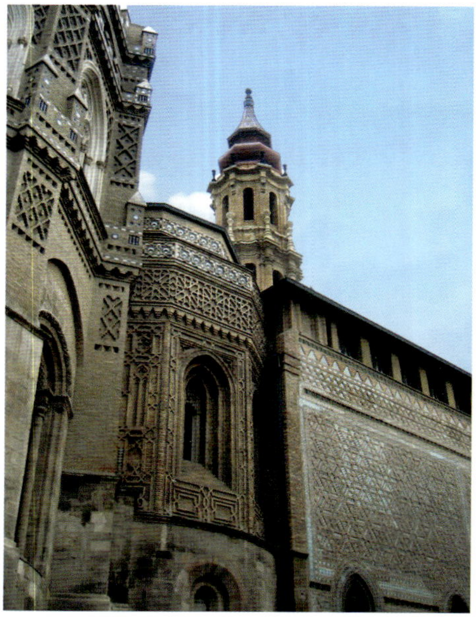

Decoración gótico-mudéjar de la Catedral de San Salvador de Zaragoza

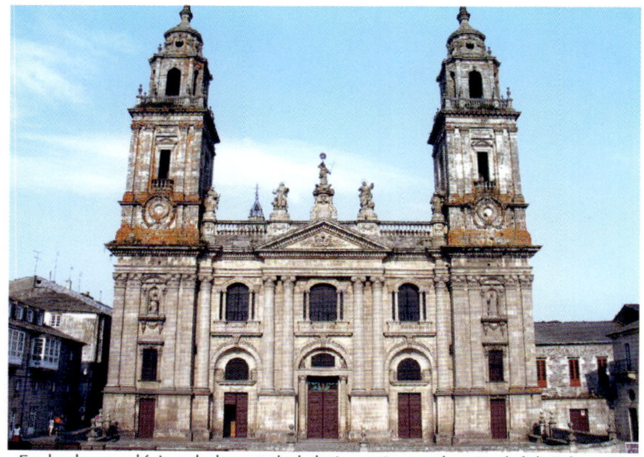

Fachada neoclásica de la catedral de Lugo (segunda mitad del siglo XVIII)

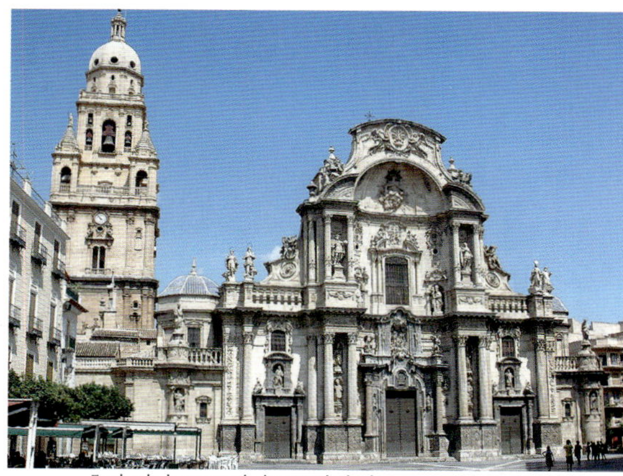

Fachada barroca de la catedral de Murcia (siglo XVIII)

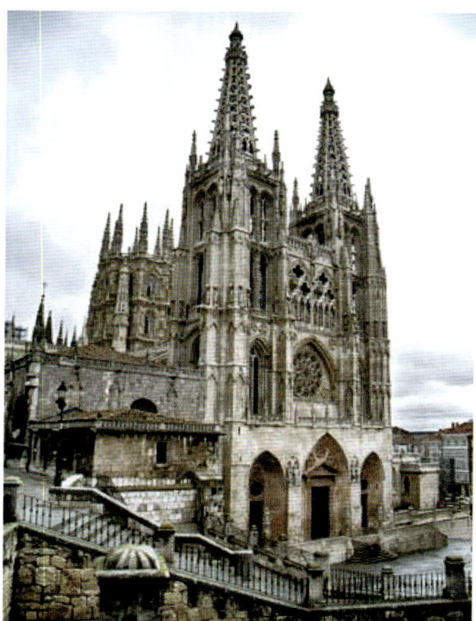

Catedral gótica de Burgos. Iniciada en el año 1221

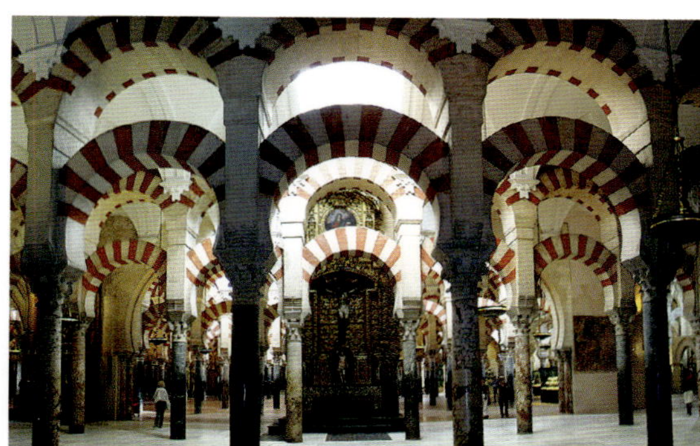

Interior de la mezquita de Córdoba (siglos VIII al X)

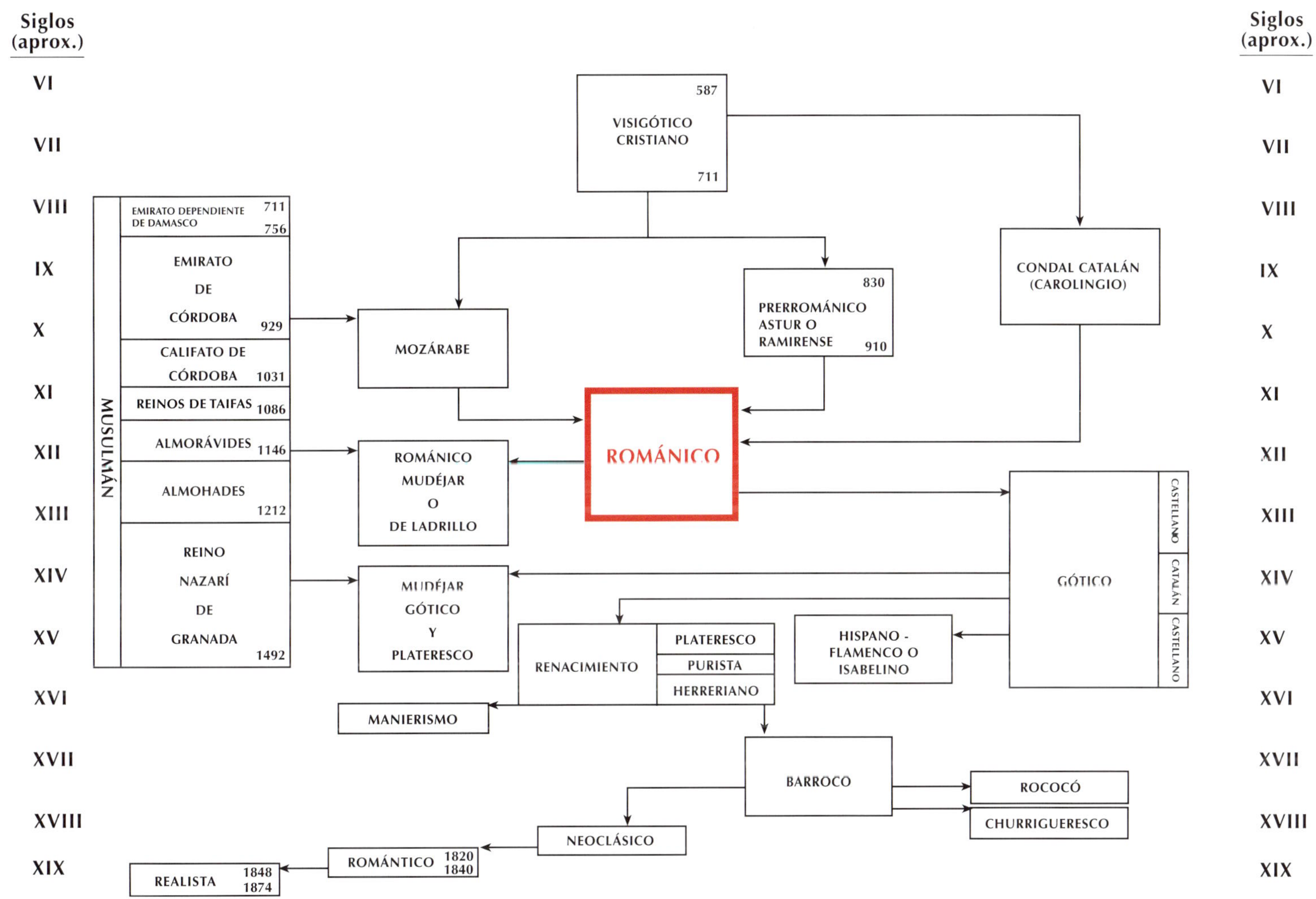

Siglos (aprox.)
VI
VII
VIII
IX
X
XI
XII
XIII
XIV
XV
XVI
XVII
XVIII
XIX
587
VISIGÓTICO CRISTIANO
711
MUSULMÁN
EMIRATO DEPENDIENTE DE DAMASCO 711 756
EMIRATO DE CÓRDOBA 929
CALIFATO DE CÓRDOBA 1031
REINOS DE TAIFAS 1086
ALMORÁVIDES 1146
ALMOHADES 1212
REINO NAZARÍ DE GRANADA 1492
MOZÁRABE
830
PRERROMÁNICO ASTUR O RAMIRENSE
910
CONDAL CATALÁN (CAROLINGIO)
ROMÁNICO
ROMÁNICO MUDÉJAR O DE LADRILLO
MUDÉJAR GÓTICO Y PLATERESCO
GÓTICO
CASTELLANO
CATALÁN
CASTELLANO
HISPANO - FLAMENCO O ISABELINO
RENACIMIENTO
PLATERESCO
PURISTA
HERRERIANO
MANIERISMO
BARROCO
ROCOCÓ
CHURRIGUERESCO
NEOCLÁSICO
ROMÁNTICO 1820 1840
REALISTA 1848 1874
Siglos (aprox.)
VI
VII
VIII
IX
X
XI
XII
XIII
XIV
XV
XVI
XVII
XVIII
XIX

55. FACTORES DETERMINANTES DE LA RÁPIDA IMPLANTACIÓN DEL ROMÁNICO EN ESPAÑA

INFLUENCIAS DESDE EUROPA

La expansión de monasterios (impulsados por benedictinos de Cluny, monasterio fundado en 910) contribuye al progreso económico y crecimiento de la población en zonas rurales y urbanas de Europa.

Las peregrinaciones y las Cruzadas (predicación de la 1ª Cruzada: 1095) propagan creencias cristianas en Europa.

CIRCUNSTANCIAS EN ESPAÑA

Sancho Garcés III el Mayor de Pamplona (reina: 1004-1035), el monarca cristiano más poderoso de la Península Ibérica en el siglo XI, en 1023 impone en sus territorios la reforma monástica de Cluny. Y Alfonso VI de León y Castilla (reina: 1065-1109) fomentará las peregrinaciones a Santiago de Compostela, la sustitución del rito mozárabe por el romano, y la apertura a Europa.

Concluye una pesadilla para los cristianos con la muerte de Almanzor (al parecer, en 1002, pocos días después de ser herido en la batalla de Calatañazor –Soria–) y el fin del califato cordobés (1031).

Oliba, abad del Monasterio de Ripoll desde 1008, obispo de Vic desde 1018, y amigo de Sancho III el Mayor (rey de Pamplona: 1004-1035) –a quien Oliba llama "rex ibericus"–, consagra en 1032 una nueva iglesia en Ripoll inspirada en Cluny II.

→ **Implantación y rápida expansión del arte románico en España, desde comienzos del siglo XI**

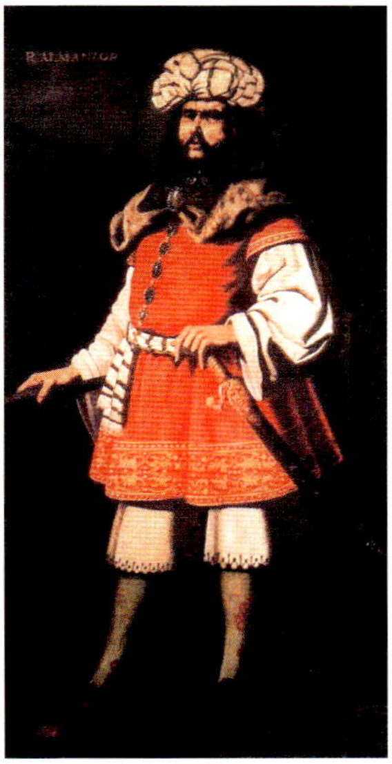

Almanzor, por Zurbarán
(segunda mitad del siglo XVII)

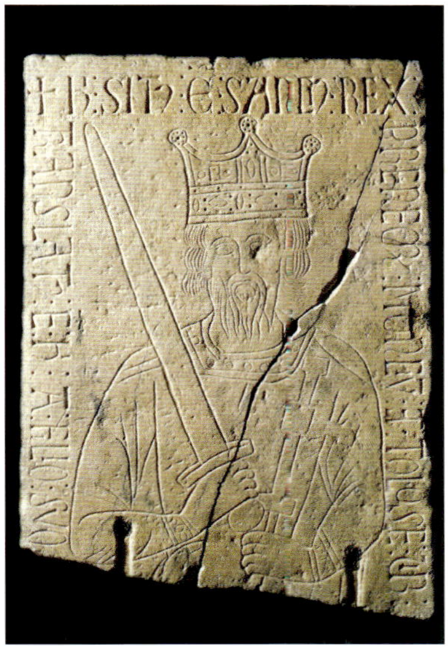

Lauda sepulcral de Sancho II de Pamplona
(1190 - 1200). Museo de León

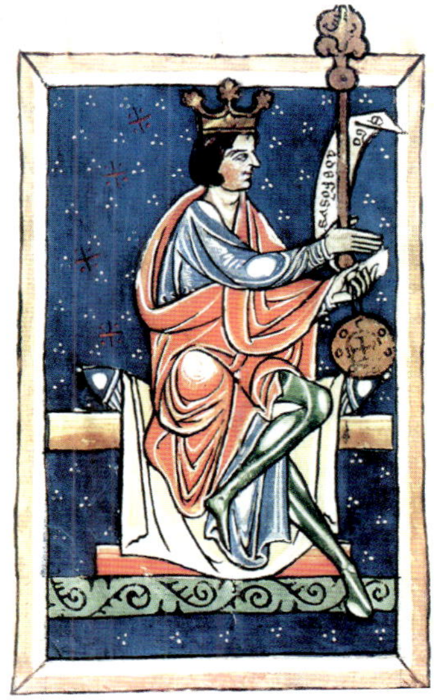

Alfonso VI de León y Castilla. Libro de las
Estampas (siglo XII). Catedral de León

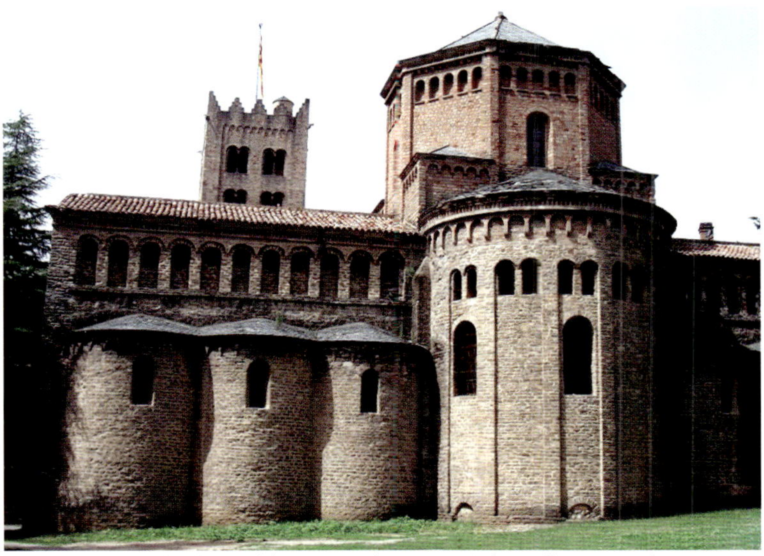

Detalle de la cabecera del monasterio de Santa María de Ripoll (Gerona, siglo XI)

56. APORTACIONES ESPAÑOLAS AL ROMÁNICO

CARACTERÍSTICAS DEL ROMÁNICO ESPAÑOL

- El Románico español es, en general, arte RURAL y DE REPOBLACIÓN (por Reconquista).
- Estas circunstancias determinan muchas de sus características (construcciones de pequeño tamaño, de ejecución aparentemente "urgente"...).

DOS PRINCIPALES APORTACIONES ESPAÑOLAS AL ROMÁNICO

- **GALERÍAS PORTICADAS EN IGLESIAS**
  - Aunque este tipo de galerías aparecen en diversos países antes del Románico, la originalidad española es la importancia con que las incorpora al Románico desde finales del siglo XI.
  - Son lugares semiprofanos-semisagrados, para celebración –a la puerta de las iglesias– de concejos al aire libre (aunque protegidos de las inclemencias atmosféricas), en la época de aparición de los municipios y de las comunidades parroquiales; también se han utilizado para cobijo de penitentes (antes de entrar en la iglesia) o para enterramientos.
  - Principalmente en las provincias de Segovia, Soria y Guadalajara; también en las de Burgos, Navarra, Ávila, La Rioja...
  - Probable nacimiento: en la iglesia de San Miguel, en San Esteban de Gormaz (Soria).
- **ROMÁNICO MUDÉJAR DE LADRILLO**
  - El que ha sido llamado "Románico mudéjar" o "Románico español de ladrillo" es de influencia árabe. Realizado por operarios musulmanes, utiliza materiales locales para reducir tiempo y costes. Si bien el ladrillo es de universal utilización (en Oriente, Imperio Romano, Bizancio...; y también en el Románico de diversos países).
  - A pesar del esfuerzo que emplea en la utilización decorativa del ladrillo, el "Románico de ladrillo" adultera el Románico; sus formas y volúmenes arquitectónicos son románicos, pero no permite la importante función catequética de capiteles, tímpanos, etc.
  - Iglesias y restos principales: en Castilla, León y Aragón.
  - Probable nacimiento: en Sahagún (León), en el siglo XII.

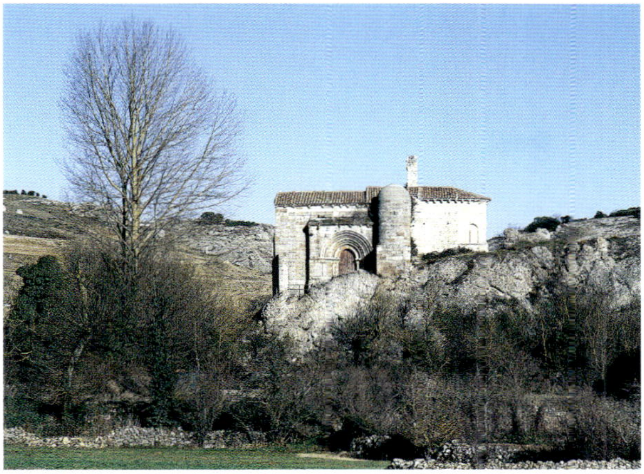

Ermita de Santa Cecilia de Vallespinoso de Aguilar (Palencia)
(finales del siglo XII)

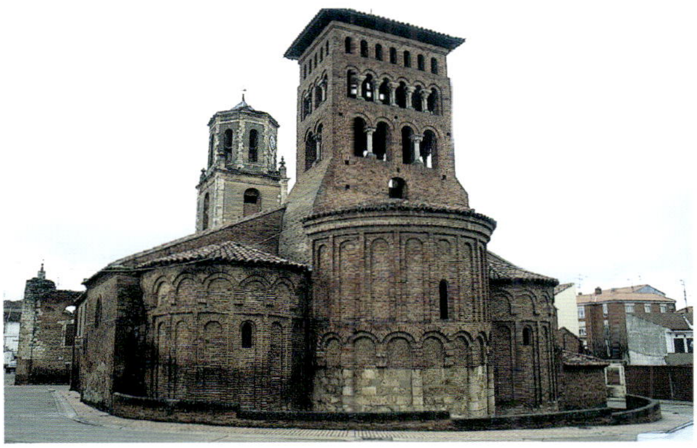

Iglesia de San Tirso de Sahagún (León) (finales del siglo XII)

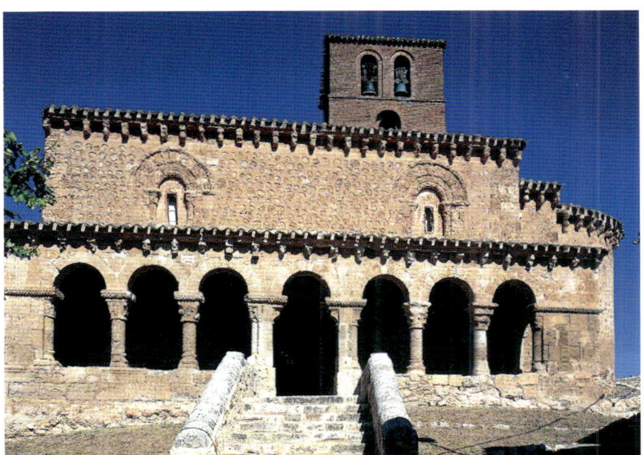

Galería porticada en la iglesia de San Miguel en San Esteban de Gormaz (Soria). Fechada en torno al año 1100

57. PRINCIPALES ESCUELAS DEL ROMÁNICO ESPAÑOL

Se relacionan a continuación las regiones españolas a las que los especialistas suelen asignar respectivos estilos –escuelas– de arte románico. No obstante, la clasificación debe considerarse con cautelas –a la hora de especificar áreas geográficas, períodos o características– por las intrincadas interrelaciones de unas escuelas con otras.

- **ARAGÓN**
- **CASTILLA**
  - **ÁVILA**
  - **SEGOVIA**
  - **SORIA**
  - **NORTE**
    - **BURGOS**
    - **CANTABRIA**
    - **PALENCIA**
- **CATALUÑA**
- **GALICIA**
- **LEÓN**
- **NAVARRA**
- **PAÍS VASCO**

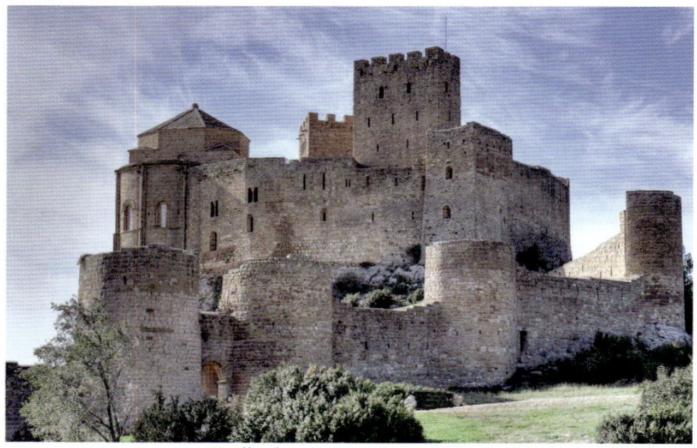

Castillo de Loarre (Huesca) (siglo XI)

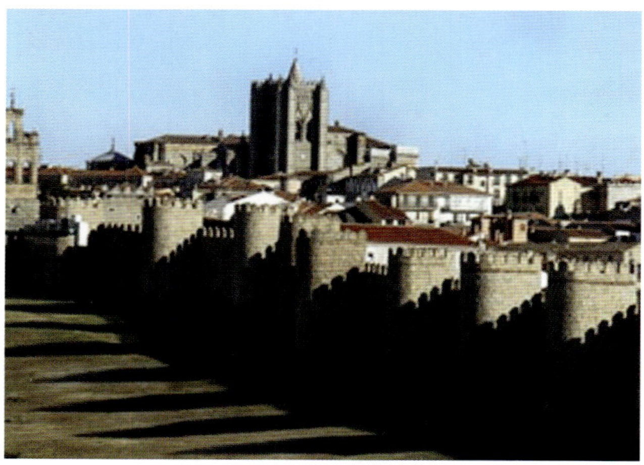

Murallas de Ávila (detalle, siglo XII).
Al fondo, la catedral románica de Ávila

58. CARACTERÍSTICAS DE LAS ESCUELAS DEL ROMÁNICO ESPAÑOL. 1/6: ARAGÓN Y ÁVILA

ARAGÓN

- Aragón es una de las puertas de entrada a España –por Somport (Huesca)– del Románico, procedente de Lombardía.
- Modelo inspirador: Catedral de Jaca (Huesca), de mediados del siglo XI, primer edificio románico importante construido en España, "cuna de las catedrales románicas españolas". Recoge influencias paleocristianas, bizantinas y lombardas, e influye en plantas posteriores (con sus tres naves, tres ábsides, sin girola, planta basilical, cimborrio, tímpanos en pórticos); marcará pautas estilísticas en Castilla y León mediante el Camino de Santiago. La iglesia del castillo de Loarre (Huesca), también del XI, influye en ábsides monumentales y verticalistas posteriores.
- Románico aragonés en general: sobrio, rudo, rotundo. En su nacimiento, realizado por lombardos.
- Importante lo escultórico y decorativo (claustro de San Juan de la Peña, tímpanos en Cinco Villas…).
- En la comarca del Alto Gállego, conjunto de pequeñas iglesias rurales –de siglos XI y XII– de influencia jaquesa, precedidas por también rurales y pequeñas iglesias –de los siglos X y XI– con claros rasgos mozárabes y lombardos. La principal: la iglesia de San Pedro de Lárrede (Huesca) probablemente del XI, si no del X.

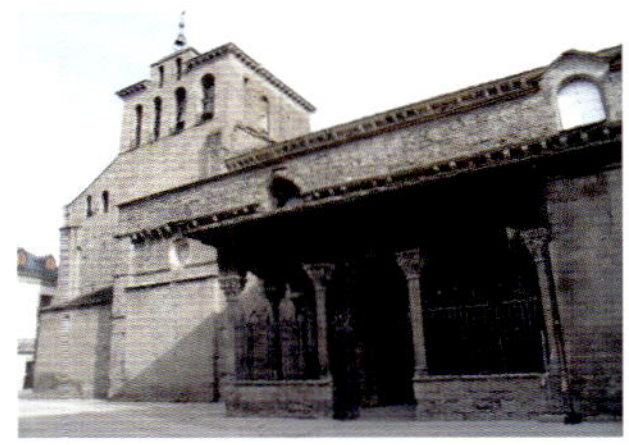

Catedral de Jaca (Huesca). Iniciada en la segunda mitad del siglo XI

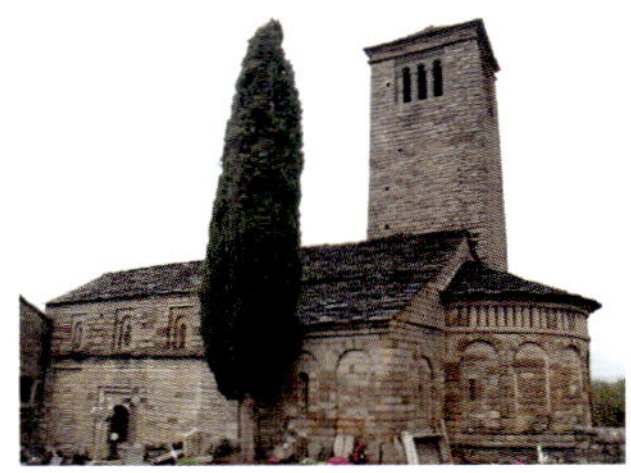

Iglesia de San Pedro de Lárrede (Huesca) (siglo XI)

ÁVILA (Castilla)

- Territorio de repoblación cristiana desde finales del siglo XI, su Románico tiene influencias musulmanas (está construido por operarios árabes conversos) y borgoñones (el rey de Castilla había encargado a Raimundo de Borgoña la repoblación de la zona abulense).
- También influenciado por lo leonés (San Isidoro de León) y lo segoviano (románico porticado en las iglesias).
- Dos obras importantes: la excepcional construcción militar de las murallas de la ciudad de Ávila, desde finales del XI; y la basílica de San Vicente, también en la ciudad, del XII-XIII.

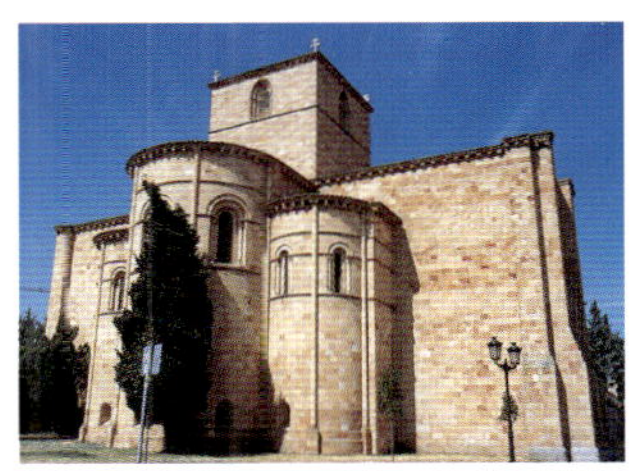

Basílica de San Vicente de Ávila (siglo XII)

59. CARACTERÍSTICAS DE LAS ESCUELAS DEL ROMÁNICO ESPAÑOL. 2/6: SEGOVIA Y SORIA

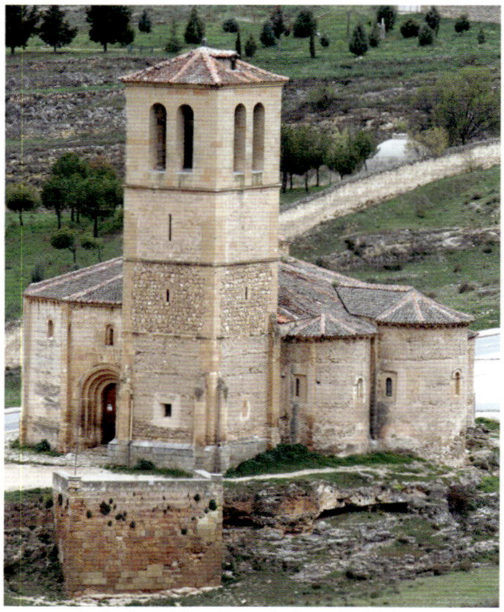

Iglesia de la Vera Cruz de Segovia (siglo XII)

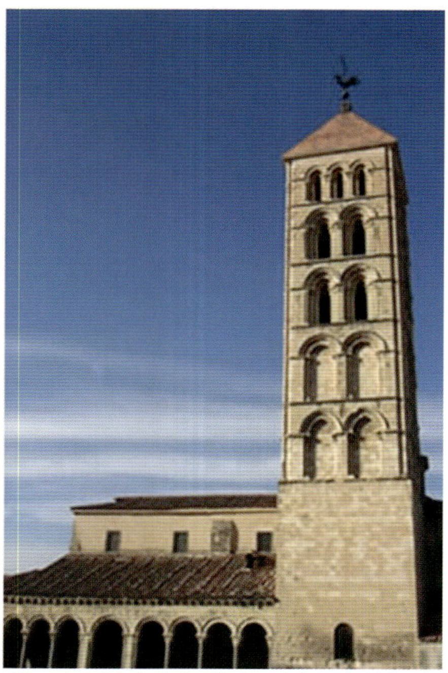

Torre de la iglesia de San Esteban de Segovia (siglo XII)

SEGOVIA (Castilla)

- El Románico de la zona de Sepúlveda, temprano, del XI. El de Segovia ciudad, tardío, tras repoblación de finales del XI; y en la ciudad se continuará construyendo en Románico casi hasta el XV. Gran número de iglesias y edificios civiles en la ciudad.
- Recibe influencias del modelo de la catedral de Jaca, y de la Auvernia francesa.
- Principal característica del Románico segoviano: galerías porticadas en iglesias, para usos sagrados y profanos (reuniones de concejos al abrigo de inclemencias climáticas); también en Burgos y Soria. Airosas torres (para campanarios y vigilancia). Importante foco de escultura románica.
- La iglesia de San Esteban, en la ciudad, tiene la torre más hermosa del Románico español.
- La iglesia de la Vera Cruz, en las afueras de la ciudad, la mayor de España de planta centralizada; al parecer, de los caballeros del Santo Sepulcro; de acusado orientalismo.
- La iglesia de la localidad de Maderuelo albergó uno de los más importantes conjuntos de pintura románica de estilo italobizantino –del XII– en España; actualmente en el Museo del Prado. Y la iglesia de San Justo y Pastor, en la ciudad de Segovia, contiene otro importante conjunto pictórico de la misma época.

SORIA (Castilla)

- Románico más tardío que el de Ávila y Segovia, y ya con numerosos elementos propios del naturalismo idealizado de lo protogótico.
- Influencias de lo musulmán califal, por permanencia de artífices mudéjares tras la Reconquista (ej.: cúpula del crucero de la iglesia de San Miguel, en Almazán).
- En zonas altas de la región –excepto en Soria capital– decoración escasa; Románico tosco, humilde, sin tímpanos. Más decoración cuando se baja hacia el Duero.
- El claustro de San Juan de Duero, del XIII, es como un muestrario de arcos románicos, en Soria capital.
- La ermita de San Baudelio, cercana a Berlanga, albergó uno de los más importantes conjuntos de pintura románica –del XII, de estilo italobizantino– en España; actualmente en Estados Unidos y España.

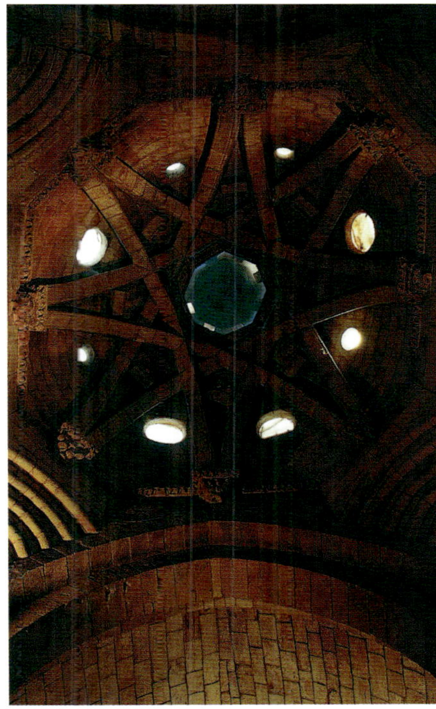

Cúpula del cimborrio de la iglesia de San Miguel de Almazán (Soria) (finales del siglo XII)

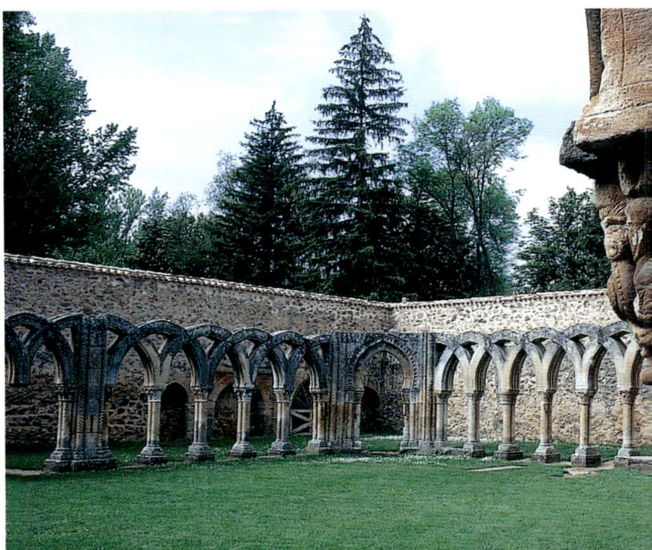

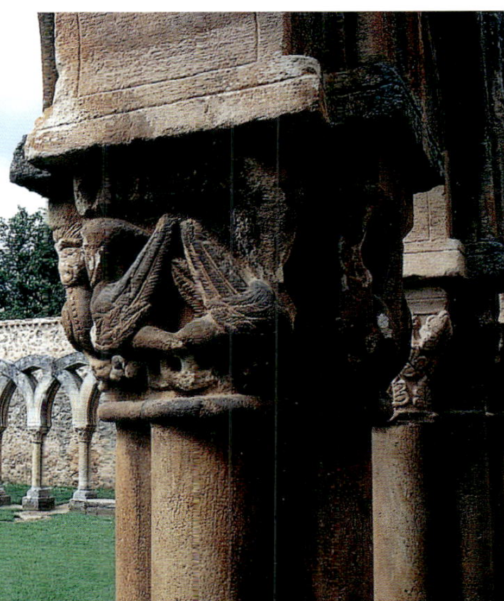

Claustro del monasterio de San Juan de Duero (Soria) (principios del siglo XIII)

60. CARACTERÍSTICAS DE LAS ESCUELAS DEL ROMÁNICO ESPAÑOL. 3/6: BURGOS, CANTABRIA Y PALENCIA

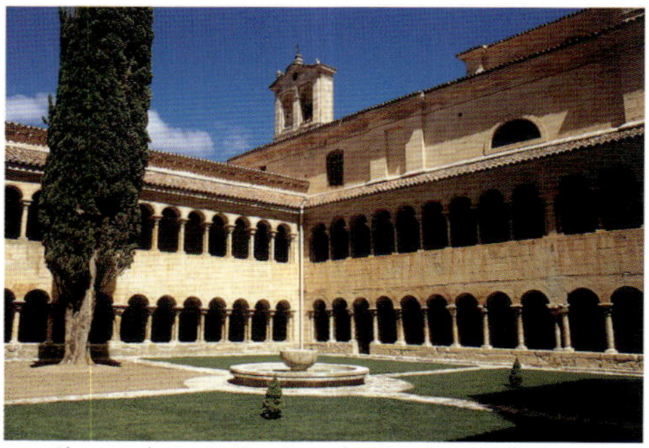

Claustro de Santo Domingo de Silos (Burgos) (siglo XII)

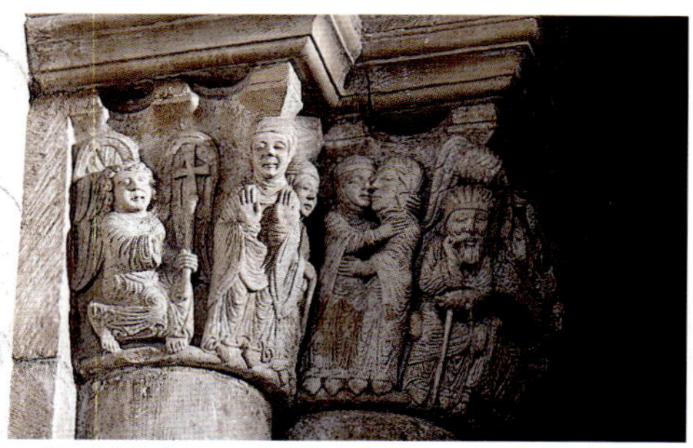

Capitel de la Anunciación del monasterio de San Juan de Ortega (Burgos) (siglo XII)

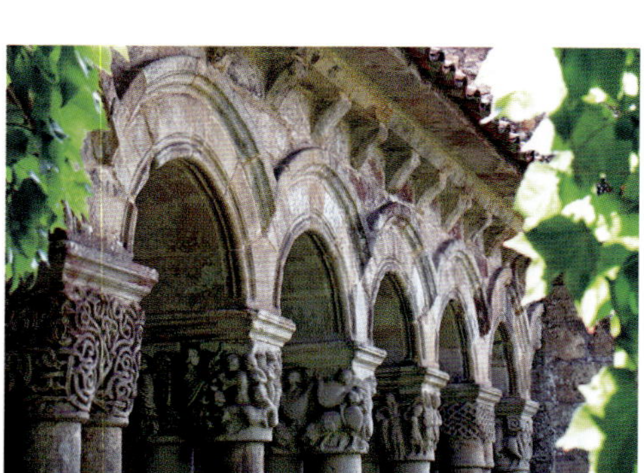

Claustro de la colegiata de Santa Juliana de Santillana del Mar (Cantabria) (finales del siglo XII)

BURGOS (Castilla Norte)

- Centro religioso civilizador de la Meseta y propagador del Románico: monasterio de Santo Domingo de Silos (siglo XII), con claustro único en Europa por la utilización de técnicas de labra eboraria en los capiteles (influido por San Isidoro de León).
- "Una de las provincias españolas más densas en monumentos románicos"; en su mayor parte tardíos, como en general los del norte de Castilla.
- Muy interesante la iglesia de San Juan, en Ortega, del XII, con la sorprendente iluminación que en los equinoccios producen los rayos del sol sobre el capitel de la Anunciación.

CANTABRIA (Castilla Norte)

- Obra maestra: claustro de la Colegiata de Santillana (siglo XII), el más importante de la escuela románica de Castilla Norte (Burgos, Cantabria y Palencia).
- Románico cántabro: tardío.
- Cinco interesantes colegiatas del siglo XII: Castañeda, Cervatos, Elines, Santillana y Santoña.
- Alusiones a lo erótico en capiteles y canecillos.

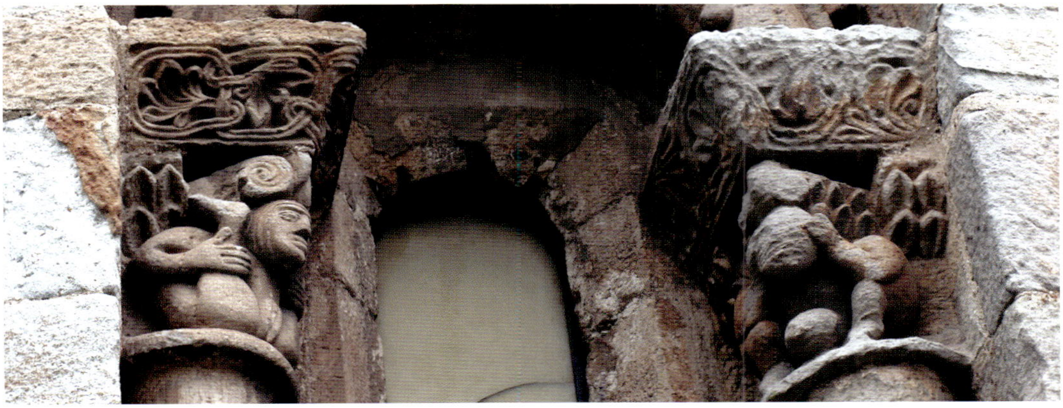

Capiteles eróticos de la colegiata de San Pedro de Cervatos (Cantabria) (primera mitad del siglo XII)

PALENCIA (Castilla Norte)

- Dos joyas del románico español:
  - Iglesia de San Martín de Frómista, de siglos XI-XII, relacionada con la catedral de Jaca, con la basílica de San Isidoro de León y con la catedral de Santiago de Compostela; excesivamente restaurada entre 1900 y 1904.
  - Portada occidental de la iglesia de Santiago, en Carrión de los Condes, con su gran Pantocrátor en el friso superior, del siglo XII.
- Románico palentino en general: rural, de pequeño tamaño y tardío, influido por León y el Camino de Santiago.
- Probable nacimiento en Sahagún del románico mudéjar, de ladrillo, de influencia musulmana.
- Es también importante la parte románica (de la primera mitad del XI) de la catedral de Palencia.

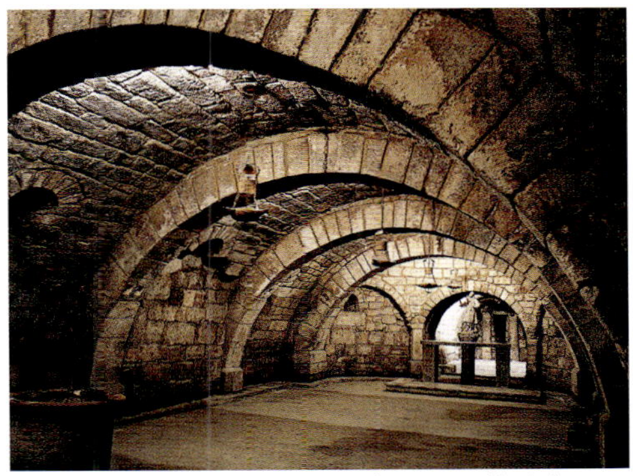

Espacio románico de la cripta de San Antolín de la catedral de Palencia (primera mitad del siglo XI)

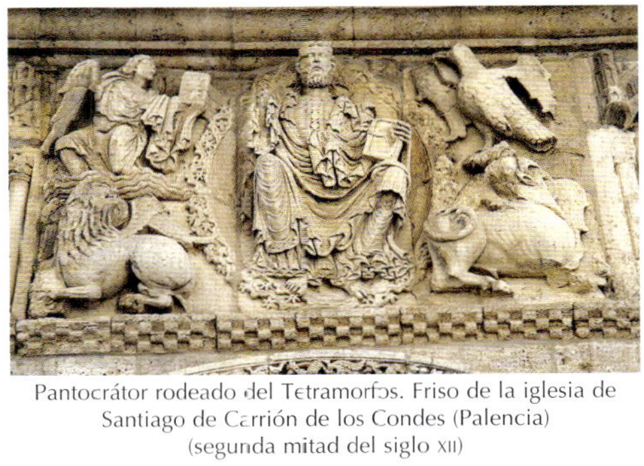

Pantocrátor rodeado del Tetramorfos. Friso de la iglesia de Santiago de Carrión de los Condes (Palencia) (segunda mitad del siglo XII)

61. CARACTERÍSTICAS DE LAS ESCUELAS DEL ROMÁNICO ESPAÑOL. 4/6: CATALUÑA Y GALICIA

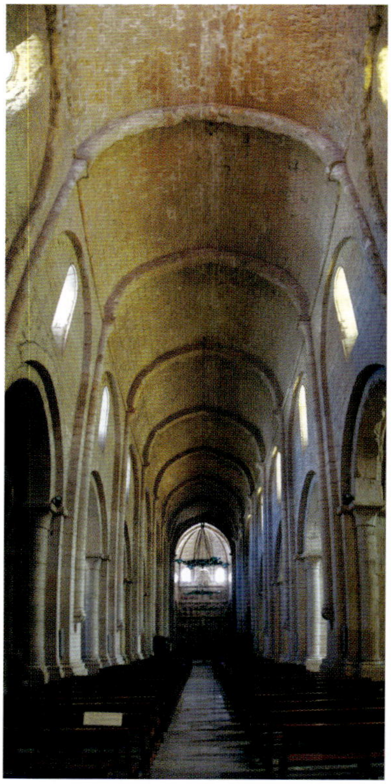

Interior de la iglesia del monasterio de Santa María de Poblet (Tarragona) (segunda mitad del siglo XII)

CATALUÑA

- Carlomagno establece en el siglo VIII la "Marca Hispánica" –en la zona de la actual Cataluña– para contener posibles invasiones musulmanas; en el X, diversos condados catalanes se unifican en el Condado de Barcelona, y se desligan del dominio franco. Con este bagaje, en el siglo XI Cataluña se constituye en una de las puertas de entrada del Románico a España.
- El norte, muy influenciado por el románico lombardo (llamados a Cataluña, "maestros de Como" implantan arquillos ciegos, bandas verticales, torres cuadradas, bóvedas de medio cañón...), y también por el alemán y francés.
- Grandes monasterios cluniacenses y cistercienses.
- Obras maestras en arquitectura: el monasterio de San Pedro de Roda (Gerona), iniciado a mediados del siglo X, es una de las primeras, más complejas y más singulares realizaciones románicas en Cataluña; la iglesia de San Vicente de Cardona, paradigma del primer románico catalán, consagrada en 1040; el muy restaurado monasterio de Poblet (Tarragona), del siglo XII, quizá el más importante conjunto arquitectónico cisterciense (último periodo de restauración: 1940-1982); y la catedral de Seo de Urgel (Lérida) también del XII. En escultura: la portada del monasterio de Ripoll (Gerona), del XI, con influjos del arte califal cordobés. En pintura: las murales (de estilo italobizantino) de las pequeñas iglesias del Valle de Boí (Lérida), del XII, actualmente en el MNAC de Barcelona.
- Importantes claustros (de San Cugat del Vallés, en Barcelona; de la catedral de Gerona; del monasterio de Ripoll...).
- Gran calidad, aun en iglesias sencillas y pequeñas.

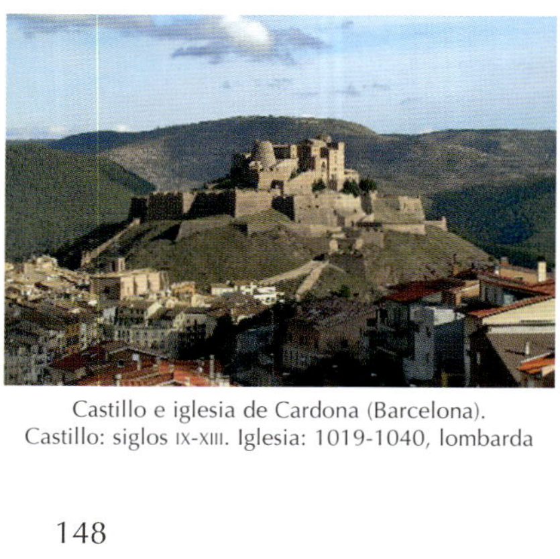

Castillo e iglesia de Cardona (Barcelona). Castillo: siglos IX-XIII. Iglesia: 1019-1040, lombarda

GALICIA

- Modelo inspirador y principal monumento románico en España: la catedral de Santiago de Compostela, comenzada en 1075 y consagrada en 1211. Su Pórtico de la Gloria (1168-1188), del maestro Mateo, de escuela leonesa, es la obra cumbre de la escultura románica, y anuncio del Gótico.
- Influencias de Auvernia (Francia) en lo románico de las catedrales de Lugo, Tuy, Orense, Mondoñedo.
- Abundancia de ábsides cuadrados (de influencia anglosajona).
- Románico gallego: tardío, con incorporación de formas del Gótico naciente.
- Iglesias rurales pequeñas, severas, arcaizantes. Empleo del granito. Aridez decorativa, salvo en grandes catedrales o conventos en ciudades principales.

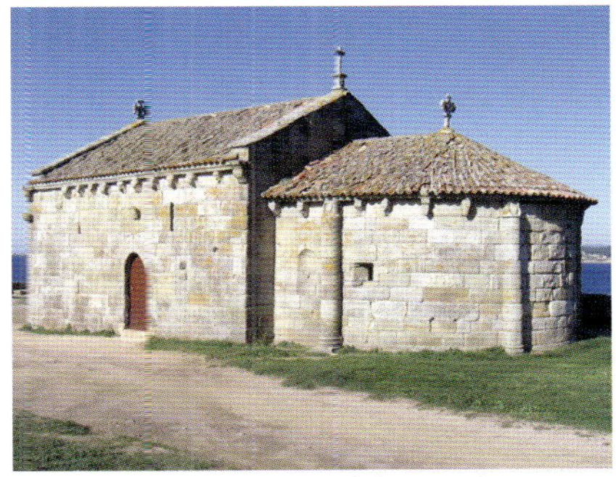

Iglesia de Santa María de la Lanzada en Sanxenxo (Pontevedra) (siglo XII)

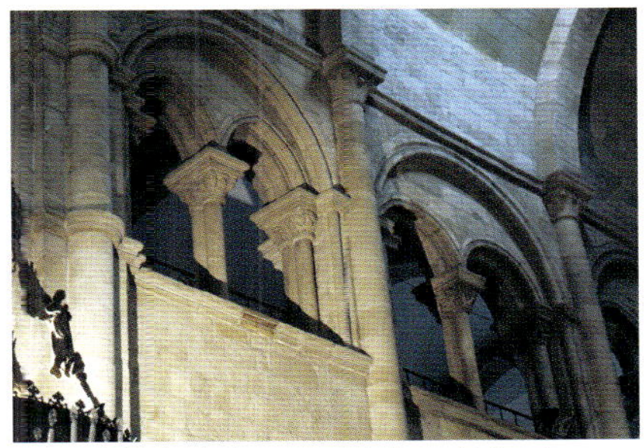

Trifcrio de la catedral de Lugo (siglo XII)

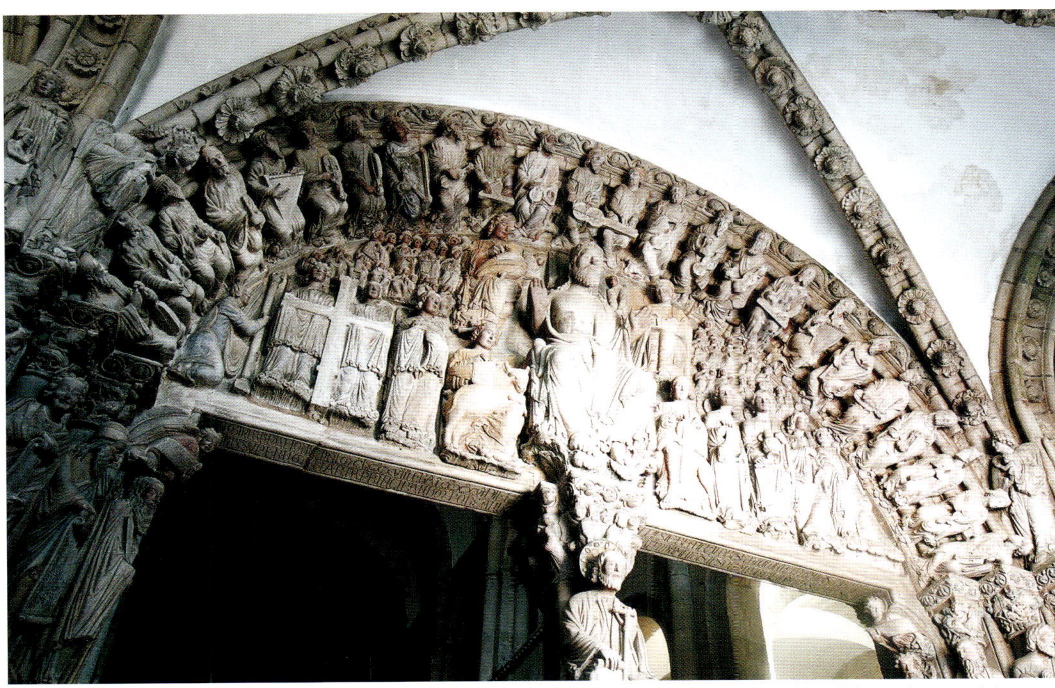

Pórtico de la Gloria de la catedral de Santiago de Compostela (finales del siglo XII), una de las cumbres de la escultura románica

62. CARACTERÍSTICAS DE LAS ESCUELAS DEL ROMÁNICO ESPAÑOL. 5/6: LEÓN Y NAVARRA

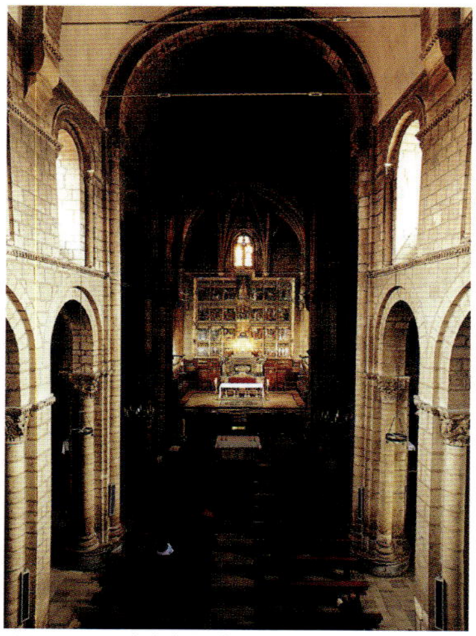

Nave central de la colegiata de San Isidoro de León (siglo XII)

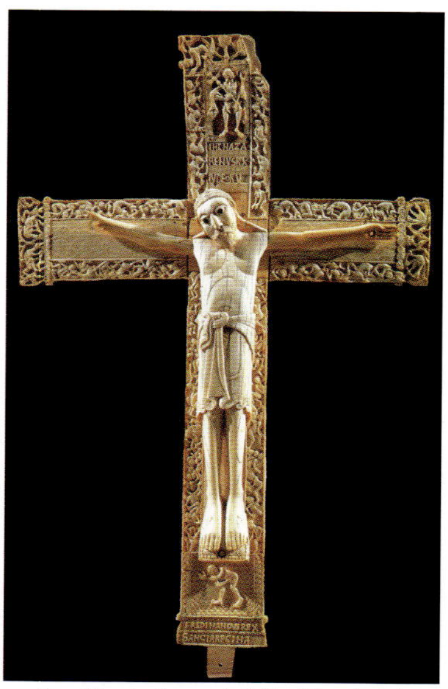

Crucifijo de Fernando I (Castilla y León) y doña Sancha (hacia 1063). Museo Arqueológico de Madrid

LEÓN

- La iglesia de San Pedro de Teverga (Asturias), del siglo XI, con vestigios prerrománicos, marca los comienzos del estilo románico en el Reino de Asturias y León; influye en la catedral de Jaca (Huesca), en la iglesia de San Martín de Frómista (Palencia), en la actual basílica de San Isidoro (León), en la catedral de Compostela...
- Modelo inspirador en la región: la Real Colegiata de San Isidoro. La primera iglesia, del XI; la actual, del XII, construida por Fernando I de Castilla y León para albergar las reliquias de San Isidoro de Sevilla; con características de planta de cruz latina, tres naves, tres ábsides, sin girola. El Panteón de la Colegiata es construido –también por Fernando I– como Panteón Regio, al modo del rey astur Alfonso II, y contiene el conjunto más notable de pintura mural románica (conjunto de estilo francobizantino). La escultura de la Colegiata influye en el Románico francés.
- Sigue pautas borgoñonas y aquitanas, además de las procedentes de Jaca.
- La escuela de León extiende su influjo por el entorno de la ciudad, por el Bierzo y por la región del Duero cercana (que también recoge influencias orientales –bizantinas y musulmanas, importadas por los cruzados– tales como la agrupación de cúpulas, en las catedrales de Zamora y Salamanca y en la colegiata de Toro); influye en el claustro de Silos (Burgos).
- Pieza maestra románica de cruz con Crucificado, en España –y una de las más importantes de Europa–, es el denominado Crucifijo de Fernando I, donado por este rey de Castilla y León, a mediados del siglo XI, a la colegiata de San Isidoro (hoy la cruz, en el Museo Arqueológico de Madrid).

NAVARRA

- Otra de las puertas de entrada a España –por Roncesvalles– del Románico procedente del "Camino Francés" a Santiago de Compostela.
- Foco: catedral de Pamplona, de principios del siglo XII.
- Iglesias de planta centralizada, de Órdenes Militares, para fines ceremoniales funerarios y para enterramientos (Eunate, Torres del Río); del tipo de la iglesia de la Vera Cruz, en Segovia.
- En el santuario de San Miguel de Aralar se conserva el Retablo de los Esmaltes (del último cuarto del XII), uno de los más importantes conjuntos de esmaltes románicos.
- Masiva agrupación de tallas monumentales en la portada de la iglesia de Santa María la Real (comenzada en el XII), en Sangüesa. El monasterio de San Salvador (consagrado en 1057), en Leyre, fundamental como expresión del simbolismo románico.
- Construcción civil excepcional: palacio de los Reyes de Navarra, en Estella, del siglo XII.

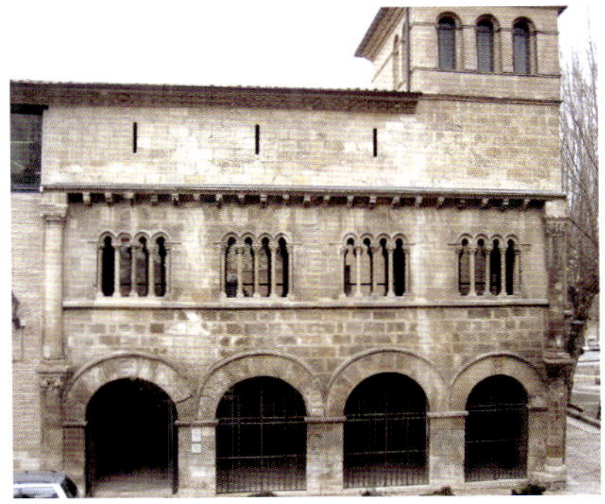

Palacio de los Reyes de Navarra en Estella (Navarra) (finales del siglo XII)

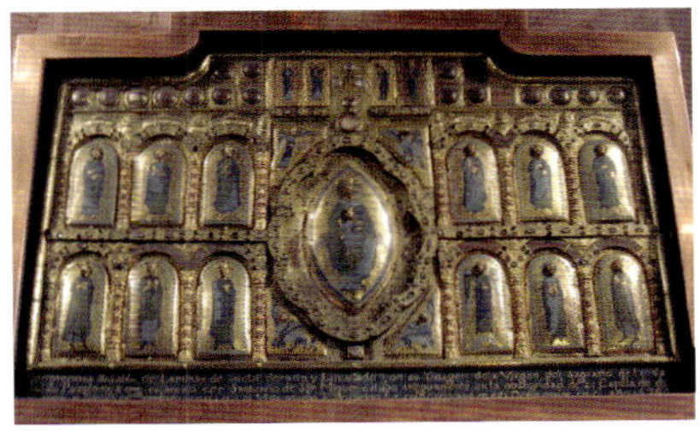

Retablo de esmaltes (siglo XII). Santuario de San Miguel de Aralar (Navarra)

Iglesia de Santa María de Eunate (Muruzábal, Navarra) (siglo XII)

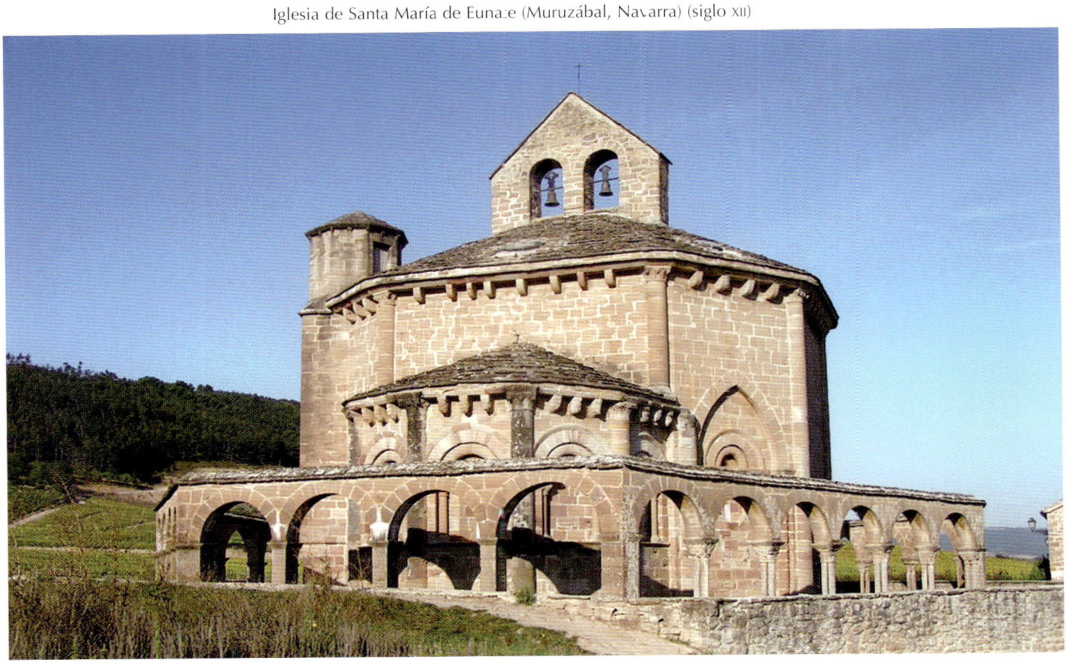

63. CARACTERÍSTICAS DE LAS ESCUELAS DEL ROMÁNICO ESPAÑOL. 6/6: PAÍS VASCO

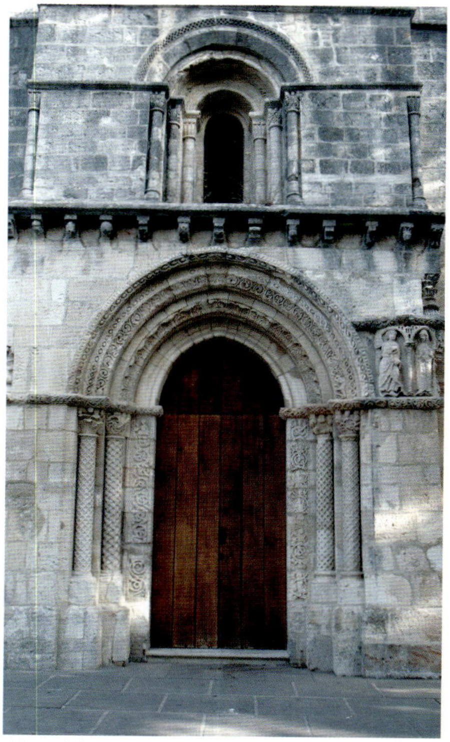

Iglesia del monasterio de Santa María de Estíbaliz (Álava) (principios del siglo XIII)

PAÍS VASCO

- Románico tardío. Las más importantes construcciones –en Estíbaliz y Armentia– se realizan entre la segunda mitad del siglo XII y el segundo tercio del XIII.
- Penetra en Álava desde el sur y este, y continúa a Vizcaya y Guipúzcoa.
- Iglesias de arquitectura muy sencilla (una sola nave, un solo ábside, sin girola, sin claustro; sólo dos –Estíbaliz y Armentia– con transepto, y sólo Estíbaliz con tres ábsides); sin características del Románico Pleno.
- Estíbaliz (de la segunda mitad del XII), vinculada al priorato de Nájera y este a Cluny, está influida por el estilo borgoñón, e influye en Álava, Vizcaya, Guipúzcoa, Burgos, Navarra y Rioja.
- La sencillez y pequeño tamaño de las iglesias se debe a la gran diseminación de la población y a que frecuentemente son construcciones en gran parte de madera (sometidas a los fuegos). A partir del siglo XIII se construirán más importantes iglesias de piedra.

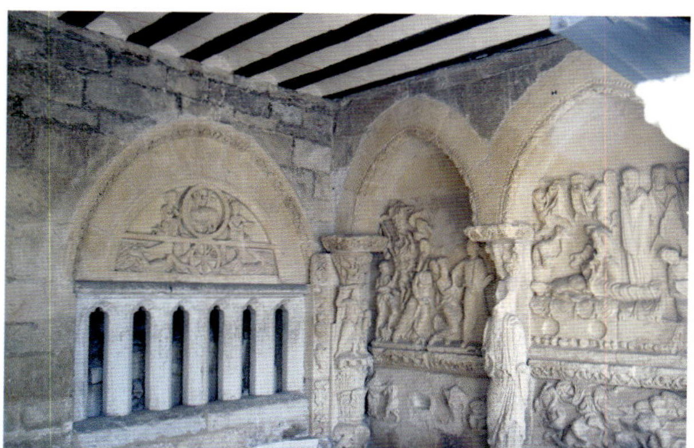

Pórtico de la basílica de San Prudencio de Armentia (Álava, siglo XII)

64. DEL ROMÁNICO AL GÓTICO

Desde principios del siglo XII, a la profusión decorativa del estilo cluniacense se opone una sobriedad que desembocará en el estilo cisterciense. Mentor de este: san Bernardo de Claraval (1091-1153). Se inicia así la transición que conducirá del Románico (diverso en sus escuelas y planteamientos) al Gótico (que se desarrollará uniformemente buscando la luz, la naturalidad, la verticalidad). En tanto que el Románico ama la naturaleza estática de la piedra, el Gótico obliga a la piedra a producir la ilusión de movimientos ascendentes.Tres principales ejemplares del Gótico naciente en Francia hacia 1140: la iglesia de Saint-Denis (afueras de París), la categral de Sens y la de Chartres (su Portada Real).

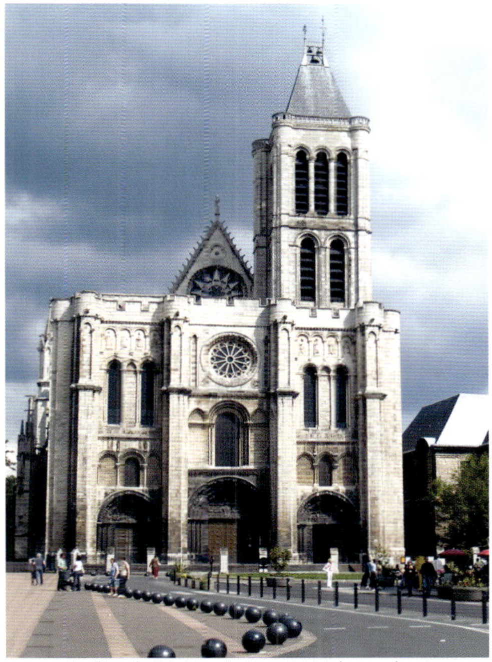

Basílica de Saint Denis (Francia) (siglos XII al XIV)

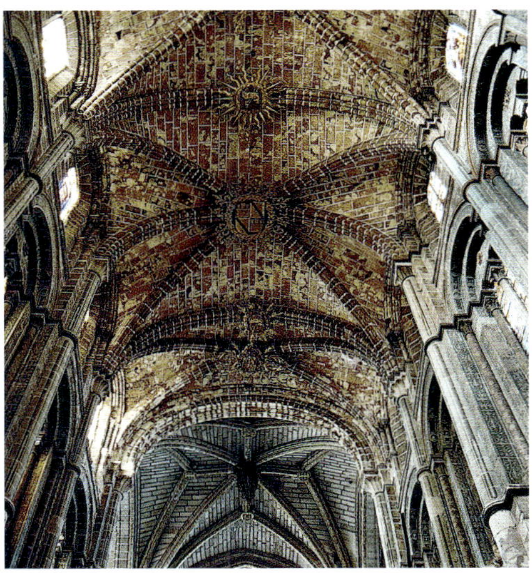

Bóvedas de crucería góticas (siglo XIII).
Catedral del Salvador de Ávila

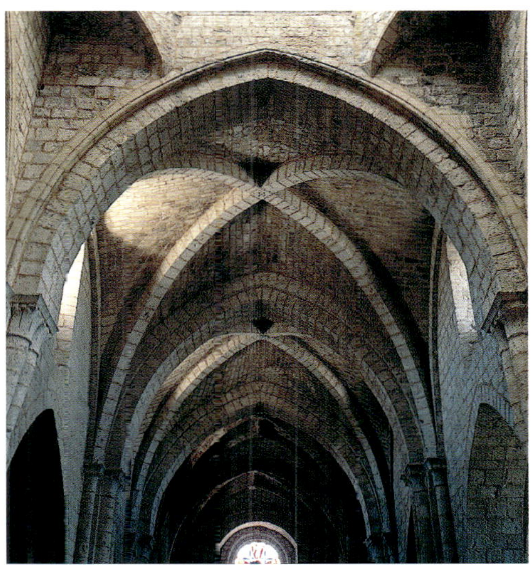

Bóveda de crucería (finales del siglo XII). Monasterio cisterciense de Santa María. Valbuena de Duero (Valladolid)

- "Si la época románica fue la de los monjes negros de Cluny, la gótica será la de los monjes blancos del Císter. Pero estos no eran batalladores, políticos ni mundanos como los anteriores [...]. Los seguidores de San Bernardo, en cambio, eran otra cosa: austeros, humildes, piadosos, entregados casi con exclusividad a una pura acción religiosa." (*)
- "El contraste [entre lo cluniacense y lo cisterciense] es radical: frente a una liturgia sobrecargada, que ocupaba casi toda la jornada del cluniacense, una vida tónica y saludable de trabajo; frente a los delirios de la imaginería en piedra y de la orfebrería en metales y gemas preciosas, una austeridad artística rayana en el ascetismo." (*)
- "En Saint Denis [cerca de París] puede decirse que casi de golpe se inventa el estilo gótico. A la vista de este monumento único, que dio por sí solo nacimiento a un nuevo estilo, caen por tierra las ideas de una evolución que por grados intermedios transforma el estilo románico en estilo gótico." (*)
- "Entre las características que definen a la arquitectura gótica, una de las más importantes es el empleo sistemático de la bóveda de ojivas, así llamada por recibir este nombre los arcos diagonales que la refuerzan." (*)
- "Las bóvedas de ojivas no son invento de la arquitectura gótica, como no lo es tampoco el arco agudo. Las primeras aparecen en el románico del norte de Italia y en el normando, en esa asombrosa catedral de Durham (en Inglaterra; comenzada en 1093)." (*)
- "[...] el cambio del románico al gótico es el de las grandes abadías que ceden su puesto a las grandes catedrales, el de la vida campesina que deja paso a la urbana, el de la economía agraria que se acrecienta con el comercio y la artesanía, el de los siervos de señores y monasterios al que se une el hombre libre de las ciudades. Es el cambio entre el saber confinado en los cenobios monacales y el más abierto de las nacientes universidades."(**)

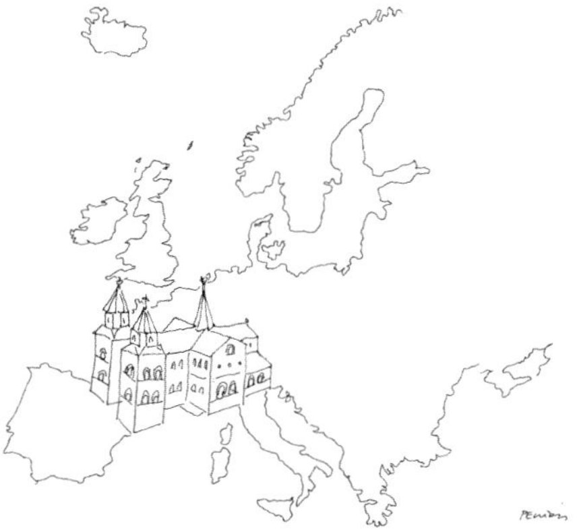

(*) Fernando Chueca Goitia, Historia de la arquitectura española. Edad Antigua y Edad Media, 1965.
(**) Fernando Chueca Goitia, Historia de la arquitectura occidental. Prerrománico. Románico en Europa, 1989.
- F. Chueca Goitia (1911-2004), español, arquitecto y quizá el más completo historiador español de la arquitectura.

VI

EVALUACIÓN DEL ROMÁNICO

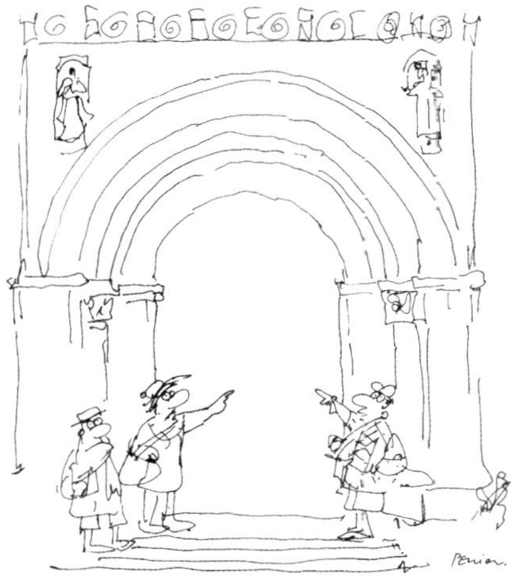

Para concluir, esta Sección VI considera diversos elementos que contribuyen a establecer el valor y la trascendencia del Románico:

- Como forjador y al mismo tiempo producto de la unidad espiritual de Europa (Capítulo 65).
- Como paradigma del clasicismo en el arte (Capítulo 66).
- Como arte puesto al más alto nivel por la crítica (Capítulo 67).
- Como arte en creciente aprecio (Capítulo 68).
- Como posible inspirador del futuro arte cristiano (Capítulo 69).

65. ARTE ROMÁNICO: EL ARTE DE LA UNIDAD ESPIRITUAL DE EUROPA

- Periodo del Románico: finales del siglo X a principios del siglo XIII.
- Es el primer arte de la Europa unida:
  - Es el segundo estilo artístico paneuropeo (primero: el Romano; tercero el Gótico), pero el primer estilo que alcanza difusión en toda Europa Occidental.
  - En su expansión, traspasa límites geográficos impuestos por entidades políticamente soberanas, gobernadas por emperadores y reyes independientes. Recuérdese que el arte romano, en cambio, prácticamente se limita a los territorios sometidos a la soberanía del Imperio Romano.
  - La expansión del Románico no está fundada en el dominio político o militar, sino en la unidad espiritual de quienes lo acogen, en la adhesión de estos a las ideas –de contenido espiritual– que este arte representa.
  - El Románico, en definitiva, es el arte de la unidad espiritual de Europa; el arte de la Europa unida por los lazos espirituales del Cristianismo, por encima de los compartimientos formados por diversos territorios soberanos.

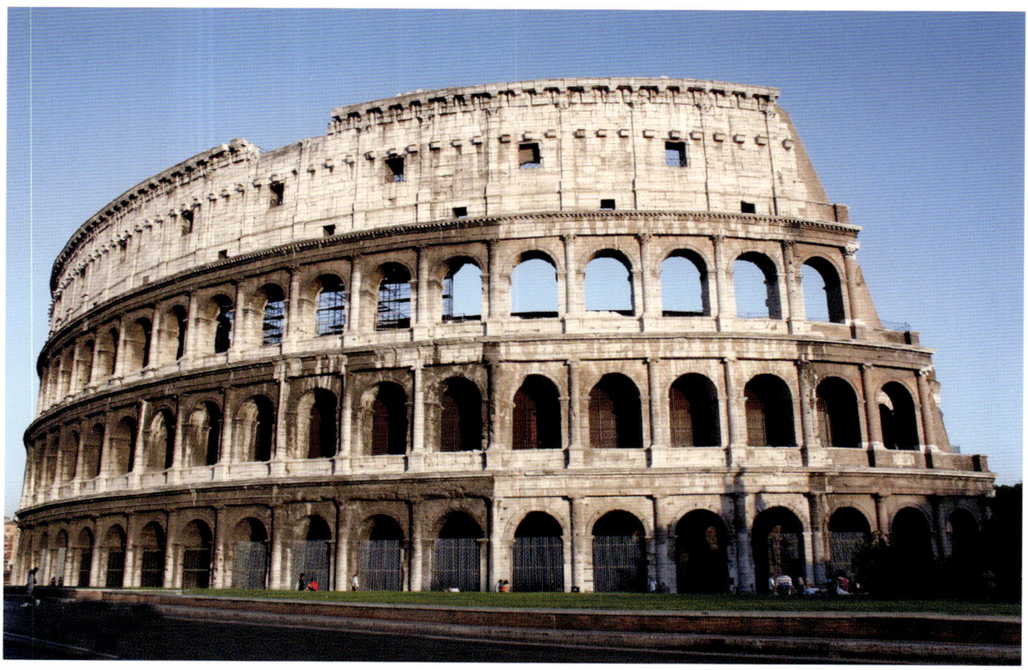

Coliseo de Roma (siglo I)

- Es un arte con una estética idealista, clásica; no naturalista ni barroca.
- Arte esencialmente simbólico. Mediante el símbolo (signo natural) el Románico trata de transmitir lo inefable, lo inexpresable de otra manera.
- Nace espontáneamente. No es Arte de Corte como el Carolingio, Bizantino o Islámico:
  - Románico: es monacal y rural.
  - Gótico: es catedralicio, burgués y urbano.
- Arte Monacal, por haber sido iniciado y extendido por monjes, principalmente benedictinos:
  - Gran importancia del monasterio como centro cultural y económico, con cierta autonomía civil y eclesiástica.
  - Núcleo de irradiación del Románico: el monasterio benedictino de Cluny (Borgoña):
    - Cinco fases en el desarrollo del monasterio: fundación por Guillermo el Piadoso de Aquitania, en el 910; consagración de la iglesia Cluny I: 927; de Cluny II: 981; de Cluny III: 1130; destrucción: 1809-1823.
    - La abadía, en el siglo XI, es el centro espiritual de la Cristiandad occidental.
    - Cluny, a mediados del siglo XII, controla 1.500 monasterios europeos.
    - La iglesia de Cluny llega a ser, durante siglos, la más grande de la Cristiandad.

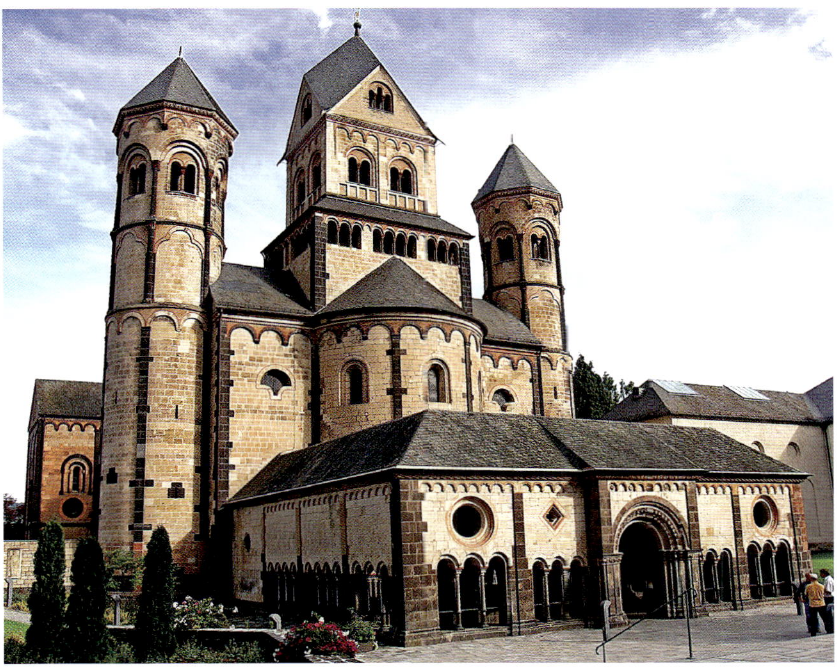

Abadía benedictina de María Laach (Alemania) (siglo XII)

66. EL ARTE ROMÁNICO, PARADIGMA DE LO CLÁSICO

BARROQUISMO VS. CLASICISMO, SEGÚN EUGENIO D´ORS EN "LO BARROCO", 1935

Lo CLÁSICO y lo BARROCO definidos como:

- Modalidades generales o constantes históricas de la cultura.
- Categorías intemporales y universales de lo artístico; no estilos artísticos de épocas determinadas.
- Características de lo BARROCO: propensión a lo complejo, lujoso, teatral, retorcido, enfático. Aunque en ciertas fases o circunstancias lo Barroco puede adoptar algunas de las características de lo clásico, y viceversa.

Fundamentos del CLASICISMO	Fundamentos del BARROQUISMO
Razón	Sentimiento, pasión
Intelectualista	Vitalista
Armonía del progreso	Intensidad de la agitación
Formas que pesan	Formas que vuelan
Estático	Dinámico
Unidad	Multipolaridad
Orden	Desorden
Eternidad	Vida
Canónico	Caricaturesco
Normativo, autoritario	Libertino
Reaccionario	Revolucionario
Cerrado ("contrapunto" en música)	Abierto ("fuga" en música)
Discontinuo	Continuo
Economía	Música
Origen en la Antigüedad	Origen en la Prehistoria

EN LA CONTRAPOSICIÓN ENTRE LO CLÁSICO Y LO BARROCO, EL ARTE ROMÁNICO ES EL PARADIGMA DE LO CLÁSICO

67. ARTE ROMÁNICO: ¿GENIAL O TRIVIAL?

"*De gustibus non est disputandum*. En estas materias no hay una prueba absoluta de que poder echar mano. Se trata de sentimiento, o más bien de credo; y así como las diferencias de religión son las que más tenazmente arraigan en el corazón de los hombres, de suerte que están prontos a sacrificarse y a perjudicar a los demás por causa de ellas, del mismo modo para el aficionado del arte su credo estético es acaso lo que tiene más profundamente arraigado en el alma, lo que más de cerca le toca, si se pone a prueba."

"Yo creo, y creo con la más alta convicción, en el arte carolingio, en el griego y en el románico; creo en el italiano del Quattrocento, en el americano de la época colonial, y si queréis hasta en el barroco portugués; pero no me resigno a inclinarme delante de la diosa Roma [del arte romano]."

Párrafos tomados de Arthur KINGSLEY PORTER, *Más allá de la arquitectura*, 1928.

A. K. PORTER (1883-1933), estadounidense, fue profesor de Arte en las universidades de Harvard y Sorbona, y quizá el mejor tratadista –en su tiempo– de arte medieval europeo.

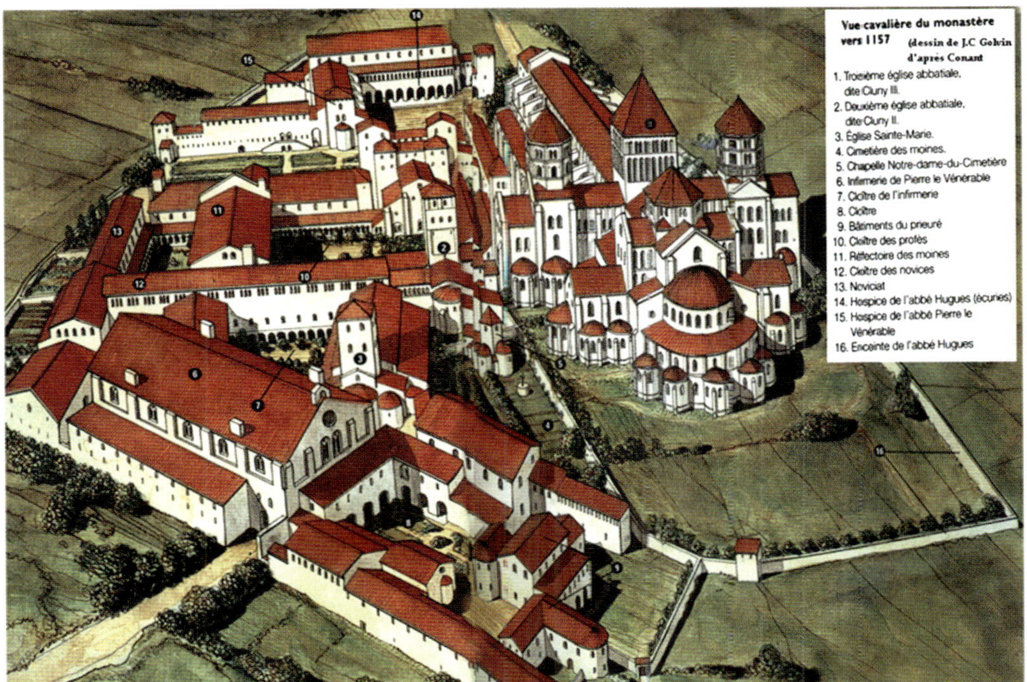

Reconstitución de la abadía de Cluny (según su posible estado en el 1157)

68. APRECIACIÓN CRECIENTE DEL ROMÁNICO

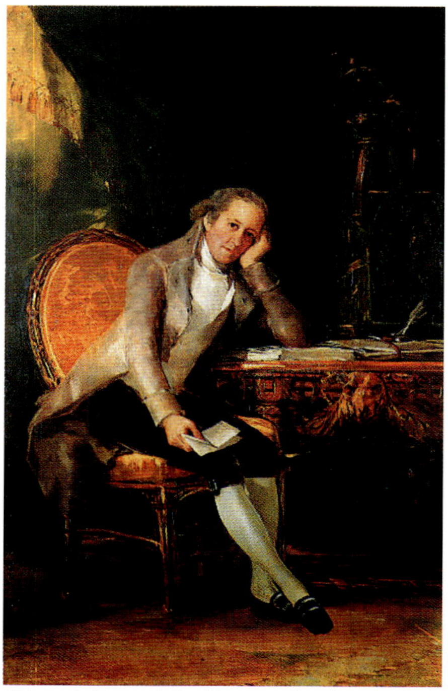

Retrato de Gaspar de Jovellanos, por Francisco de Goya (1798). Museo del Prado (Madrid)

- En la Europa del siglo XVI no se distingue precisamente entre Románico y Gótico; se les califica como estilo godo, y este es considerado primitivo, grosero, sin mérito. R. GUTIÉRREZ CALLEJA, en 1904, cita a F. BALDINUCCI que, en el XVII, en su "Vocabulario de las artes del dibujo" dice, refiriéndose al estilo gótico: "todo él es bárbaro, aglomeración de cosas sobre cosas, sin regla, sin medida, y que no puede mirarse sino con desagrado".
- En Europa, en la segunda mitad del siglo XVIII y principios del XIX, predomina la ideología de la Ilustración; en arte, su ideal es lo clásico (ideal que se materializará en el Neoclasicismo y dará paso al Romanticismo). La Ilustración revaloriza el Gótico, al que considera como estilo que une belleza y barbarie, con sorprendentes detalles ornamentales que aportan elegancia y magia; que une habilidad en las construcciones con belleza en las proporciones. J. W. GOETHE (1749-1832, alemán, pensador) dedica grandes alabanzas al Gótico, al que tiene por alemán. Los ilustrados españoles califican al Gótico como "atrevido", "maravilloso", "delicado", "gentil", "alegre", "lujoso", "galante", "caballeresco".
- En cambio, la Ilustración menosprecia el Románico: o no existe o por su insignificancia no es digno de estudio.
- Destacados españoles de la Ilustración, historiadores del arte –inspirados en fuentes francesas e inglesas– menosprecian el Románico:

- Para G. M. de Jovellanos (1744-1811) –pionero en la teorización sobre arte español– las construcciones románicas son "pequeñas en extremo", "de escaso y grosero ornato", "pobres".
- E. Llaguno (1724-1799) considera el Románico como "gótico-germánico antiguo", caracterizado por la "pesadez" y la "obscuridad".
- Para A. Ponz (1725-1792) es "antigualla gótica".
- J. Bosarte (1747-1807) desdeña el Románico –"de edificios no muy grandes ni muy adornados"– y alaba en los arquitectos del Gótico principalmente las "habilidades de albañilería".
- J. A. Ceán (1749-1829): es "grosero" y "sin gracia".
- J. Inclán (1774-1853): es "carente de gracia y esbeltez"

- El Románico empieza a ser revalorizado, en Europa y en España, en la primera mitad del siglo XIX.
- J. Caveda –más romántico que clasicista– alaba el Románico español y por primera vez intenta sistematizarlo, en *Ensayo histórico sobre los diversos géneros de arquitectura empleados en España desde la dominación romana hasta nuestros días* (1848). Califica al Románico español como "romano-bizantino", al italiano como "lombardo", al francés como "normando", al inglés como "sajón" y al alemán como "teutónico".
- Desde mediados del siglo XIX, el arte románico experimenta una revalorización creciente; proliferan estudios sobre él, asociaciones en su defensa, intervenciones para su conservación...

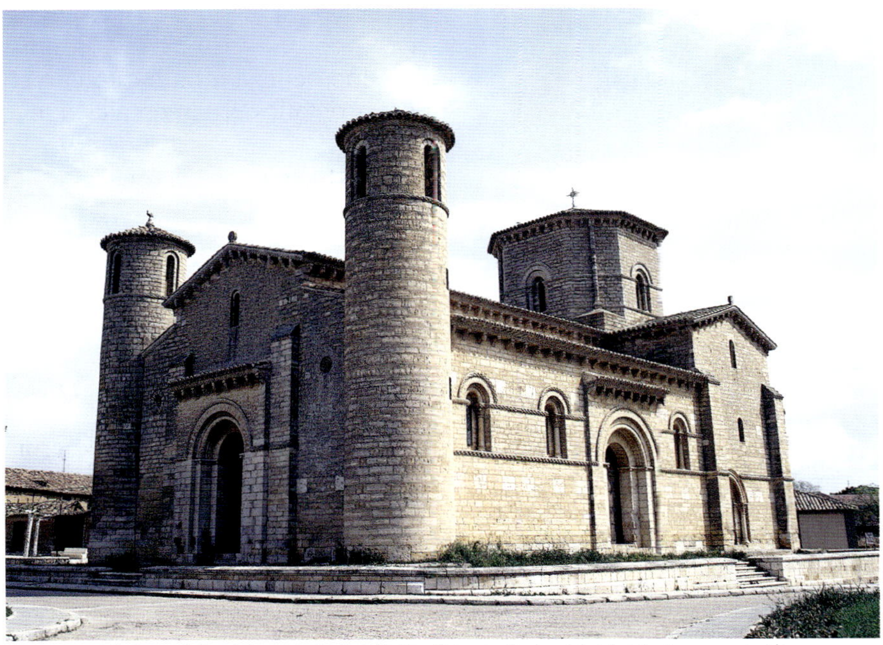

Iglesia románica de San Martín de Frómista, Palencia (finales del siglo XI). Muy reconstruida

69. EL ROMÁNICO COMO POSIBLE INSPIRADOR DEL FUTURO ARTE CRISTIANO

Desde finales del Románico, la sociedad occidental ha vivido un intenso proceso de secularización, al que no ha sido ajeno el arte en general y el arte cristiano en particular. Este sigue vivo, como se aprecia –por ejemplo– en el sorprendente gran número de artistas modernos –creyentes y no creyentes– que se han ocupado de temas específicos del arte cristiano. Pero en los comienzos del siglo XXI, este arte se encuentra en una encrucijada, buscando firmes bases sobre las que proyectarse al futuro. El Románico puede iluminar la búsqueda. Así lo cree, entre otros, T. BURCKHARDT, según la cita que sigue.

"Cabe preguntarse ahora si el arte cristiano podrá renacer alguna vez y en qué condiciones sería posible su renovación. Digamos de entrada que hay alguna posibilidad –por mínima que sea– en el hecho, en sí negativo, de que la tradición cristiana y la civilización occidental se divorcian cada vez más: para no verse arrastrada por el caos del mundo moderno, la Iglesia debe replegarse en sí misma. Algunos de sus representantes tratan todavía de captar los movimientos artísticos más modernos y más híbridos a favor de la propaganda religiosa, pero pronto se verá que estas cosas no pueden más que acelerar la disolución intelectual que amenaza con perjudicar a la propia religión. La Iglesia deberá revalorizar todo lo que afirma su carácter intemporal; entonces el arte cristiano, reconducido a sus modelos esenciales, podrá asumir la función, no de un arte colectivo que abarque toda una civilización, sino de un soporte espiritual tanto más eficaz cuanto más francamente se oponga al caos formal del mundo moderno. Hay algunos síntomas que señalan un movimiento en esta dirección; sólo mencionaremos el interés creciente en los medios religiosos por el arte bizantino y románico. Pero una renovación del arte cristiano no es concebible sin un despertar del espíritu contemplativo en el seno del cristianismo; sin esta base, todo intento de restaurar el arte cristiano fracasará y no será más que una reconstrucción estéril." [Titus BURCKHARDT: *Principios y métodos del arte sagrado*, 2000 (edición original: 1958)].

Titus Burckhardt (suizo alemán, nacido en Florencia, 1908-1984) es uno de los grandes especialistas del siglo XX en Esoterismo, en relación con el Platonismo, el Vedanta, el Sufismo, el Taoísmo y el Cristianismo.

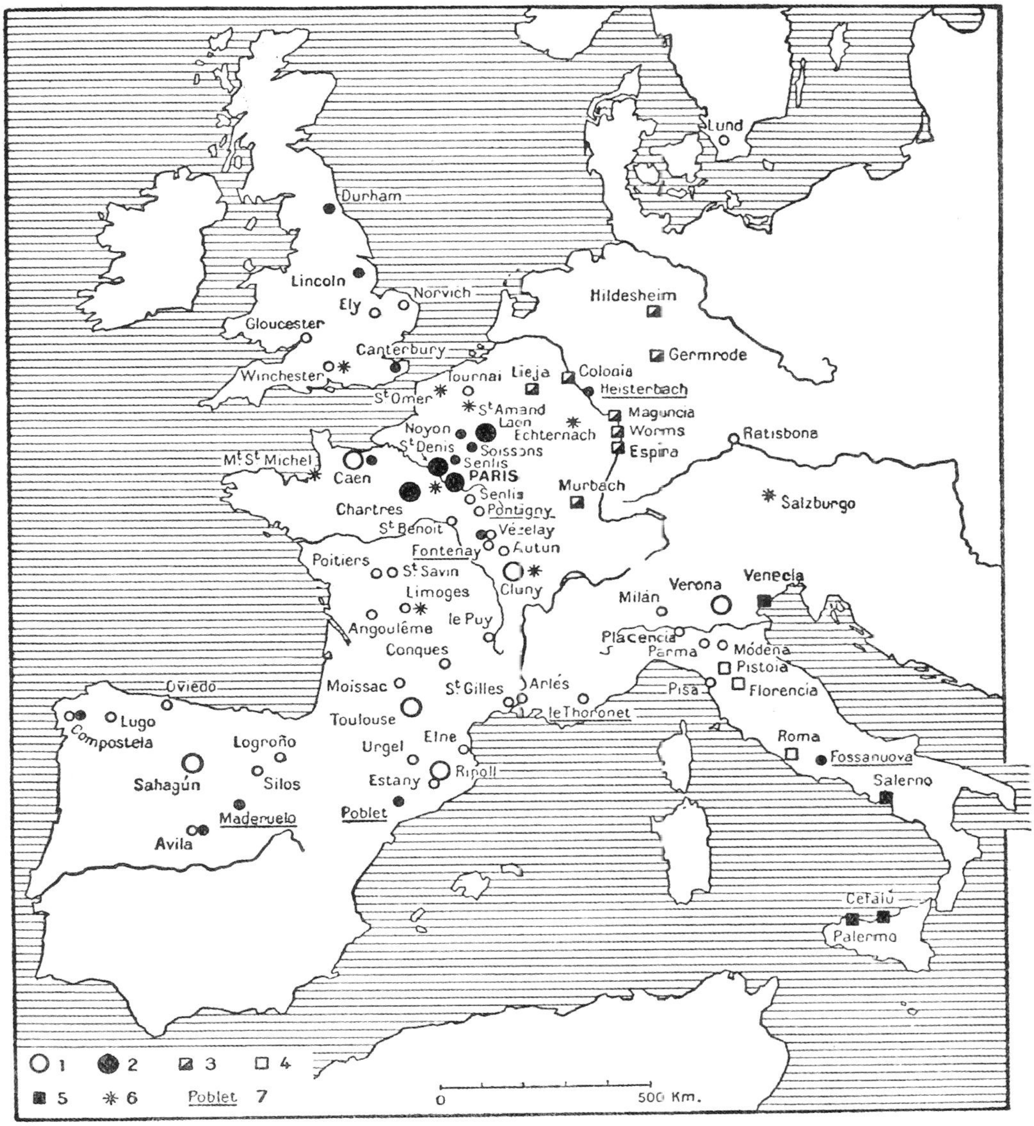

PRINCIPALES CENTROS DE ARTE ROMÁNICO Y GÓTICO

1. Arte románico; 2. Arte gótico; 3. Tradición carolingia; 4. Tradición romana; 5. Influencia bizantina; 6. Escritorios de códices miniados; 7. Monumentos cistercienses.

(Mapa tomado de: Edouard PERROY, *La Edad Media*, Ediciones Destino, Barcelona, 1961)

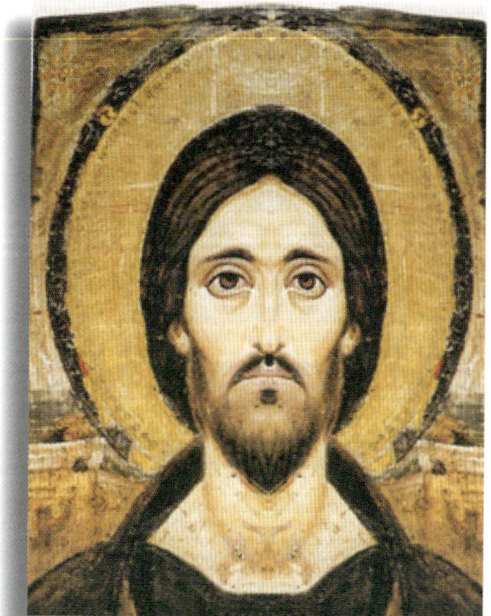

DESDOBLAMIENTO DE LA MITAD
DERECHA DEL ROSTRO.
EXPRESIÓN COMPASIVA, IDEALISTA.

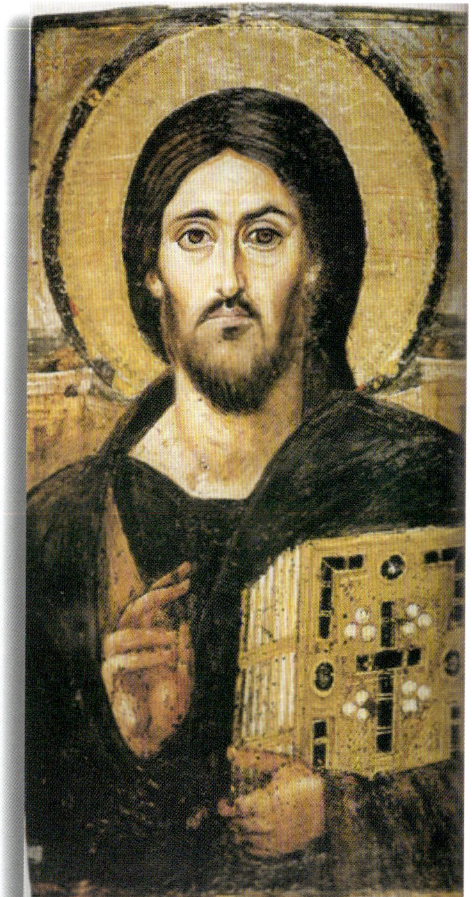

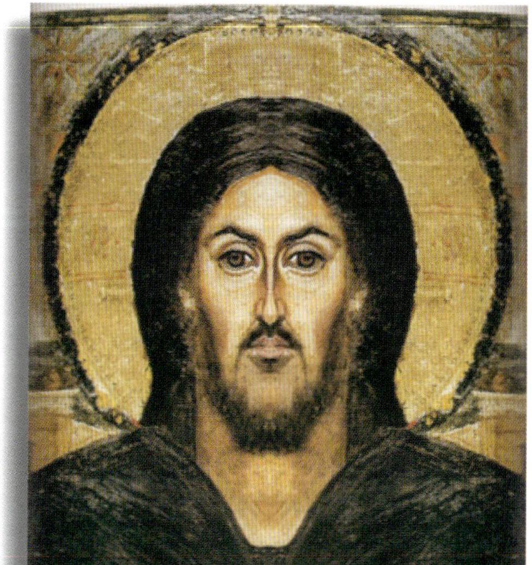

DESDOBLAMIENTO DE LA MITAD
IZQUIERDA DEL ROSTRO.
EXPRESIÓN AUTORITARIA, REALISTA.

CRISTO PANTOCRÁTOR. SIGLO VI. BIZANTINO. 84 X 64 CM. ENCAÚSTICA (PIGMENTOS Y CERA).
(EN EL MONASTERIO DE SANTA CATALINA. SINAÍ, EGIPTO).
EL MÁS FAMOSO ICONO BIZANTINO. CON DOS EXPRESIONES EN EL ROSTRO.

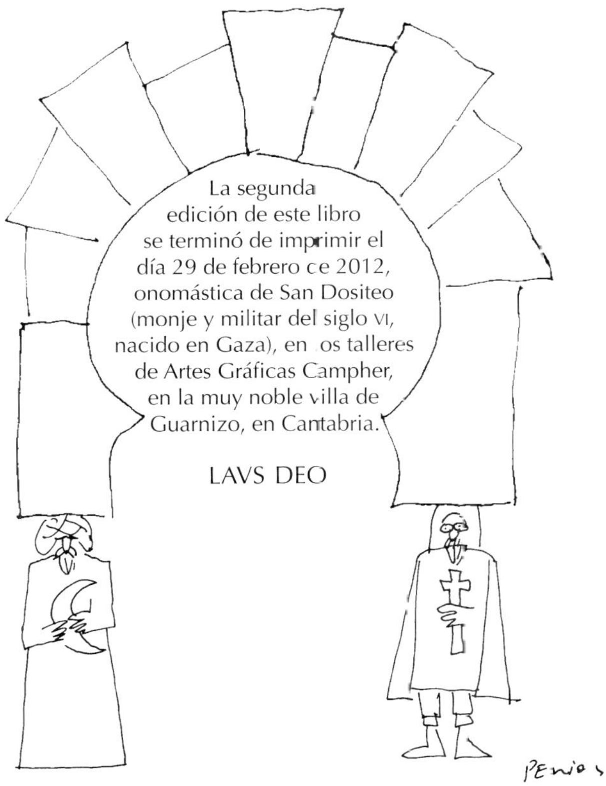

La segunda
edición de este libro
se terminó de imprimir el
día 29 de febrero de 2012,
onomástica de San Dositeo
(monje y militar del siglo VI,
nacido en Gaza), en los talleres
de Artes Gráficas Campher,
en la muy noble villa de
Guarnizo, en Cantabria.

LAVS DEO